Isabelle Laplante, Nicole Vardanega-Lachaud, Nicolas De Beer, *Coaching, 12 conversations ré-fléchies,* Paris : Presses des Mines, collection Vademecum, 2017.

60, boulevard Saint-Michel – 75272 Paris Cedex 06 – France
presses@mines-paristech.fr
www.pressesdesmines.com

Couverture : © Nicole Vardanega-Lachaud
ISBN : 978-2-35671-442-8

Dépôt légal 2017
Achevé d'imprimer en 2017(Paris)

Coaching

12 conversations ré-fléchies

Collection Vademecum
Dans la même collection :

Quel avenir pour les consultants informatiques freelance, Fabien Denissel

Le Retour d'Expérience dans les organisations à risques, Violaine Bringaud, Benoit Journé, Safietou Mbaye, Geneviève Saliou & Stéphanie Tillement (Dir.)

Les méthodes agiles de développement informatique, Valérie Fernandez, Thomas Houy, Carine Khalil

L'éthique en entreprise, Faustine Antoine, Thomas Métivier

Bases de physiologie humaine, Jean-Luc Weber

Premier Job, réussir son premier choix de vie, Isabelle Liotta

Les droits d'auteur, Evelyne Moreau

Coaching

12 conversations ré-fléchies

Isabelle Laplante

Nicole Vardanega-Lachaud

Nicolas De Beer

MINES ParisTech

Sommaire

Au lecteur

Ceci est un livre à penser, un livre à annoter, un livre à griffonner, à gribouiller, à stabyloter, à écorner. C'est un livre à discuter, à étoffer, à prendre et à laisser. C'est un livre à ré-fléchir. Et vous pouvez même en faire un livre de référence.

Vous pouvez le lire de nombreuses manières :

- Dans l'ordre des chapitres en commençant à la page 1, jusqu'au mot Fin. Rares sont ceux qui lisent des livres de cette manière (à part les romans ?). Mais ça peut marcher puisque les chapitres, même s'ils se veulent autonomes, peuvent être saisis en progression.
- Ça fonctionnera aussi bien dans l'autre sens, de la fin vers le début.
- Vous pouvez aussi repérer le thème qui vous plaît le plus (ou le moins) dans la table des matières et commencer par celui-ci, ou celui juste avant, ou celui juste après.

Mais tout ceci présupposerait que vous lisiez l'ensemble d'un chapitre à la suite, une fois que vous l'avez entamé. Or, encore une fois, vous pouvez et vous n'êtes pas obligé :

- Chaque chapitre s'ouvre sur un poème, vous avez le droit de ne lire que les poèmes, ou de les sauter.
- Après le poème, vous trouverez un récit de séance, ou d'un ensemble de séances, ou d'une absence de séance, ou d'un morceau de séance ; ce récit, fait du point de vue d'un narrateur faussement extérieur, est complété par la voix d'un narrateur praticien impliqué dans la séance, qui donne son point de vue. Ainsi vous pouvez entrer dans la conscience du professionnel. Si vous aimez bien le vécu, vous pouvez avoir envie de commencer par lire toutes les sections I et réserver la lecture des autres sections pour plus tard.

Les sections I, le récit, sont suivies par :

- les sections II, repères et questions, qui mettent en exergue des concepts particulièrement saillants dans la conversation rapportée en section I. Les mêmes libertés de lecture vous sont proposées, grignotez, plongez, piochez, sautez, lisez, dévorez, survolez.

- Les sections III offrent des éléments de méthode : théories, modèles ou outils, elles satisfont à la rationalité de nos esprits adultes et occidentaux. Vous pouvez les lire comme un manuel, y faire des apprentissages ou des prises de conscience. Vous pouvez aussi y objecter ou en discuter, ou tout autre chose.
- Enfin les sections IV présentent des textes, articles et ABCdaires, qui ouvrent la réflexion et peuvent aussi être lus seuls, comme au premier matin.

Nous espérons que vous prendrez du plaisir, de quelque manière.

Introduction

LIBÉRATION

Victor Segalen

On souffre, on s'agite, on se plaint dans mon Empire.

Des rumeurs montent à la tête. Le sang, comme un peuple irrité,
bat le palais de mes enchantements.

La famine est dans mon cœur. La famine dévore mon cœur : des êtres naissent à demi, sans âmes, sans forces, issus d'un trouble sans nom.

Puis on se tait. On attend. Que par un bon vouloir s'abreuvent de nouveau vie et plénitude.

ooo

Comme le Fils du Ciel visitant ses domaines, et jusqu'au fond
des prisons de sécheresse portant lumière et liberté,

Libère en moi-même, ô Prince qui es moi, tous les beaux prisonniers – désirs aux geôles arbitraires, et qu'en grâce et retour,

Tombent sur mon Empire les gouttes larges de la satisfaction.

(Stèles)

Parce que le coaching se positionne au carrefour de plusieurs disciplines, il nous incombe de le situer dans un paysage large : anthropologie, ethnologie, sociologie, psychologie, philosophie, et même thérapie aussi. Les pratiques du coaching se rattachent ainsi à des disciplines scientifiques et reposent sur des démarches rigoureuses. Nous avons souhaité les aborder à partir de leur réalité même, cette conversation réfléchie entre le coach et son client, seule pourvoyeuse de la dynamique véritable qu'ils créent ensemble, en duo.

Comment? En transcrivant ici des récits tels que nous les avons vécus. Ainsi est-ce une approche en quelque sorte phénoménologique du coaching que nous proposons au lecteur, celle qu'il s'appropriera, selon nous, le plus aisément, celle qui sera en mesure de le soutenir à son tour dans sa pratique du métier. Car tel est notre but.

Voici qui pose le cadre du coaching, voilà qui sollicite le coach.

De l'autonomie du praticien en coaching

En coaching chaque praticien ne fait pas ce qu'il veut, à sa manière. Il pratique son coaching à l'intérieur d'un cadre. Toutes les compétences du métier de coach sont listées dans un référentiel métier[1] qui constitue le socle des formations au métier du coaching. Inutile de croire qu'il suffirait d'aller chercher le coach que vous êtes.

En coaching, comme dans d'autres pratiques de l'accompagnement, « un des meilleurs indicateurs prévisionnels de résultats négatifs est l'absence de structure dans l'intervention » affirme Bob Bertolino[2]. Cela ne fait aucun doute. Il y a selon les écoles différents types de déroulés de séance, tels le Grow de Sir John Whitmore[3], le Jazz de Médiat-Coaching[4] ou le RPBDC de Vincent Lenhardt[5].

Ce qui ne signifie pas que l'intervention doive suivre une grille mais exige que le praticien choisisse une direction de travail, élaborée à partir de la compréhension des inquiétudes des clients, du changement qu'ils aimeraient obtenir. Coach et client vont se donner ainsi, ensemble, objectifs, sens, buts, et les traduire en des actions claires et observables. Il leur faudra établir enfin des indicateurs partagés

1 Disponible dans toutes les Associations Professionnelles.

2 Bertolino, B. (2003). *The Therapist's Notebook for Families.* Routledge.

3 Whitmore, J. (2007). *Le Guide du Coaching.* Éditions Maxima, 2e édition.

4 Médiat-Coaching, modèle déposé de déroulé de séance.

5 Lenhardt, V. (2007). *Découvrir le coaching.* InterÉditions.

pour définir comment le coach et le client sauront qu'ils sont arrivés à des résultats tangibles. Rappelons ici les quatre impératifs du praticien qui a :

- des références du métier : un cadre à respecter,
- une structure d'intervention : le déroulé de séance,
- une direction de travail, objectif, sens, but : une boussole pour s'orienter,
- et des indicateurs signalant la ligne d'arrivée.

Le coach reste constamment sur ses gardes

Ceci posé, rappelons-nous que le praticien est guetté par trois dangers :

- ne pas savoir placer son influence,
- s'en tenir à l'auto-génération de la pensée,
- ne travailler qu'avec une seule approche.

Placer son influence

Exercer l'influence[6] permet au coach de tenir le cap, ne pas savoir la placer est préjudiciable car cela peut conduire à l'abus de pouvoir, notamment en prenant le contrôle du contenu comme pourrait le faire un expert. L'influence du coach s'exerce sur le cadre, la méthode et l'atteinte de l'objectif. Il ne pratique pas d'intervention flottante. Quant au contenu, il est sous le contrôle du client.

Rappelons donc qu'en séance, trois parties sont en présence, le client, le coach et les références du coach qui l'aident à penser. Et dénonçons ici un malentendu. L'improvisation ne caractérise pas la voie du débutant tandis qu'elle illumine la pratique du virtuose, en coaching comme en d'autres disciplines ou arts. Ce grand art, on y accédera quand on aura une connaissance parfaite et complète du solfège du coaching, et pas avant.

De fait les prises de position du coach sont politiques et non pas techniques, quand bien même il mobilise aussi des qualités techniques. Avoir une influence, c'est avoir un engagement, une position éthique. C'est à partir de là qu'il fait alliance avec le client, jusqu'à un certain point.

La limite qu'il se donne est de ne jamais être complice de discours d'évidence ou de propos de généralité[7]. La triple règle de conscience, affirmation politique et absence de complicité caractérise la posture du coach dans l'influence.

---

6 Devereux, G. (2009). *La Renonciation à l'identité, défense contre l'anéantissement.* Petite Bibliothèque Payot – Anthropologue et ethno-psychanalyste (École Pratique des Hautes Études).

7 Xénophobie, machisme, etc.

Mais le coach ne peut pas se dire non concerné, non différenciateur. Il sait bien qu'il n'est pas neutre, du fait même de la position qu'il occupe. Aussi se doit-il de connaître ses limites, en particulier celles de ses compétences. C'est en respectant cette rigueur qu'il ne prend pas le risque de se disqualifier.

Il lui faut tout à la fois savoir ne pas être neutre et savoir respecter la représentation du monde du client, tout en ayant la sienne propre. Telle est la position de curiosité qui sied à leur relation. Elle permet au praticien, en questionnant inlassablement le client, de casser la généralité : que voulez-vous dire à propos de ?

Coach et client en ré-flexion conjointe

Ré-fléchir signifie fléchir à nouveau, se pencher à nouveau. Le coach pousse le client à penser, à créer des liens, à révéler des proximités et à inventer des solutions inexplorées. Le coach, partenaire de réflexion conjointe conduit des coachings. C'est avec exigence qu'il pousse le client hors des sentiers convenus. Quant à lui, il se garde de la tentation, voire dénonce le risque, de vivre en autarcie intellectuelle, sans lecture, sans curiosité théorique, sans appui de méthode, sans références. Il ne peut y avoir d'autosuffisance du coach qui connaît le danger de se croire pourvu. Ce serait comme un sourd qui prétendrait ne pas avoir besoin d'appareil auditif. Un cerveau, cela s'arrose comme une plante.

Aussi appartient-il au coach de se défier de l'auto-génération de la pensée. À lui de se forcer à penser en relation directe avec le client. En poussant le client à penser, le praticien travaille avec lui à des connexions nouvelles et intervient au titre de partenaire de réflexion. Ensemble, par leurs efforts conjugués, ils seront en mesure de s'extraire de l'autarcie intellectuelle qui guette tout un chacun, quelle que soit sa position.

Plusieurs approches au lieu d'une seule

Quant à l'illusion selon laquelle il serait possible de se référer à une approche unique, elle constitue un piège car la référence unique agit comme une norme. Quelle que soit l'approche qui attire le professionnel, qu'il ne se dispense jamais de la compléter, de l'enrichir, de la confronter à d'autres : MBTI, PNL, Gestalt, Pratiques Narratives, AT et autres sont autant d'éclairages utiles au praticien[8]. Il s'agit aussi d'avoir la curiosité de rechercher l'exotique dans le quotidien, l'inespéré dans le domestique, l'imprévisible dans l'avenir.

8 MBTI (Myers-Briggs Typological Indicator), PNL (Programmation Neuro-Linguistique), AT (Analyse Transactionnelle), PN (Pratiques Narratives), Gestalt, etc.

Un écrit de soutien au coach professionnel

En posant un regard rétrospectif sur notre pratique de coach, nous souhaitons contribuer à l'accompagnement de ceux qui ont choisi ce métier exigeant. Notre intention est de les épauler à des moments critiques de leur parcours. Soutenir le coach pour franchir par exemple la phase décisive pour chaque praticien qu'est le passage de la certification à une pratique autonome ; l'accompagner afin de lui éviter de se trouver isolé devant des difficultés bien repérées de la pratique ou encore le conforter dans sa tendance à se questionner soi-même inlassablement tout comme il lui incombe de questionner son client.

Parce que nous avons fait le choix d'une approche phénoménologique, nous prenons pour point de départ « la description des vécus de conscience afin d'essayer d'en extraire les dispositions essentielles des expériences ainsi que l'essence de ce dont on fait l'expérience[9] ». Chaque chapitre propose une situation vécue qui a été analysée et reconstituée. Elle met en scène les phénomènes qui font l'objet de la pratique observée. Ici ce sera une séance précise, là plusieurs séances successives. D'autres chapitres évoqueront la totalité d'un coaching ou presque. Nous avons bâti ces *Récits* de telle sorte qu'ils permettent au lecteur de s'approprier les événements, questions et propositions le plus aisément possible. *Le Point de vue du coach* est là pour y contribuer, complété par des commentaires signalés comme *Repères et questions*. Rappelons-nous que nous disposons ici de points de vue limités qui ne font que donner l'état approximatif de la cognition, en rapport direct avec un contexte environnemental dont la compréhension est infiniment perfectible. Cela explique pourquoi nous pourrions sans cesse améliorer et corriger nos jugements et nos descriptions.

Puis, une plus nette prise de distance vis-à-vis du contexte invite à se tourner vers des *Éléments de méthode*, mobilisés à dessein pour affronter le(s) problème(s) posé(s). Quelques lectures illustratives ou complémentaires sont enfin proposées sous le titre : *Textes à réfléchir*.

Ce soutien au praticien est conçu selon douze chapitres qui se veulent aussi autonomes que possible les uns par rapport aux autres.

9 Husserl, E. (1966). *Méditations cartésiennes. Introduction à la phénoménologie.* (Traduction Gabrielle Peiffer et Emmanuel Levinas). Vrin.

Chapitre 1

Travailler avec d'autres

Le coaching est un cheminement qui se déroule en étapes. Chaque étape est nécessaire pour activer le processus, avec rigueur et force de construction. Ce récit, évocateur de la séance, de l'ouverture au rituel de clôture, permet d'en saisir le chemin.

L'Habitude

Sully Prudhomme

L'habitude est une étrangère
Qui supplante en nous la raison :
C'est une ancienne ménagère
Qui s'installe dans la maison.
(…)
Elle conduit les pieds de l'homme,
Sait le chemin qu'il eût choisi,
Connaît son but sans qu'il le nomme,
Et lui dit tout bas : « Par ici. »
(…)
Et tous ceux que sa force obscure
A gagnés insensiblement
Sont des hommes par la figure,
Des choses par le mouvement.

(Stances et Poèmes)

Nous sommes tous des farceurs : nous survivons à nos problèmes.

Emil Michel Cioran

Le récit

L'histoire : tout toute seule

Laure se décrit comme une femme active. Très mince, presque filiforme, elle semble sans cesse préoccupée du geste utile. Si elle ouvre la bouche, c'est qu'elle a, à l'instant, quelque chose à vous dire. Simple, directe, elle va droit au but. Laure travaille intensément dans le milieu de l'édition scolaire et universitaire où elle exerce le métier de directeur d'édition. Elle est en permanence sous pression. Avancer. Rester centrée sur la ligne de crête. Elle doit être rapide, incisive. Être efficace non seulement dans les dimensions techniques de son travail qu'elle maîtrise, mais aussi dans son rôle de manager d'équipe, nouvelle responsabilité récemment adjointe à ses attributions premières plus techniques.

Elle avait rencontré son coach quelque temps plus tôt. Il l'avait trouvée soucieuse de bien faire et lui avait donné quelques indications sur la manière dont ils allaient travailler. Ils évoqueraient des situations de la vie professionnelle au quotidien, en particulier dans ses fonctions managériales. Dans le train du matin qui la conduit jusqu'à cette rencontre, elle écrit avec énergie dans un cahier. Des situations très concrètes qui lui ont posé problème au cours de ces dernières semaines se bousculent comme autant de sujets potentiels du coaching. Elle l'exprime dès leurs retrouvailles :

> — En faisant ce travail de réflexion, je me suis aperçue que je trouvais de moi-même des solutions de manière spontanée à chacune de ces questions que je me posais, sans doute parce que je les considérais à tête reposée. Voilà, j'arrive et tout est fait.

Pour rédiger le contrat de coaching, ils ont, deux semaines plus tôt, cadré ensemble le contexte dans lequel se situe leur travail en commun et ce qui est attendu d'elle. Ils ont fixé des objectifs précis. Le coach les lui reformule : elle a dit vouloir s'organiser différemment pour piloter moins de projets éditoriaux en direct, dégager du temps pour l'animation de son équipe et pour des missions de moyen terme confiées par la direction, comme intégrer les technologies dans la communication éditoriale, renforcer la dimension collective dans l'organisation et contribuer à concevoir aussi une gouvernance globale adaptée pour la direction de la maison d'édition qui connaît un fort développement.

Le coach lui demande :

— Et vous, dans tout cela ?

Elle sourit :

— C'est exactement ce que je me suis dit, en venant vous rejoindre pour notre première séance. Et moi ? Je ne sais pas trop.

Elle se lance alors dans une description de son activité au cours de ces dernières semaines. Elle s'excuse presque de commencer par quelque chose de très positif :

— J'avais l'impression que j'allais être submergée, au moment de ma prise de fonction comme manager d'équipe, il y a six mois. Il en arrivait de partout, des mails auxquels il fallait répondre jusqu'à deux heures du matin, j'ai travaillé plusieurs week-ends. En février c'était devenu très dur, je me suis dit que je ne tiendrais pas le coup, que j'allais bugger. Je craignais de craquer. C'est là que j'ai commencé à travailler avec un consultant qui m'a apporté des éléments de méthode qui m'ont bien éclairée. Et maintenant, j'ai le sentiment que la vague est passée et que j'ai bien tenu.

Son ton est enjoué, vif. Un sourire éclaire parfois son visage. Le coach perçoit son enthousiasme et imagine son plaisir d'avancer dans l'action. La voici presque volubile. Il lui propose de représenter la situation qu'elle vit sur le tableau de papier. Elle reproduit le schéma qui lui avait été récemment proposé par le consultant qui l'épaule pour la mise en œuvre de sa nouvelle organisation en mode projet. C'est un schéma aux contours rigoureux qui lui permet de positionner ses priorités et d'y voir clair. Puis elle énumère les quatre champs concrets d'action qu'elle a décidé d'investir et sur lesquels elle se sent bien en mouvement. Pour chacun d'eux, elle énonce ce qui lui a vraiment permis de progresser :

— Le premier est enclenché, la mise en commun de compétences entre édition grand public et éditions scolaires produit déjà des résultats escomptés. Le deuxième, ça roule. Le troisième, je suis devenue contributeur et non plus porteur. Cela me plaît de travailler avec un autre, je donne libre cours à des idées nouvelles sur une ligne éditoriale innovante et mon complice formalise. Il présentera lui-même le dossier. Tout ne repose plus sur moi, enfin ! J'ai toujours tendance à en porter beaucoup trop.

De son côté, le coach est saisi par sa découverte d'une nouvelle configuration commune à chacun de ses projets et qui parait favorable. Elle a dans chaque circonstance trouvé un bon interlocuteur, bon par son niveau d'intervention, par sa capacité d'échange et par sa complémentarité avec elle. Elle y trouve un point d'appui apparemment décisif.

Le coach éprouve du soulagement comme si un rayon de soleil venait de se glisser dans la petite salle recluse où se tient le coaching (c'est le petit coin isolé où se réfugie la directrice d'édition pour des moments de lecture et de corrections des manuscrits). De fait, à défaut de rayon de soleil, c'est l'autrui qui vient d'entrer dans leur espace commun, celui avec lequel on peut partager, le complice fiable, co-opérant, co-porteur. Dans l'instant, le coach se demande si Laure, elle aussi, a été surprise ou consciente du bonheur qu'elle peut éprouver dans un partenariat, une coopération fiable, mais il ne dit rien, préférant laisser s'étoffer le processus de confiance.

Elle poursuit. Pour elle, du côté de l'organisation éditoriale, elle se sent à l'aise, créatrice, douée même. Dès qu'elle peut mettre en face d'une difficulté une solution apportée par une meilleure organisation, elle s'en tire bien. Ce n'est pas là qu'elle a besoin de travailler, progresser. Ce qui la soucie a plutôt trait à ces situations de sa toute nouvelle vie de manager qui la déboussolent et lui causent quelques inquiétudes :

— J'étais leur collègue, et voilà que, du jour au lendemain, je suis devenue leur responsable hiérarchique. Vous savez, il y a dans l'édition une valeur forte attachée à l'initiative de l'individu. Je sens qu'ils redoutent que j'aie, à leur égard, les exigences qu'ils me voient m'imposer à moi-même, en termes d'horaires de travail ou de résultats, par exemple. Je sens qu'ils me renvoient l'image d'un manager dur, un peu flic, allant droit aux objectifs et aux résultats sans se soucier d'eux.

Si elle se sent à l'aise pour résoudre les problèmes organisationnels, il n'en va pas de même à propos des relations avec les personnes, notamment dans les relations interpersonnelles directes, en entretiens de cadrage de leurs objectifs ou de suivi de leur activité, ou dans l'urgence. Là surviennent de sa part des attitudes à propos desquelles elle se fait des reproches :

— J'ai une mauvaise image de moi. Les autres me renvoient l'image de quelqu'un de trop directif, trop extensif, au sens d'en prendre trop de son côté, d'en faire trop. Ils me renvoient l'image de quelqu'un d'abrupt, et il est vrai que parfois je sens un agacement très vif face à des attitudes des autres. À propos d'une situation professionnelle précise, j'ai pensé en ces termes : « J'en ai ras le bol de ces vieilles taupes, elles feraient mieux de se mettre en préretraite. »

À la question :

— Comment pourriez-vous aborder les autres différemment ?

Elle murmure :

— Moi, je ne suis pas sûre de savoir m'y prendre. Comment pourrais-je être moins abrupte ?

Elle réfléchit :

— Il me faudrait être plus à l'écoute, les laisser venir, leur permettre de travailler à leur manière, apporter leur solution, plutôt que de penser que j'aurais plus vite fait de le prendre en charge moi-même, en plus de tout le reste qui m'incombe, ce qui très vite me cause à moi-même une surcharge. C'est mon engrenage habituel.

Alors elle raconte ce lundi matin où elle était arrivée de bonne heure au bureau. Une réunion importante était prévue à 9h30. Se rendant dans la salle de réunion à 9h20, elle n'y trouve personne. La mise en place n'est pas encore faite, alors que cette réunion se devait d'être exemplaire pour accueillir la visite du directeur. Tendue, elle se dirige vers le bureau des deux collaboratrices et, sans un bonjour: «La salle n'est pas prête, il faut un vidéoprojecteur, un tableau de papier, afficher les panneaux, etc.». Elle énumère d'une traite tout ce qui n'est pas fait. «Bonjour Laure», répondent les deux autres. Elle repart dans le bureau de l'assistante qu'elle froisse également:

— J'ai bien senti la tension que j'avais suscitée. De plus, je me sens responsable parce que je me suis adressée à deux collaboratrices alors que la préparation de la salle est du ressort des assistantes. Et cela, aucune procédure ne le met noir sur blanc. C'est à moi de mettre au clair les attributions des unes et des autres, c'est de ma responsabilité.

Le coach propose alors à Laure une mise en situation. Elle va sortir dans le couloir, se replacer dans la situation de lundi dernier et entrer, à 9h20, dans le bureau de ses collaboratrices dont le coach va tenir le rôle. Il s'agit de représenter à nouveau son rôle dans une première mise en acte. Ce matin-là, Laure entre en ouvrant la porte toute grande et dit:

— Il est 9h20 et la salle n'est pas prête!

Le coach, dans le rôle des collaboratrices, remarque:

— J'ai observé que vous avez ouvert la porte en la faisant claquer contre le mur.

— J'ai apprécié que vous m'ayez regardé en me parlant.

— Je vous suggère de dire bonjour, en entrant dans le bureau.

À la suite de cette première rétroaction, le coach propose une deuxième mise en acte. Il est 9h20, Laure entre:

— Bonjour, c'est dur pour tout le monde le lundi matin, et je crois que nous ne sommes pas en avance.

Le coach, dans le rôle des collaboratrices, se sent soutenu et investi de l'élan qui serait nécessaire pour préparer rapidement la salle. Il remercie Laure de lui avoir fait prendre conscience de l'heure déjà avancée. Bref, il se sent en état de prendre les choses en charge et à cœur au lieu d'agir sur ordre, pas de tension. Laure commente:

— En effet, il vaut mieux donner de l'attention à l'autre et le laisser me répondre et porter les difficultés avec moi, plutôt que d'être moi-même centrée sur la difficulté et d'exiger une réponse sous contrainte ou de la résoudre toute seule.

Elle poursuit son auto-observation. Elle a tendance à tout prendre sur elle, se sent responsable de tout: «*Dans l'édition, tout se voit*». Responsable de son travail bien sûr et de ses enfants, surtout depuis son divorce il y a sept ans d'un homme qui lui dit encore aujourd'hui:

— Je n'en reviens pas que tu t'en sois tirée aussi bien, y compris dans le champ professionnel.

Et depuis peu, elle se sent responsable de ses parents aussi, qui ont eu à affronter une crise grave. S'en suit une longue confidence de nombreuses et intimes difficultés de sa vie personnelle, énoncée avec beaucoup de gravité. Le coach écoute et la laisse dire jusqu'au bout ce qu'elle dit n'avoir jusque-là jamais dit à personne. Ce n'est qu'après avoir vérifié qu'elle a fini qu'il demande:

— Quels liens faites-vous entre ce que vous me dites et les objectifs de votre travail?

Elle répond qu'aujourd'hui, elle assume tout toute seule:

— Peut-être parce que je vis seule avec mes enfants, je me sens responsable de tout, je ne laisse pas assez les autres agir à leur gré et à leur rythme, prendre en charge leur part, apporter leurs propres solutions. Je veux tout porter et je veux tout porter seule. Et je crois que c'est ce que je préfère. Je crois que cela m'arrange de tout faire seule. Je me fais peur à vouloir tout faire peser sur moi, porter aussi mes parents.

En face d'elle, le coach sursaute, car il entend une contradiction avec ce qu'il croit avoir compris de la première partie de l'entretien. Il lui dit:

— Laure, je me demande si vous trouvez dans le partenariat la situation idéale de travail, et si ces situations de coopération sont pour vous constructives, voire décisives.

Il ajoute:

— Vous changent-elles la vie?

Le coach lui rappelle les premières minutes de leur séance, sa gaîté, ce moment où elle s'est même excusée d'arriver jusqu'à lui dans une attitude si positive (ce sont ses propres mots). Elle se tourne vers lui, touchée:

— Oh c'est vrai! J'aime travailler avec un partenaire pertinent qui soit complémentaire de ce que je suis, m'ouvrir à d'autres points de vue, d'autres disciplines, oui, m'ouvrir.

Et elle ajoute que, si elle porte tout toute seule, c'est aussi parce que rares sont les personnes qui sont à la hauteur de ses attentes, à sa hauteur.

Le coach termine la séance par trois questions :

1. Comment vous sentez-vous ?

— J'étais arrivée si légère, dopée par mon travail de réflexion, de préparation. A l'instant je me sens très fatiguée. J'ai l'impression d'avoir reçu un grand coup de poing à l'estomac. Je me sens un peu déstabilisée.

— Et qu'est-ce que cela vous fait ?

— En fait, je me sens soulagée.

2. Qu'est-ce qui vous a fait le plus avancer ?

— Plusieurs aspects ont émergé de notre échange. L'image abrupte que je peux donner de moi-même, une tendance à me replier sur moi, et surtout cette évidence heureuse que j'ignorais, la reconnaissance de mon goût pour le travail en partenariat.

3. Quelle est l'action que vous ne ferez pas ?

Touché par la surprise de Laure, le coach choisit une question paradoxale pour casser le mécanisme habituel de protection de Laure qui consiste à se réfugier dans un plan d'action.

Le point de vue du coach

Que ce soit fini avant de commencer

S'il n'y avait qu'un élément à souligner à la suite de ce récit, ce serait ceci. La cliente rejoint le coach pour sa première séance avec cette affirmation : « Tout est fait », évoquant le travail qu'elle a effectué dans le train.

C'est au coach de ne pas se laisser déstabiliser par cette affirmation. Oui, le coaching commence avant le coaching. Elle vient d'en faire la démonstration et de présenter en trois mots ce qui sera présent pendant l'ensemble du programme de coaching de A à Z. Dans chacune des séances il sera question de sa contrainte à tout faire toute seule, mieux et avant les autres dont ce serait l'activité normale et de cette découverte qu'elle préfère désormais les guider, tout en leur laissant l'initiative de le faire à leur manière et à leur rythme.

Il appartient au coach, qui peut se trouver déstabilisé par une telle entrée en matière, de mobiliser sa pleine écoute dès le début. À lui d'entendre dans les tout premiers mots, de voir dans les premiers gestes, le schéma qui se révèle de la thématique du coaching dans lequel il s'immerge, attentif au *modus operandi* plus qu'au contenu.

L'outil : le stretching

La mise en situation de stretching vise à assouplir un comportement plutôt rigide de la cliente. Après une première mise en acte où la cliente joue son propre rôle, le coach jouant le rôle du partenaire ou de l'interlocuteur, le coach donne son *feed-back*. Il fait une observation factuelle, suivie d'un compliment factuel et termine par une suggestion de modification comportementale.

Dans une deuxième mise en acte, la cliente et le coach reprennent les rôles et la cliente met en œuvre ce qui lui a été suggéré. En réalité il y a appropriation, et non pas imitation, de la proposition du coach. Cette appropriation est facilitée par l'observation et le compliment irréfutables en préalable à la suggestion. Dans le cas de Laure une seule suggestion a déclenché le changement et la prise de conscience. Dans d'autres cas, la procédure peut se poursuivre sur deux ou trois tours, jusqu'à ce que le client déclare que l'objectif est atteint.

Les mises en situation sont pertinentes lorsque le client manque de souplesse dans ses choix comportementaux et a tendance à répéter un comportement dont il se rend compte qu'il nuit à la relation, mais ne sait pas le transformer de lui-même.

Le changement de geste préconisé et accompli s'accompagne régulièrement d'une prise de conscience inattendue. François Roustang nous en avertit, « *Il suffit d'un geste*[10] ».

Repères et questions

La séance a commencé avant la séance, comme souvent. Ici, la cliente fait la démonstration du problème qui l'assaille : faire toute seule ce qui peut (doit ?) se faire en partenariat ou en équipe. Pas d'appel aux autres, donc peut-être peu de confiance en soi, premier signe de dévalorisation.

L'image de soi : valorisation et dévalorisation

La cliente oscille entre les deux pôles d'un axe valorisation-dévalorisation de soi. Dans le contexte professionnel, son image est marquée par sa sècheresse verbale, un côté abrupt dans la relation au premier abord, un ton tranchant. On pourrait parler d'une sorte de décor social dans lequel elle montre un de ses visages, une posture officielle, qui est la seule image d'elle qu'elle donne à voir.

10 Roustang, F. (2003). *Il suffit d'un geste.* Odile Jacob.

Le rôle de la plainte

Or c'est la pleine écoute du coach qui permet à la cliente de quitter cette carapace et de laisser apparaître l'envers du décor, un autre de ses visages, une posture restée jusque-là officieuse. Ce n'est pas la plainte pour son contenu propre que le coach écoute, mais la plainte pour son mécanisme dans le processus de coaching, un déversement révélateur de l'image contenue.

À l'instant où la cliente peut partager le fardeau, accueillie par un coach en coopération, elle se sent soulagée.

La plainte, révélatrice de l'envers du décor

La plainte révèle la double posture de la cliente plaçant sur un même plan le décor social et l'envers de celui-ci, les positionnant côte à côte. L'écoute de la plainte n'est autre que l'écoute de l'envers du décor. Lorsque les deux facettes de la personne se trouvent présentées ainsi, se révèle de fait l'image équilibrée de Laure. Elle peut apparaître alors comme quelqu'un qui n'est ni parfait ni inexistant.

En disant sa plainte, Laure révèle de fait le masque qui l'étouffe, ici, celui de la perfection. Elle devient la créatrice d'une issue: «Je n'en peux plus de tout faire seule pour les autres».

Faits professionnels et confidences: poser des limites

Abordons aussi la confidence de la vie privée lorsqu'elle fait irruption dans le récit professionnel. Quelle attitude adopter de la part du coach? Qu'en faire? Comment?

Quelles sont les conséquences, sur le travail de la cliente, de l'écoute pratiquée par le coach? Et quelles seraient les conséquences du refus éventuel de cette écoute, au nom de la tenue du cadre professionnel saisi dans un sens strict? Plus globalement quelles en sont les conséquences sur le travail du coach?

Ayant prêté écoute à la confidence, le coach peut alors poser cette question:

> — Quels liens faites-vous entre ce que vous me dites et l'objectif de votre travail?

Ce que pratique ici le coach, c'est une écoute du processus. D'ailleurs il ne reprend pas le contenu de la plainte dans ce récit, mais souligne son existence et le rôle qu'elle a joué. Autrement dit, il cherche à identifier le but de cet épanchement de la cliente.

Éléments de méthode

Toutes les phases du processus méritent attention : le démarrage, l'élaboration de la relation, la mise en confiance, l'alliance. Et dans l'évolution progressive de la relation au cours de la conversation de coaching, tout est significatif. Au coach de saisir chaque signe, et de travailler rythmes et échos.

Le démarrage de la séance

Le coach est tenu de prendre en compte le rythme du client, qu'il le soutienne, qu'il le ralentisse ou l'accélère ou le rompe selon son intention. Laure menait sa vie professionnelle à un rythme effréné. D'ailleurs elle avait déjà tout réglé en travaillant dans le train avant d'arriver à sa séance de coaching. Ici le coach rompt l'élan de Laure dès les premières minutes en reformulant les objectifs, et en l'impliquant : « Et vous dans tout cela ? »

Le coach prend ainsi la conduite de la séance dès les premiers instants.

L'établissement de la confiance, première étape

Un coaching ne peut se dérouler que dans un cadre de confiance mutuelle, de respect mutuel et de liberté d'expression mutuelle. Appelons cela une relation mutuellement satisfaisante. Avec Laure, le coach a choisi de lui offrir un espace de pleine écoute, sans interruption, sans même une question, convaincu qu'il était du bien-fondé pour elle de poser son fardeau même si, en apparence, ce qu'elle exprimait alors n'avait qu'un lien ténu avec le thème professionnel.

Il est plutôt inhabituel de procéder ainsi. Le coach cherche en général à éviter toute dérive potentielle vers des sujets de vie privée et interrompt assez vite avec des questions sur le lien avec l'objectif de travail.

Le rythme du travail en séance

Toute séance permet au client de prendre conscience du rythme qui est le sien et d'expérimenter d'autres rythmes. Dans ce récit, suite à la mise en situation, la cliente troque son discours minimaliste, sec, tranchant pour une volubilité, et une narration plus personnelle : changement de rythme (ralentissement), changement de ton (volubilité souriante, puis plainte), changement d'espace narratif (détour par la sphère personnelle).

Le moment pour dire les choses, au cours du processus de coaching

Le coach est, tout au long du coaching, maître de ses interventions. Va-t-il écouter ? Soutenir le propos ? Va-t-il poser un silence ? Va-t-il énoncer une hypothèse systémique ? Va-t-il proposer un outil ? Va-t-il inciter son client à s'auto-reformuler ? Va-t-il poser une question-tâche ? L'encourager à pousser plus avant sa réflexion ? C'est au coach de faire ses choix à tout instant, dans la cohérence de l'interaction qu'il vit avec son client.

Les analogies de système

Une hypothèse de travail est qu'il existerait une similitude d'organisation entre le système décrit pendant la séance et le système formé par le coach et le client. En d'autres termes, le système dont il est question s'inviterait en séance sous forme analogique. Plusieurs exemples d'analogie se présentent dans ce récit : une première, dans le récit que fait la cliente de sa production intense dans le train du matin qui la conduit à son coaching ; une deuxième apparaît lorsque le coach éprouve du soulagement comme si un rayon de soleil venait de se glisser dans la petite salle recluse où se tient le coaching.

Dans les deux cas, il choisit de ne pas partager les hypothèses qu'il pourrait faire à partir de ces analogies. Laure et lui sont tous deux engagés dans un processus de construction de la confiance et il y aurait risque d'interruption de la mise en confiance par une intervention prématurée. Le partage d'une hypothèse, en effet, met en réflexion sur l'action, provoquant un changement de rythme, voire une rupture.

En revanche, plus tard dans la séance, lorsque Laure constate son goût pour tout faire et porter seule, le coach, se remémorant son soulagement plus tôt, lui renvoie sous forme d'hypothèse : « Laure, je me demande si vous trouvez dans le partenariat la situation idéale de travail, et si ces situations de coopération sont pour vous constructives, voire décisives ».

Résonances du coach : menaces ou charnières ?

Le grand thème de ce coaching concerne la capacité de travailler avec d'autres. Présent dès avant la première séance, il menace d'entrée de jeu de désavouer le processus même de coaching, fondé sur la collaboration, en confisquant la possibilité de coopérer. Le coach sent le danger et choisit de laisser parler la cliente car la relation n'est pas encore établie de manière satisfaisante pour qu'il s'autorise à intervenir. Au passage, toutefois, il engrange une déclaration contradictoire : « J'ai commencé à travailler avec un consultant qui m'a apporté des éléments qui m'ont éclairée ».

Lorsque le thème de tout porter seule se représente fatalement, le coach prend le risque de contredire la cliente, après avoir évalué que la relation était suffisamment établie pour se le permettre. En acquiesçant à cette contradiction, la cliente en confirme la justesse. C'est un moment charnière dans la séance. La cliente accepte le partenariat avec quelqu'un à qui elle reconnaît de la compétence.

Défi pour le coach : maintenir une position de non-savoir

Le coach se doit de réussir à maîtriser le coaching dans la durée. Le danger des résonances c'est d'entraîner le coach en escalade (contre-transfert). Imaginons par exemple que la cliente ait réfuté la contradiction du coach et que celui-ci, au lieu de maintenir une position de non-savoir (je me suis trompé) ait argumenté son point de vue. Il aurait alors nourri le problème de sa cliente qui est de confisquer la coopération potentielle. Chaque fois que le coach laisse libre cours à une résonance, il nourrit le problème de son client. Sans doute une des clefs des métiers de la relation d'aide réside-t-elle dans cette double maîtrise : savoir établir une position haute sur le cadre et le processus, tout en assurant une position basse sur le contenu.

Le bouclage de fin de séance

De même que le coach ouvre la séance et la conduit, il la referme lorsqu'elle touche à sa fin. Pour les auteurs, il y a même un rituel de clôture :

- La première question : Comment vous sentez-vous ? permet au client de verbaliser son état émotionnel et au coach de vérifier ce même état émotionnel, avant de laisser partir son client. Il se réserve un temps d'intervention en cas de nécessité, il laisse le temps au client de recouvrer sa capacité à retourner dans le monde extérieur.
- La deuxième question : Qu'est-ce qui vous a fait le plus avancer ? vise à permettre au client de distinguer parmi les moments forts de la séance l'un ou l'autre, et d'en tirer la plus-value.
- La troisième question : Quel est le prochain pas que vous allez faire pour aller dans le sens de votre objectif ? vise à déclencher l'action et repose sur l'engagement d'un premier petit pas, tous les grands voyages ayant commencé par un premier pas. Elle repose également sur une théorie de la réussite. Un petit engagement tenu conduit plus sûrement au succès qu'un grand projet délaissé parce qu'irréaliste.

Parce que Laure s'était montrée exclusivement tournée vers l'action, le coach lui a proposé, en l'occurrence, une intervention paradoxale, un anti-plan d'action. À elle qui voulait plus, le coach propose d'essayer moins pour aller dans le sens du changement désiré.

Textes à réfléchir

Écoute pleine ou pleine écoute

Qu'est-ce que l'écoute, à quoi ça sert dans la relation d'aide ? Dans le coaching ? C'est une question que nous pouvons nous poser. En effet c'est un concept tellement acquis, tellement évident, une qualité tellement nécessaire, qu'il serait peut-être temps de dépoussiérer, voire de remettre en questions cette vaste et floue qualité. Remettre en questions veut simplement dire se poser des questions à ce propos et non remettre en question le fait qu'écouter doive exister.

Souvent nous entendons de la part de personnes qui viennent nous voir pour apprendre le métier : « L'écoute est une qualité essentielle ». Certes. Mais laquelle ? L'écoute flottante (celle des psys), l'écoute active (la plus populaire), l'écoute passive (la plus efficace), la double écoute (celle qui entend l'implicite) ou encore l'écoute tournée vers le praticien (celle qui enfonce), l'écoute tournée vers le client (celle qui soutient) ? Poser un silence ?

L'écoute tournée vers le praticien est une écoute orientée vers le besoin d'information en vue de décoder, diagnostiquer, avoir une représentation du client ou de son problème. Les questions vont alors aller dans ce sens : « Dites m'en plus à ce propos ». C'est une écoute qui cherche des fils pour remplir les trous de la tapisserie, pour trouver une ou plusieurs pièces du puzzle dans l'objectif de qualifier, caractériser voire classifier le client. C'est en quelque sorte, une curiosité tournée vers soi.

L'écoute tournée vers le client est une écoute faite de curiosité, d'attention au récit de l'autre, à la découverte de sa différence. Donc, en tant que praticien, je ne raccroche pas mon client vers le connu, mais je le distingue. Mes questions vont avoir pour objectif de le faire travailler, pas de m'aider à comprendre. Ce sont des questions-tâche.

> Quand vous me dites cela, qu'êtes-vous en train de me dire ?
> Racontez-moi une histoire où ça s'est passé différemment de cette fois ?
> Comment cela se passe-t-il quand le problème n'apparaît pas ?

Et puis, une autre option souvent bien utile, c'est l'écoute remplacée parfois par le silence posé. Le silence extérieur et intérieur.

Écouter c'est d'abord se taire. Soudain, au coin d'un propos, je pose un silence. Ce n'est pas un silence gêné, un silence hésitant, un silence d'impuissance, un silence venu parce qu'on ne sait pas quoi faire, pas qui être. Celui qui surgit de ces circonstances marque possiblement une attitude peu professionnelle.

Au contraire, dans le silence posé, nous sommes dans un espace d'écoute fort différent. C'est une intervention, un silence actif, un silence puissant, un espace concave, un espace d'accueil, un lieu de libre pensée pour le client, un temps où le client chemine, monologue, agit, surgit.

Une écoute pleine ne peut se satisfaire de l'écoute des mots, attentivement, d'être présent, bienveillant et pour beaucoup, de reformuler ce qui a été dit pour signaler au client qu'on l'écoute et le comprend. Serait-ce d'ailleurs une envie de nous légitimer de cette façon ? Aurions-nous peur que notre client ne se sente pas compris ? À ce sujet, nous nous sommes aperçus depuis un certain temps que faire reformuler le client est bien plus efficace que de reformuler soi-même ses propos.

Écouter, c'est aussi observer avec les yeux, avec le corps, les oreilles et aussi faire appel à la pensée. Observer, pour agir, ne pas agir, aider, ne pas aider. Pour certains aussi interpréter les propos.

Observer l'autre avec les yeux, c'est être attentif aux expressions de son visage, ses expressions par rapport aux mots qu'il exprime, aux mots que j'exprime, aux silences que je pose, aux silences qu'il pose. C'est aussi être attentif à la position de son corps, en avant, droit, en arrière, détendu, tendu, etc. Part-il en réflexion, alors je me tais ? Se détend-il, je le laisse ? A-t-il un visage interrogateur, je peux me demander si je réponds ou me tais. A-t-il besoin de moi, j'y suis attentif, comment ? Ou pas ?

Observer avec les oreilles, écouter donc. Je peux écouter à plusieurs niveaux. Écouter les mots, certains pour y trouver du sens, y relever une répétition, un mode culturel, des contradictions, des répétitions, etc. Certains vont écouter ce que les mots disent qui n'est pas dit, l'absent mais implicite ; certains vont chercher la demande cachée ; certains vont chercher des associations de mots ; d'autres vont écouter les stratégies derrière l'expression ; d'autres encore vont observer ce qui se dit entre eux et le client, se demandant s'il y a une analogie avec un dialogue de leur client dans son contexte problématique.

Écouter à l'intérieur de *soi*, les associations, ce que soudain un *moi* me dit, les voix intérieures utiles ou inutiles. Et être attentif à son courant de conscience dont parle William James, qui s'écoule sans fin dans le cerveau et détermine notre conscience : « La conscience de soi n'est pas le point de départ mais un point d'arrivée, celui d'interactions sociales et publiques, de notions communes (langage, croyances). »

Expérimenter physiquement ce qui m'arrive, c'est une écoute du corps, des ressentis. Comme il a un thérapeute pour traiter de ses propres difficultés, de ses résonances, il est possible que certains des ressentis du coach soient le vécu d'une partie de l'expérience que le client vit. Tout ceci nous amène à des négociations intérieures qui nous feront prendre une décision d'agir ou de ne pas agir, de proposer ou de se taire, ou tout autre chose.

Être attentif à ne pas réagir, à faire ce qu'Alfred Korzybski appelait une pause sémantique, mettre de l'espace entre le message reçu et son propre message, s'il y a lieu. Et toujours se laisser plusieurs choix, répondre et alors de multiples manières, ou ne pas répondre, ou encore donner un délai à sa réponse.

La *pleine écoute* implique d'être conscient à de multiples niveaux, que l'on utilise le paradigme psycho-dynamique, cognitivo-comportementaliste, socio-narratif, gestaltiste, systémique, ou d'autres. Elle semble indispensable pour respecter le client, respecter sa demande, élaborer ensemble les séances.

ABCdaire – analogisme

L'Analogisme est l'une des quatre ontologies pour appréhender le monde que propose Philippe Descola[11] : l'Animisme, l'Analogisme, le Naturalisme et le Totémisme.

La perspective analogiste est une aubaine pour les coachs. En effet, elle pose que le monde est chaos, constitué de l'addition indéfinie d'entités séparées et autonomes. Pour s'y retrouver, pour échapper au vertige, nous établissons des réseaux de correspondances qui vont créer de la continuité (de l'ordre). Nous cherchons et percevons des connexions formelles (des similitudes ou analogies dans la forme) au sein d'une myriade de différences. C'est un accueil de l'inconnu qui procède par analogisme.

C'est la vision constructiviste, auto-poïétique, fractale, analogiste, gestionnaire de la complexité. La capacité à agir est renforcée par la métaphorisation de l'expérience et le recours à l'hypothèse permettant de questionner les certitudes et les idées reçues.

Le rôle du consultant en stratégie, comme celui d'un coach, peut-être de métaphoriser l'expérience pour mettre à jour les correspondances, les analogies. De grandes civilisations se sont construites sur cette vision, les chinois par exemple avec leur concept de microcosme/macrocosme. Une autre façon de le dire est *pars pro toto*, la partie pour le tout. Nous proposerons deux sortes d'analogies. L'analogie d'échelle : autrement dit, en quoi ce qui se passe dans une partie du tout peut avoir un air de famille avec ce qui se passe dans le tout du système. L'analogie de contexte : en quoi ce qui se passe dans la séance peut avoir un air de famille avec ce qui se déroule dans le contexte qui pose difficulté. L'outil utilisé pour questionner une analogie sera l'émission d'hypothèse, ou question que je me pose à moi-même et qui commence par « Je me demande si ».

---

11 Descola, P. Professeur au Collège de France, Chaire d'Anthropologie de la nature. (2005). *Par-delà nature et culture*. Éditions Gallimard.

Chapitre 2

Le coaching avant le coaching

Tout se joue dès les premiers instants et, pourtant, rien n'est conclu d'avance. Dans les « pré-moments » du coaching, le coach s'inscrit dans cette double réalité avec une attention soutenue. Il est à l'écoute de chaque mot, disponible, il observe chaque geste et se saisit tout aussi bien de ce qui n'est pas là.

Correspondances

Charles Baudelaire

La Nature est un temple où de vivants piliers
Laissent parfois sortir de confuses paroles ;
L'homme y passe à travers des forêts de symboles
Qui l'observent avec des regards familiers.

Comme de longs échos qui de loin se confondent
Dans une ténébreuse et profonde unité,
Vaste comme la nuit et comme la clarté,
Les parfums, les couleurs et les sons se répondent.

Il est des parfums frais comme des chairs d'enfants,
Doux comme les hautbois, verts comme les prairies,
Et d'autres, corrompus, riches et triomphants,

Ayant l'expansion des choses infinies,
Comme l'ambre, le musc, le benjoin et l'encens,
Qui chantent les transports de l'esprit et des sens.

(Les Fleurs du Mal)

Dans la vie, il n'y a qu'un pas à faire, mais c'est dans l'autre sens.

Gérard Charbonneau

Le récit

Première histoire : l'acteur se prend les pieds dans le tapis

Ce matin-là le coach ouvre la porte de son cabinet à un jeune homme, d'apparence un peu décalée, au look branché. Il a le regard pétillant, et ne parlons pas de sa coiffure. Le coach l'invite à s'asseoir en face de lui dans son bureau :

— Avez-vous reçu notre documentation ? Questionne-t-il, surpris de voir le jeune homme assis les mains libres, alors qu'il la lui a forcément envoyée aussitôt terminé leur entretien par téléphone, il y a une dizaine de jours peut-être.

— Non, je…

— Il faut que j'aille vous la chercher.

Le coach se précipite, attrape au vol une brochure sur l'étagère de la pièce voisine et, de retour dans son bureau, la lui tend. Il s'assied, puis prend, sans se poser la moindre question, sa posture d'informateur. Il commente le projet pédagogique, son contexte, son ambition :

— Comme je vous l'ai dit déjà, nous allons parler tout d'abord de vos objectifs et de vos attentes.

Le jeune homme semble étonné, il s'agite sur son siège (peut-être est-il inconfortable ? Il faudra s'en assurer). Le coach voit que son visiteur ne l'écoute pas vraiment, comme s'il n'était pas venu pour ça. Le coach se sent peu efficace. Il a l'impression de ramer ferme. Pourtant ils avaient bien pris rendez-vous. Et il s'occupe à donner au client les éléments de base de la formation, tout en se sentant décontenancé par les signes d'agitation de son visiteur, qui bredouille :

— Je, je vous écoute.

Enfin le client murmure, à peine audible :

— C'est-à-dire je, je viens pour un coaching comme je vous l'ai dit au téléphone, lors de notre entretien.

Surpris, le coach lève les yeux vers lui, effaré de son propre démarrage en fanfare, en perte de ses repères :

— Ah ! Et, qu'est-ce qui vous amène ?

Le jeune homme retrouve confiance et se lance dans le récit de ses déboires. Il raconte ce qui lui arrive, ses difficultés dans son métier de comédien, la nécessité de construire sa propre image, les contacts difficiles à nouer avec les médias, etc. Et surtout, il mentionne à quel point il redoute le moment tant attendu, le moment clef, le couperet : le casting.

Le client confie alors :

— Je me prends les pieds dans le tapis chaque fois que je me présente à un entretien de casting. Je l'ai tellement attendu ce moment, je l'appréhende tant, j'ai tellement peur de me planter.

Et le coach éclate de rire. À cet instant-là il sait qu'il était déjà dans le coaching au moment même où son client entrait dans le bureau. Il était déjà dans le bain dès la première minute :

— Alors ça, c'est trop fort !. Voyez-vous, c'est exactement ce que je viens de faire avec vous. Je viens de me prendre les pieds dans le tapis, comme vous dites, j'avais perdu mes repères.

— Oui, c'est ça, oui tout à fait. Quand je répète, je sais exactement quoi dire, quoi faire. Et là, dans les conditions de tension du casting, je n'ai plus accès à mes repères.

Que s'est-il donc passé ? Évidemment vous avez bien compris que le coach a pris ce jeune homme pour ce qu'il n'est pas. Ils n'avaient échangé que quelques mots par téléphone, à la suite de quoi ils avaient pris rendez-vous pour un entretien préalable à un coaching. En le confondant avec un client potentiel de la formation au coaching programmée le mois suivant, le coach s'est donc, lui aussi « pris les pieds dans le tapis ». Persuadé que le rendez-vous de 9 heures concernait un candidat à la formation, il avait occulté le fait que c'était, au contraire, l'entretien préalable au coaching d'un nouveau client, comédien. Le coach a pris inconsciemment le rôle du client en audition et le client a assisté, éberlué, à l'erreur du coach qui, comme lui, s'était planté à la première minute.

L'entretien reprend alors le cours balisé d'un entretien préalable de coaching normal. Le jeune homme est comédien et le cinéma est sa passion :

— J'affectionne tout particulièrement les rôles qui créent du suspens, de l'émotion, touchent fortement le public. Je m'intéresse aussi au travail de la voix et cherche à l'occasion des rôles de sous-titrage. Vous savez, j'ai une formation de comédien et un peu d'expérience déjà. J'ai même joué dans un thriller.

Il s'évalue :

— Dans ce métier il faut avoir plusieurs cordes à son arc et j'ai un petit côté touche-à-tout qui ne nuit pas non plus.

Puis il se lance dans une énumération. Il suit une formation au Tai Chi (un peu d'exotisme peut être un atout) et fait des photos pour des collègues artistes en vue de *castings*. Comme il a fait un peu de PNL, il pense qu'il souffre de mauvais ancrages :

— Quand je travaille un rôle, je suis brouillon.

Tel est son autodiagnostic.

Le coach se demande ce que tout ceci vient faire ici. Il lui pose alors cette question :

— Est-ce que vous pouvez évaluer la date à laquelle vous pensez que vous serez prêt pour que nous puissions travailler sur autre chose ?

Le client le regarde en silence, interloqué. Le coach lui aussi garde le silence et attend. Qu'ont à voir tous les efforts de formation du client avec cette séance ? De fait ce silence génère un résultat puisque le client, après ce temps de pause, lui énonce clairement son attente :

— Je veux débloquer mes mauvais ancrages afin de trouver un rôle.

Ce qui le préoccupe, comme il le répète, ce sont des difficultés aux auditions :

— Je me prends les pieds dans le tapis, ou si vous préférez, je me tire une balle dans le pied, je me flingue. Je ne sais pas pourquoi, mais ce qui est sûr c'est que j'ai un véritable talent pour rater mes entrées.

— Qu'est-ce qui vous arrive quand vous ratez votre entrée ?

— Je suis disqualifié.

— Et moi, est-ce que vous me disqualifiez pour m'être trompé à propos de votre demande ?

— Oh non, pas du tout.

Le client s'installe alors dans un silence étonné. Il vient de découvrir que ses interlocuteurs, lors des auditions, ne sont peut-être pas aussi durs à son égard qu'il l'est avec lui-même, que peut-être eux non plus ne le disqualifient pas immédiatement.

Ils poursuivent leur échange à propos de la tension dans les situations de casting. Comment se comporter pour la vivre mieux, être moins tendu, vivre l'audition comme un moment normal de sa vie professionnelle, se donner plus de chance que cela se passe bien.

Le coach lui propose de questionner son auditoire lors du casting, de lui envoyer une question plutôt que de lui proposer une affirmation. Le client imagine :

— Qu'est-ce qu'il vous serait utile de savoir de moi ? L'idée serait de leur donner la possibilité de gagner du temps. Ou encore de prendre un ton plus réactif sur le mode : Voulez-vous que je vous raconte ma vie en deux minutes ?

Le coach entreprend aussi de lui donner une tâche, il devra se rapprocher d'une personne de confiance et lui demander ce qu'il pourrait être utile de donner comme information à propos de lui-même, dans une telle situation.

Ainsi le coach conduit la réflexion non pas tant vers le soulagement du client lui-même que vers le soulagement des interlocuteurs. Bref permettre au client de prendre conscience qu'en soulageant le jury du casting de son défi («j'en ai encore dix à recevoir»), il allège sa propre situation de candidat. Les deux ne seront plus sur le grill, et pourront se détendre. Puis viennent les questions d'engagement de la part du coach :

— Qu'est-ce qui vous inciterait à poursuivre le coaching ?

— Si un échange a lieu, je ne laisse pas tomber la balle.

— Et qu'est-ce qui vous ferait quitter le coaching ?

La question est d'autant plus pertinente que ce jeune comédien quitte habituellement très vite le *casting*, parce qu'il a le sentiment de s'être flingué et part honteux. À cette question, le client répond qu'il cesserait le coaching s'il avait trouvé du travail, s'il sentait que l'on est dans le mensonge, ou si l'on en venait aux insultes.

— Que se passerait-il si on tournait en rond, si vous aviez l'impression que ça n'avance pas, voire que ça ne sert à rien ?

— Si cela dure trop longtemps, si cela me paraît inutile, je partirai.

Et sur ce, le client affirme qu'il a vraiment du mal à connaître sa limite :

— En fait, je démarre au quart de tour et je m'en veux après.

Le coach et son client fixent ensemble le rendez-vous pour leur première séance. Le client l'annulera quelques jours plus tard. Une impulsion au quart de tour ? Un coup de honte ? De nombreuses hypothèses sont permises.

Seconde histoire : l'entrepreneur autodidacte

Voilà un jeune chef d'entreprise. Il a monté sa boîte il y a sept ans déjà. Cinq salariés sont progressivement venus lier leur sort professionnel au sien. Lors du premier contact téléphonique, il précise :

— Je suis autodidacte.

C'est l'une des premières caractéristiques qu'il annonce au coach. Sans doute cela comptera-t-il dans ce qui va suivre. Son appel lui paraît plus que justifié :

— J'ai en effet plusieurs problèmes à affronter, il faut absolument que je vous voie.

Telle est son affirmation. Le coach et le futur client prennent alors rendez-vous pour un entretien préalable.

Lors de celui-ci, le client exprime ses difficultés. Le premier problème se pose avec ses salariés à propos du droit du travail. Le coach demande quelques précisions. La question semble plutôt destinée à un expert juridique spécifique, ce dont il lui fait immédiatement part :

— J'ai un deuxième problème qui, j'en suis sûr, relève de votre compétence. Je n'arrive plus à me dépatouiller avec les prestataires de services. En tant que structure de petite taille, mes possibilités d'action sont étroitement dépendantes de ces collaborations et là, je n'obtiens pas ce qu'il me faut.

Il précise alors qu'il veut leur mettre la pression car il faut bien quand même qu'il arrive à obtenir les résultats attendus. C'est-à-dire qu'il veut que des sociétés de service à qui il commande une prestation la lui livrent en temps et en heure. Actuellement, il n'arrive pas à trouver l'angle d'attaque. Pour le moment, quand les choses ne se passent pas comme il le souhaite, la seule solution qu'il a à sa portée, c'est de leur claquer la porte au nez. Mais il se rend bien compte qu'il ne peut pas continuer comme ça :

— Je ne vois pas du tout comment m'y prendre pour le moment, malgré plusieurs tentatives. Je me sens dans un risque de dépendance à l'égard de ces prestataires. Vous comprenez, cela me met sous tension forte. Je ne vois pas, vraiment pas, comment m'en sortir. Que voulez-vous, j'ai besoin de leurs services.

Le coach se demande si l'analogie risque d'arriver, que lui-même devienne vite un prestataire de service qu'il faut presser, suspect de vouloir mettre son client en dépendance. Il se met en vigilance, en attention fine pour observer l'interaction.

Une troisième question le tourmente, et il poursuit un peu tendu :

— Vous savez, j'ai bien une méthodologie de travail et de management, mais comme je suis autodidacte, je ne suis pas comme ces gens qui ont fait HEC. Malheureusement je n'ai pas du tout leur savoir-faire, je me sens démuni. Certains de mes salariés me font naturellement remonter l'information, mais d'autres ont besoin d'être davantage encadrés, voire dirigés. Je ne sais pas comment m'y prendre.

Le coach lui dit que les gens d'HEC ont sans doute des savoir-faire qu'il n'a pas. Quant à lui, du fait de ses années d'expérience pratique, de sa position d'entrepreneur expérimenté, peut-être a-t-il d'autres qualités que n'ont pas nécessairement les diplômés d'HEC. Il semble se mettre à réfléchir et commencer à se calmer :

— Oh oui, c'est bien possible, vous avez raison. C'est bien possible.

À la question du coach :

— Qu'est-ce qui vous ferait quitter ce programme de coaching ?

Il répond :

— Que vous ne respectiez pas nos engagements.

— Et vous ? lui rétorque le coach

— Je les tiens toujours.

En entendant ces derniers mots, le coach fait l'hypothèse d'une difficulté du client potentiel à s'engager et note dans son for intérieur, qu'il y aura là un vrai problème à traiter si jamais le coaching a lieu.

Tous deux s'accordent sur les modalités de ce coaching et le client se propose de revenir lors de la première séance avec le contrat signé. Le coach ressort de cet entretien avec un sentiment d'agacement. Il garde ceci en mémoire.

Rendez-vous est pris pour le 21 décembre à 17h15. Or le 14 décembre, à 17h15 précises, soit tout juste une semaine plus tôt que la date prise pour le rendez-vous, l'entrepreneur appelle le coach par téléphone et lui dit :

— Monsieur, nous avions rendez-vous, n'est-ce pas ? Peut-être me suis-je trompé d'un quart d'heure, je ne me souviens pas, mais je suis surpris que vous ne soyez pas à votre bureau.

Le coach proteste, sur le moment, surpris par cette affirmation :

— Ce n'est pas possible, nous n'avons pas pu prendre rendez-vous à ce moment-là. Je suis en intervention aujourd'hui, cet engagement est noté sur mon agenda de longue date, il y a erreur. Je n'ai pas pu prendre un rendez-vous pour aujourd'hui.

Décontenancé, il feuillette son agenda en tous sens, ne comprend pas comment une telle méprise a pu se produire lui qui est si vigilant sur ces affaires de rendez-vous. À tel point que, dans l'instant, il n'est tout simplement pas en état ni de voir d'où peut provenir l'erreur, ni même de retrouver dans son agenda ce rendez-vous, à la date précise à laquelle, ensemble, ils l'avaient tous deux programmé. Il ne le retrouvera que plus tard dans le taxi du retour, une fois sorti de sa confusion.

Le futur client exprime son impatience. Il se montre agacé et ne semble pas un seul instant prendre conscience de sa méprise. Il n'envisage même pas qu'il ait pu faire une erreur de timing. Il s'adresse au coach de façon extrêmement abrupte :

— Si c'est comme ça, j'ai d'autres rendez-vous. Je n'ai pas de temps à perdre, au revoir Monsieur.

Et il lui raccroche au nez brusquement, avant même que le coach ait pu lui répondre. En d'autres termes, il lui claque la porte au nez, comme il a l'habitude de le faire avec ses prestataires. Le coach relie son propre sentiment d'agacement et celui du client et se demande si ce qui se passe entre eux ressemble aux relations habituelles entre cet homme et ses propres prestataires. En tous cas lui, le coach, ne se sent pas vraiment disposé à travailler dans ces conditions. Et les autres ?

Puis les événements s'enchaînent ainsi :

Le coach laisse à l'entrepreneur un message téléphonique pour lui confirmer le jour même qu'après vérification précise, leur rendez-vous était bien programmé le jeudi 21 décembre à 17h15, et non pas jeudi 14 décembre. Il avait donc bien été prévu une semaine plus tard que ce qu'il prétendait.

Il lui fait remarquer, avec l'intention louable de dédramatiser leur dialogue momentanément rompu, que le futur client n'avait fait qu'avancer tout simplement leur rendez-vous d'une semaine, et se demande silencieusement si cette confusion pourrait être due à l'empressement (de commencer, de faire, de tenir les délais, d'obtenir des résultats ?). Le client ne rappelle pas le coach.

À la suite de quoi, le coach, qui s'est lancé dans la poursuite de l'écriture d'un article, continue de se sentir agacé, suffisamment pour vouloir en avoir le cœur net. Il rappelle l'entrepreneur le soir même et le joint sur son portable alors qu'il était à son domicile, occupé avec ses enfants.

Le client potentiel lui répond sans ménagement qu'il n'est pas disponible, qu'il n'a plus de temps à consacrer à ça. Est-il en train de lui signifier qu'il a engagé une démarche envers un autre prestataire plus conciliant ? Ou tout simplement a-t-il disqualifié la démarche de travail avec un coach ?

Le coach ressent un soulagement réel, esquisse un sourire en imaginant d'autres prestataires contactés par cet entrepreneur qui se font claquer la porte au nez. Mais il se garde bien de tirer une conclusion qui risquerait d'être abusive.

Il retourne à l'écriture de son article.

Le point de vue du coach

L'importance des pré-moments

Que se passe-t-il dès les premiers contacts en vue d'un coaching ?

Dans le premier récit, le geste du coach est prématuré et son intervention gratuite puisque le contrat n'est pas signé. En fait, le coach a démarré au quart de tour en une intervention analogique et bien involontaire. Son geste s'est avéré juste, jusque dans sa pré-maturité.

Dans le deuxième récit, le coach n'a pu que constater que l'entrepreneur reproduisait son schéma habituel. Il a tenté de reprendre contact avec lui afin de lui rendre évident le mécanisme de sa méprise mais ce dernier est resté sourd à l'apport éventuel de ce nouveau prestataire potentiel.

Les premiers contacts déclenchent de fait le travail de coaching pour tous deux, pour le client comme pour le coach. C'est pourquoi il est important que le coach se positionne immédiatement en observation fine, car la boucle itérative, reproduisant le schéma du client, n'attendra pas.

Dans le premier récit, le coach prend inconsciemment et immédiatement le rôle du client en casting et, dès qu'il s'en aperçoit, le souligne au client. Dans le second récit, le coach décode la proposition de mise en boucle et la refuse. Il n'a pas d'enjeu qui donnerait prise sur lui, juste suggérer sa confusion, son inconfort et son agacement.

Ce sont deux coachings qui ne se poursuivront pas que nous avons choisi de rapporter ici, parce qu'il s'y est joué très vite, et avec limpidité, la problématique du client.

Que s'y est-il donc passé ? On peut dire sans nul doute que le coach est allé trop loin trop vite. Ce qui a probablement eu pour conséquences, pour le premier récit, que le client pense qu'il a déjà tout compris. Et, dans le second récit, l'entrepreneur a pu penser qu'il en avait déjà tiré l'essentiel, la vérification que les prestataires ne sont décidément pas fiables, le coach comme les autres.

Repères de la première histoire

L'entrée en coaching est un moment révélateur. Il l'est à propos de la relation qui s'initie. Il l'est aussi à propos de ce qui va marquer cette relation comme l'empathie, la parité, la compréhension, la coresponsabilité. Rien n'est ici négligé par le coach pour encourager et soutenir l'engagement de son client.

Erreur manifeste, nécessaire vers l'empathie

L'erreur, ou ce qui semble s'apparenter à une erreur, crée la rugosité qui donne prise sur la situation. C'est ce que dit à sa manière Ernst von Glasersfeld[12] : « Le monde réel se manifeste lui-même uniquement là où nos constructions

12 von Glasersfeld, E. (1988). *L'Invention de la réalité.* Seuil.

échouent». L'attitude involontaire du coach, son erreur, va lui permettre dans la première histoire d'expérimenter ce que vit son client. Sans le vouloir, il se retrouve instantanément plongé dans la relation. Il pourra ensuite en ressortir, fort de l'expérience de l'instant. Cette erreur est une expression vécue, concrète, de ce l'on appelle l'empathie, c'est-à-dire la plongée pour quelques instants dans la peau d'autrui qui permet d'expérimenter ce qui se joue pour le client dans sa situation. Elle donne au coach une prise pour intervenir dans la réalité.

La vulnérabilité, une compétence nécessaire

Le coach fait preuve de flexibilité et d'humour quant à l'erreur qu'il a commise, déclarant ainsi sa vulnérabilité à son client prospect. Faire appel à sa propre vulnérabilité est une compétence solide pour intervenir dans la relation. Quand la relation commence, le coach est souvent positionné par le client comme figure d'autorité. Une des manières de rendre le client impuissant est, pour le coach, de se maintenir dans cette position en montrant qu'il sait toujours ce qu'il convient de faire, en mettant en avant ses qualités de calme et de maîtrise de soi, sa perspicacité, sa force de décryptage, ses connaissances de la relation. En usant de savoir et de pouvoir à la place du client.

À l'inverse, un moyen efficace de rendre sa puissance au client est, pour le coach, de montrer qu'il n'est en rien un surhomme, ou une femme supérieure, mais bien plutôt un être ordinaire, comme les autres, comme lui, et qui assume ce statut. Être capable de vivre et de pointer sa vulnérabilité propre est une compétence du coach accompli. Rendre pouvoir et savoir au client.

Le déplacement analogique

Au moment où le client se présente, tout se passe comme si le coach se trouvait instantanément projeté dans le rôle du client et se prenait d'entrée de jeu les pieds dans le tapis. Il lui incombe donc de se demander s'il y a eu un déplacement analogique. Et cela semble bien en être ici le cas. Ce déplacement analogique permet au coach de vivre par procuration la difficulté habituelle à propos de laquelle son client vient lui demander assistance.

Alors le coach déclare son erreur et expose au client la ressemblance éventuelle de situation. Ce faisant il lui clarifie l'analogie. C'est le moment de proposer une inférence afin de tirer rapidement parti de ce qu'ils viennent de vivre ensemble. «Suis-je disqualifié?» Cette inférence exprime une hypothèse à propos de ce que le client peut penser de lui-même lorsqu'il se trouve effectivement dans la situation problématique.

Le déplacement analogique est une sorte de mise au jour des situations respectivement vécues par les deux protagonistes du coaching. Tous deux, à parité d'expérience désormais, peuvent à présent travailler de concert.

La mise en confiance

Le coach poursuit son travail de mise en confiance. Cette attitude a pour but de signifier que l'on va réussir et vise à faire baisser la pression chez le client en réduisant le défi qu'il se lance à lui-même. Aussi le coach démarre-t-il cette séquence par une question plutôt abrupte : « Est-ce que vous pouvez évaluer la date à laquelle vous pensez que vous serez prêt pour que nous puissions travailler sur autre chose ? »

Le silence que cette question suscite souligne combien elle interpelle le client de façon efficace puisqu'il y réagit aussitôt avec justesse. Il garde le silence et cette pause lui permet d'énoncer de lui-même ses attentes : « Débloquer mes mauvais ancrages afin de trouver un rôle ».

Le coach entreprend aussi de lui donner une tâche d'ici leur prochain rendez-vous. Il devra se rapprocher d'une personne de confiance et lui demander ce qu'il pourrait être utile de donner comme information à propos de lui-même, dans une situation de casting.

Repères de la seconde histoire

Dans les entretiens préalables le coach vit bien souvent une relation caractéristique de ce qu'évoque le client. Alors, que retenir de ce qui est vécu à l'instant comme élément(s) significatif(s) de la relation à venir ? Seule la suite de la relation permettra rétrospectivement de savoir. Au coach de rester vigilant.

Le coach comme prestataire de service

Le coach est un prestataire de services intellectuels. Il est payé tout d'abord pour se forcer à penser et pour donner à l'autre la force de penser. Mais « la pensée n'est rien sans quelque chose qui force à penser, qui fait violence à la pensée[13] ». Lorsque l'esprit divague et que l'intuition survient, ce n'est pas de la pensée.

En second lieu, il se co-engage sur le résultat et pas seulement sur les moyens.

---

13 Deleuze, G. (1964). *Proust et les signes*. PUF.

Enfin, il n'est pas là pour sauver une personne mais bien pour l'accompagner vers sa réussite, à sa demande. Une réussite dont les implications seront positives voire heureuses pour chacune des parties.

Le ressenti du coach comme connexion avec le contexte du client

Poursuivons ici le thème de l'empathie du coach. Qu'est-ce que l'empathie n'est pas ? Ce n'est pas de la sympathie, qui consisterait à se mettre à la place de l'autre qui souffre, à y rester, et à se demander comment faire pour le soulager en lui contant des « je comprends » et autres « ça va aller ».

Se mettre en empathie, c'est s'installer quelques instants dans la position de l'autre, l'essayer comme on essaierait un vêtement, puis décider de retourner consciemment à sa place propre. Après avoir identifié et nommé le ressenti associé à ce vécu, il s'agit de l'exprimer au client à partir de soi, comme par exemple « je me sens envahi » ou « je me sens perdu » ou encore « je me sens désemparé », etc. Éviter l'emploi du verbe être et plutôt utiliser l'expression « je ressens ». Puis attendre en silence pour entendre le retour avisé du client. La plupart du temps le client se sentira reconnu dans sa difficulté parce qu'il pourra constater que le coach, lui aussi, est touché. Il en conclura donc que ce qu'il ressent n'est pas une vue de l'esprit mais une réalité qui peut être vécue par le coach aussi.

Dans la première histoire, le coach vit une perte de repères et le partage avec le client. L'expression de cet inconfort en résonance a pour effet de soulager le client.

Et, dans la seconde, le coach sait qu'il se trouve devant une alternative :

- soit il souligne ce qui est en train de se passer (le client s'est trompé de date) et confronte le client potentiel, pointant ainsi la position ascendante du commanditaire sur son prestataire de service, fût-il coach ,
- soit il considère qu'il vaut mieux faire profil bas, voire s'excuser (d'une erreur non commise) alors que la raison est de son côté, dans l'idée de ménager, dans cette première rencontre, le client potentiel du coaching.

Si le coach avait choisi la seconde partie de l'alternative, il se serait déjà montré sous l'emprise du client futur et aurait eu ensuite bien des difficultés à se sortir d'une disqualification programmée. La relation paritaire aurait été difficile voire impossible à établir. Quant à la première partie de l'alternative (vécue ici), le client confronté par le coach ne l'a pas entendue, révélant ainsi qu'il ne recrute ses prestataires que s'ils courbent l'échine. Il refuse d'emblée la relation paritaire.

Le coach se doit d'imposer le cadre professionnel de la rencontre. Il lui faut proposer d'édicter des règles communes et s'appuyer sur son éthique et sur la déontologie de son métier.

Éléments de méthode

Que nomme-t-on analogie ?

L'analogie se construit sur l'hypothèse selon laquelle il existerait une ressemblance entre ce qui se vit dans la séance entre client et coach et ce qui se produit dans l'organisation (dans le système) où évolue le client.

Le principe selon lequel il existe au moins deux sortes d'analogies d'organisation a déjà été posé, (chapitre 1) :

- *L'analogie d'échelle* qui propose un parallèle entre ce qui se passe à un niveau de l'organisation et ce qui se passe à un autre de ses niveaux. Par exemple le client est un manager de proximité et on peut se demander s'il existe, à son propre niveau, une similitude avec ce qui pourrait se passer au niveau de son comité de direction. Plus simplement, la relation qui se coproduit entre le client et le coach ressemblerait au fonctionnement de l'équipe et du collectif global dont ce client fait partie.
- *L'analogie de contexte* propose un parallèle entre le contexte précis dans lequel le client ressent difficulté, problème, envie d'amélioration, etc. et le contexte vécu dans la séance.

Il est important de considérer que cette proposition de travail n'est pas vraie en elle-même, c'est juste un moyen de réfléchir différemment. Mais elle peut aider à raisonner et à produire un autre paysage de la relation et à poser des questions inattendues. C'est une démarche utile car elle est productive d'angles de vue, de considérations, de questions, et donc opérationnelle.

Déplacement analogique, appariement, holonomie, processus parallèle, principe hologrammatique

Tous ces différents termes nomment à peu près le même concept, appelé par d'autres *pars pro toto*, la partie pour le tout. Ce principe dévoile que ce qui se manifeste dans une partie de l'organisation (en lien à un individu, une équipe, un collectif) n'est qu'une forme particulière de ce qui se manifeste dans l'organisation elle-même ou l'inverse. Chaque sous-système serait à la fois un organisme relativement autonome et un composant d'un organisme plus vaste dont il fait partie et qui en même temps fait partie de lui. On pose alors qu'il pourrait bien exister entre un système et ses composants une analogie d'organisation, une correspondance par laquelle le tout serait, d'une certaine façon, représenté dans chacune des parties.

On se demande donc si le type de relation du client avec son environnement s'invite dans la séance, comme un déplacement de *pattern*. La probabilité est forte pour que ce qui est observé (ressenti, vu ou entendu) dans le système coach-client ait un air de famille avec ce qui se manifeste dans la relation client-contexte-problème.

Construire une analogie

Cela consiste à rapprocher deux domaines, deux contextes auparavant considérés comme séparés (cerveau humain et ordinateur, par exemple). Déduites de l'analogie, les inférences ainsi produites aboutissent à des conclusions souvent identiques à celles d'un raisonnement formel.

On peut aussi élaborer un appariement, c'est-à-dire mettre en correspondance des éléments d'un domaine-source (exemple, le système solaire) avec un domaine-cible (l'atome), puis s'appuyer sur ces éléments révélés communs pour en tirer des inférences.

L'usage du transport (métaphore, analogie, processus parallèle ou appariement) comme méthode de réflexion, s'appuie sur le raisonnement analogique et constitue une alternative enrichissante et fort répandue au raisonnement logique.

Nombre d'auteurs ont évoqué ce concept dans des champs disciplinaires variés, tant en physique, en sociologie, en anthropologie qu'en prospective. Philippe Descola propose, dans son œuvre majeure *Par-delà nature et culture*[14], de regrouper les différentes visions du monde existant de par les cultures en quatre ontologies possibles. L'une d'entre elles n'est autre que l'analogisme. Elle est vivace dans les cultures qui posent que le monde, étant un vaste chaos, ne peut être appréhendé qu'en faisant des connexions fondées sur les ressemblances.

> «Le monde est une sorte de vaste composition d'éléments en équilibre instable qui se solidifient à certains moments dans des êtres, humains ou non humains. Dans la mesure où un monde de ce type est très complexe à penser et à stabiliser dans des cadres, il s'agit pour les gens qui l'habitent de trouver entre tous ces éléments disparates, entre toutes ces singularités, des correspondances.»

En prospective, Joël de Rosnay[15] le pointe dans ses travaux :

> «Le principe hologrammatique (inspiré de l'hologramme dont chaque point contient la quasi-totalité de l'information de l'objet qu'il représente) met en évidence cet apparent paradoxe des systèmes complexes où non seulement la partie est dans le tout, mais où le tout est inscrit dans la partie. Ainsi, chaque cellule est une partie d'un tout – l'organisme global – mais le tout est lui-même dans la partie : la totalité du patrimoine génétique est présent dans chaque cellule individuelle ; la société est présente dans chaque individu en tant que tout, à travers son langage, sa culture, ses normes.»

14 Descola, P. (2005). *Par-delà nature et culture*. Éditions Gallimard.

15 De Rosnay, J. (1975). *Le Macroscope*. Seuil.

Quant au physicien David Bohm[16], il affirme :

> « La notion d'ordre implicite selon laquelle toute réalité est abritée dans chacune des parties. Le tout étant d'une certaine façon contenu dans chacune des parties. C'est l'idée de l'holonomie, qui serait une propriété universelle de la nature. »

Et en coaching, comment fait-on alors pour intégrer ces concepts afin d'appréhender la complexité des relations humaines ? On métaphorise, dans la rencontre, la relation telle qu'elle est vécue par le client. Si l'on prend en compte le troisième principe d'Edgar Morin, le principe hologrammatique, on peut dire que la gestion de la complexité passe par l'hypothèse du *pars pro toto*. Cette hypothèse est pour Morin un réducteur de complexité et non un simplificateur. La simplification est une démarche appropriée pour palier la complication, la réduction est la démarche appropriée pour gérer la complexité.

Vivre le problème pour le mettre à jour, une navigation

Le coaching se différencie d'une consultation classique en ce sens que le coach n'est pas en position de poser un diagnostic puis de proposer un cheminement de résolution de problème. Au contraire, à partir d'une posture de curiosité, il tente de créer les conditions permettant de vivre le problème avec l'autre, le client.

L'objectif est d'interpeller le client sur ce que tous deux sont en train de vivre, de l'expérimenter ensemble. Ce n'est possible que parce que le coach a appris à plonger dans l'expérience et à en sortir (il pratique le dedans-dehors de l'anthropologue). Il rend cette compétence accessible au client. C'est une attitude de navigation entre le ressenti, issu de l'expérience qu'ils sont ensemble en train de vivre, l'observation de la relation, des gestes, des mots, des émotions, et la zone de la pensée où se fabriquent les hypothèses que le coach va pouvoir formuler sous forme d'une question posée à soi-même : « Je me demande si ». Cette hypothèse analogique fait le pont entre ce qui se manifeste en séance et ce qui probablement se manifeste dans le contexte qui pose problème au client.

C'est là que réside la différence entre un coach en posture professionnelle, qui accueille le contexte (se place dedans) et qui sait aussi en sortir (se place dehors) pour s'observer, et quelqu'un qui se laisse déborder par le contexte qui l'envahit et le submerge. Celui qui se laisse ainsi déborder, entre en résonance.

Limites de la résonance

Nous partons du principe que pour que client et coach se rencontrent, il est nécessaire qu'il y ait une résonance entre eux. Le client choisit le coach parce qu'inconsciemment, il ressent, voit, entend un air de famille, une imperfection,

16 Bohm, D. (1987). *La Plénitude de l'univers*. Éditions du Rocher.

une vulnérabilité, bref un symptôme d'humanité, un lien potentiel propice à travailler ensemble. Ainsi Mony Elkaïm[17]évoque que «les thèmes que je fais apparaître (par-delà les clients et le thérapeute), me touchent, autrement je n'aurais pas pu en faire sens».

Le coach accepte ce qui se présente, vit l'instant de l'expérience qu'amène le client. Puis il prend du champ (ou de la hauteur, ou fait un pas de côté, ou tout autre métaphore de distance). À cet instant le coach peut s'observer ayant fait ce qu'il a fait, dit ce qu'il a dit, et, de là, il pourra communiquer son propre vécu.

Puis, si nécessaire, il monte encore d'un niveau et imagine un pont entre ce qu'il a vécu et ce que peut vivre le client, il suppose un processus parallèle et peut faire une hypothèse. Et s'il trouve que c'est pertinent, il formule cette hypothèse, ou pas.

Textes à réfléchir

Les déplacements

> «L'analyste est tenu, dans la forme classique, à une discrétion totale et à favoriser le transfert, alors que le thérapeute doit à tout instant éviter que le transfert ne s'instaure[18].»

Quand on parle de déplacement, il est nécessaire de s'intéresser au préalable à la conception que l'on se fait de la destination. Si le destinataire est conçu comme un objet, on se situera dans un paradigme psycho-dynamique et l'on pourra parler de transfert (report par A sur le coach d'un mode communicationnel habituel avec B). Si le destinataire est conçu comme un sujet, on pourra parler d'intersubjectivité et, en se situant dans un paradigme systémique, évoquer le lien analogique (ressemblance entre la relation A-le coach et la relation A-B).

Nombre d'écrits sur le coaching (écrits théoriques, chartes de déontologie, analyses de séances, comptes rendus de supervisions) posent l'inéluctabilité du transfert dans la relation coach-client. À notre sens, le transfert est un outil de travail, un opérateur, qui ne se manifeste et ne s'utilise que dans un contexte analytique. Il n'existe pas en soi, il doit être décidé et installé. Le praticien qui convoque le transfert dans son intervention doit se mettre dans une posture bien particulière: retrait dans la relation, discrétion, peu de contact oculaire, écoute flottante, connexions interprétatives. C'est une position difficile, qui s'acquiert à force de travail, d'expérience et de contrôle et qui contraint, pour être cohérente, à une posture de sachant. Bien peu de coaches peuvent se targuer de maîtriser la psychanalyse au point de savoir provoquer et manier le transfert.

17 Elkaïm, M. (1989). *Si tu m'aimes, ne m'aime pas.* Seuil.

18 Roustang, F. (2001). *Le Thérapeute et son patient.* Éditions de l'Aube.

D'autres points de vue sont à trouver dans d'autres théories. Citons l'Ardoise Pivotante (concept phare de l'Approche Contextuelle), la Projection (psychologie) ou l'Analogie (systémique). Si ces opérateurs ne recouvrent pas tout à fait le même territoire, convenons qu'aucun n'est plus vrai que les autres. En fait, aucun n'est vrai, posons-nous plutôt la question de savoir lequel est plus opérant et cohérent dans la relation évoquée, et posons avec Paul Watzlawick que «la vérité c'est l'erreur qui nous arrange».

Un coach travaillant dans un paradigme systémique, et nous sommes nombreux dans ce cas, devra choisir à quelle notion autre que le transfert il se référera, puisque ce dernier est à peu près la seule notion incompatible avec le regard systémique. De la même manière que la délimitation d'un système est une décision du modélisateur, ainsi que le choix des éléments pertinents et la définition de la clôture opérationnelle, le choix du type de déplacement à utiliser est une décision du coach. Dans une pensée constructiviste et à finalité d'autonomie, le choix de l'opérateur analogie est le plus avantageux. Il a l'avantage d'être souple, de refléter des *patterns* observables et de permettre la proposition d'hypothèses acceptables ou réfutables. En suivant William James, on pourrait presque tenir l'analogie systémique pour vraie: «Le "vrai" consiste simplement dans ce qui est avantageux pour notre pensée».

Le praticien, durant l'entretien préalable doit informer le client de sa démarche systémique lors des séances de coaching: relation d'adultat, travail avec l'ici et maintenant, confrontation. Il considère le client non pas comme un plaignant devant régresser pour retrouver l'origine de ses difficultés, mais plutôt comme un adulte souhaitant avancer, redéployer son potentiel dans un contexte identifié et délimité. Et si, quand le client parle d'un passé, le praticien lui demande «en quoi ce que vous êtes en train de me raconter est-il en lien avec l'objectif pour lequel nous travaillons ensemble?» la parité et le partage du même temps pourraient être garants d'une relation non transférentielle, privilégiant l'analogie d'échelle ou l'analogie de contexte, et facilitant la projection d'avenir.

ABCdaire – abstraire

Les êtres humains (*quid* des autres existants?) sont dotés d'une compétence très particulière: la compétence à abstraire. C'est le mécanisme de base-même de la pensée. Abstraire signifie sélectionner un certain nombre d'éléments dans une multitude en en laissant d'autres de côté.

Ainsi, à partir de notre expérience, notre vécu, nous sélectionnons et retenons certains éléments – principe de filtrage – et en ignorons d'autres. D'ailleurs quiconque essaie d'appréhender la totalité des éléments de réel vécus à un instant *t* se rend compte de la vanité de l'exercice. Ce premier niveau d'abstraction, qualifié de silencieux, compose ce que l'on appelle un événement. Un deuxième niveau silencieux est celui de l'objet, obtenu par abstraction d'éléments constituants d'un événement, ce qui nous permet de comprendre la définition sibylline de Norbert Whitehead: «L'objet est la partie reconnaissable de l'événement».

Autrement dit, au moment où nous prononçons le premier mot (le premier niveau verbal est le niveau de description), nous en sommes déjà au troisième niveau de prise de distance par rapport au vécu.

Et nous enchaînons les niveaux verbaux: niveau de description, niveaux d'inférence, etc. Plus nous abstrayons, plus la généralisation augmente et plus nous nous approchons des concepts. Et en combinant les concepts entre eux, nous gagnons en liberté et en créativité en développant notre pensée par complexes, autrement dit notre pensée abstraite.

Ceci est l'ordre naturel d'abstraction, de l'expérience vers la théorie, du territoire vers la carte, du vécu vers le symbole. Bien sûr, l'abstraction se projette alors dans l'expérience formant une boucle nommée circularité de la connaissance. Et, une conscience d'abstraire générale est un fondement nécessaire pour parvenir à la maturité socio-culturelle.

Alors que faisons-nous, nous les coaches? Eh bien nous forçons nos clients à penser, n'est-ce-pas? C'est bien là notre utilité. En leur posant des questions qui vont, dans un premier temps, les amener à décrire leur expérience et à la caractériser d'une manière aussi proche que possible de leur vécu. Puis, dans un deuxième temps, en leur posant d'autres questions pour les faire décoller, se rapprocher de leurs concepts, abstraire, des questions de sens et de valeurs. Jusqu'à la troisième série de questions qui leur permettra d'inventer de nouvelles manières de faire, congruentes avec cette conceptualisation:

— Et si vous pouviez garder le contact avec ce que vous venez de nommer, qu'est-ce que je pourrais vous voir faire dans les jours qui viennent?

— Concrètement, comment allez-vous vous y prendre?

Le sens de l'initiative personnelle, la liberté à agir, le pouvoir, résident dans la pensée et nous posons avec assurance l'indéfectible unité de la pensée et de l'action, leur inséparabilité.

Chapitre 3

Coaching au téléphone

Quand coach et client sont éloignés physiquement et communiquent par téléphone, ils ne se rencontrent que grâce au seul canal auditif. La concentration se renforce pour tous deux, l'attention est aiguisée, la relation finement tissée et le cheminement particulièrement rigoureux. On parle parfois de coaching au laser.

Heureux qui comme Ulysse

Joachim Du Bellay

Heureux qui, comme Ulysse, a fait un beau voyage,
Ou comme cestuy-là qui conquit la toison,
Et puis est retourné, plein d'usage et raison,
Vivre entre ses parents le reste de son âge !

Quand reverrai-je, hélas, de mon petit village
Fumer la cheminée, et en quelle saison
Reverrai-je le clos de ma pauvre maison,
Qui m'est une province, et beaucoup davantage ?

Plus me plaît le séjour qu'ont bâti mes aïeux,
Que des palais Romains le front audacieux,
Plus que le marbre dur me plaît l'ardoise fine :

Plus mon Loir gaulois, que le Tibre latin,
Plus mon petit Liré, que le mont Palatin,
Et plus que l'air marin la douceur angevine.

(Les Regrets)

Un homme peut tout supporter, excepté une succession de jours ordinaires.

Johann Wolfgang von Goethe

Le récit

L'histoire : question de rythme

C'est une voix au téléphone, une voix d'homme. Il parle vite, beaucoup de mots. La voix d'un homme qui parfois s'embrouille, avale des syllabes, ne prend pas le temps d'achever ses phrases. Les propos d'un homme pressé ? Moi, coach, je me demande si je m'empresse déjà en l'entendant. Praticien de la *problémation*, je me maintiens au niveau du descriptif, de la situation, des détails du récit du client. Voici quelques éléments des propos du client, saisis au vol :

— Il arrive que des gens trouvent que je parle trop vite. Ils me disent que je n'articule pas suffisamment. Et lorsque je me lance pour faire une présentation professionnelle, certains prétendent qu'ils ne captent pas mon message. On m'a dit que le coaching était un accompagnement personnalisé pour atteindre certains buts de comportement. Pensez-vous pouvoir m'aider ?

Là, le coach parvient à acquiescer et reformule :

— Je peux vous accompagner.

L'homme parle sans retenue, en débit ininterrompu, les mots se heurtent quand ils sortent, comme décalés entre la pensée et l'expression. Il faut dire que sa vie à lui file à toute vitesse :

— Voici plusieurs années que je roule ma bosse. Je me sens de l'élan, du courage, de la force pour entreprendre. Et il m'en a fallu pour partir conquérir le monde comme je l'ai fait depuis cinq ans déjà. J'ai dit oui pour l'Inde dès que mon entreprise a recruté des volontaires pour l'expatriation, et je ne regrette pas ma décision.

Il a beau tenter de se raisonner, de se faire la leçon, comme il dit, c'est comme si sa parole persistait à le dépasser, comme si elle ne voulait pas l'accompagner, comme si elle lui déniait son enthousiasme, sa motivation puisqu'il ne parvient pas à les communiquer à d'autres, verbalement. Rien n'y fait. Ayant achevé ce court récit, le client passe immédiatement, évidemment, aux solutions :

— Il faut absolument que je me décide à travailler mon débit verbal et l'articulation aussi. Je ne veux pas revenir en France dans l'état où je suis parti. Je veux au retour être un homme neuf, un type qui a avancé, qui a réussi. Je veux faire la différence.

Et, pour lui, le temps presse, bien sûr :

— En juillet je serai peut-être revenu en France. Tout cela est très bousculé. Je vais quitter mes fonctions ici à New Delhi pour en prendre d'autres en métropole. C'est une sacrée organisation, ce retour. Il faut que je restructure toute ma charge de travail. Pour trouver le temps du coaching, je vais m'accrocher. La seule chose qui pourrait me faire renoncer ? Ce serait le manque de temps.

Il faut dire qu'il ne fait jamais les choses à moitié. Il a tenté de mettre toutes les chances de son côté quand il s'est lancé simultanément dans un coaching de face à face à New Delhi, où se situe son port d'attache aujourd'hui et parallèlement dans un coaching par téléphone avec un coach en France (à l'origine de ce récit). Il a mis le paquet, comme il dit, pour devenir cet homme neuf qui revient de l'autre monde, plus mûr, plus responsable, plus serein, plus sûr de lui.

Il verra qu'il a progressé parce que le nombre de personnes qui lui renvoient ce problème en l'écoutant diminuera, qu'il s'agisse de sa femme, d'un membre de sa famille, d'un proche ou d'un collègue au travail. Ils ne lui demanderont plus de répéter ce qu'il vient de leur dire :

— J'en attends de pouvoir communiquer avec moi-même,

précise-t-il avec une certaine justesse, donnant un premier signe de prise de conscience d'une co-responsabilité.

À l'issue de l'entretien, ils décident d'un commun accord de cinq séances de 30 minutes, par téléphone.

Le coach entame la première séance par la question :

— Quel est le plus gros défi auquel vous êtes confronté aujourd'hui ?

— Demain, j'ai une présentation ; ce n'est donc pas un hasard si j'ai souhaité cette séance maintenant,

annonce-t-il au coach qui, au bout du fil, entend beaucoup de bruit.

— Si vous entendez des voix, c'est que je suis à l'aéroport, ce sont les annonces sonores des vols.

De fait, il décolle dans moins d'une heure, mais il est bien content de parler dès maintenant de ce qui le gêne le plus, car c'est une preuve de son efficacité. Se sentir efficace est toujours susceptible de provoquer chez lui une satisfaction. Et là il se sent particulièrement satisfait :

— Rendez-vous compte, j'ai réussi à concilier l'inconciliable, mon départ et cette séance de coaching. En général, lorsque je fais une présentation, je veux convaincre mon management que mon projet est valable et là, je me laisse submerger par mon enthousiasme, mes émotions prennent le dessus et je me rends bien compte que cela me handicape pour convaincre mes patrons. Mais ce n'est pas tout, je ne suis pas à l'aise non plus dans des conversations beaucoup plus informelles.

Pourtant, à 40 ans, il a suivi de multiples formations pour se perfectionner lors de présentations (prise de parole en public, communication autonome, etc.) et il en sait déjà long sur les techniques classiques. Il sait bien qu'il doit être attentif à sa respiration, regarder les principaux interlocuteurs de son auditoire bien droit dans les yeux, etc. Mais cela ne suffit pas. Le coach s'enquiert :

— Que serait le pire qui puisse vous arriver au cours d'une présentation ?

Il n'hésite pas une seconde :

— Le pire, c'est le refus du dossier par ma hiérarchie suite à ma présentation. On me reproche notamment un manque de clarté et donc un manque de capacité à convaincre.

Bien sûr, il peut arrêter de faire de la bureaucratie, c'est facile et ennuyeux. Ce qu'il voudrait faire davantage, lui, c'est tout le contraire :

— J'aimerais concrétiser des deals plus fréquemment.

Le coach rassemble les éléments :

— Comment faire pour faire moins de bureaucratie et plus de deals ?

D'abord il voudrait faire des *deals* plus gros, à présentation égale traiter une affaire plus importante, mais il serait frustrant de faire moins de *deals*. Alors il pense qu'il pourrait avancer davantage dans chaque affaire avant de demander une autorisation, par exemple en changeant d'échelle en présentation. Cela exige qu'il obtienne une délégation plus large, et qu'il expose moins de détails durant sa présentation. De toute façon, les patrons ne lui posent des questions que sur les sujets qui les intéressent. Et il ne sait comment motiver son responsable hiérarchique :

— Je peux m'étalonner par rapport à mon alter ego à Paris. Il se trouve que je l'ai écouté récemment lors d'une présentation, je l'ai trouvé pontifiant, dans l'emphase. Mais son message était clair, je dois le reconnaître et il n'a jamais répété deux fois la même phrase. Mon adjointe, qui a fait, elle, les grandes écoles et cela se voit, a proposé une intervention plus technique, et on a tous décroché.

En fin de séance, il décide spontanément d'un plan d'action :

— Je vais centrer ma présentation sur l'essentiel, en éliminant tout ce qui est accessoire, je m'arrêterai de parler cinq secondes après une phrase importante, enfin je prendrai la précaution de dire au démarrage : « il m'arrive de parler trop vite, merci de me le signaler ».

— Je veux passer de l'ennui à la frustration, puis au plaisir. J'aime progresser. Mais on n'a pas abordé tous les sujets qui me dérangent.

Le coach ouvre la séance suivante par une question.

— Qu'est-ce qui a changé pour vous ?

— Vous savez, je me suis lancé. J'ai réduit mon temps de présentation à 30 minutes, ça s'est bien passé. Mais il m'est apparu beaucoup plus difficile de me taire trois secondes. D'ailleurs mes parents ont trouvé que je parlais trop lentement, comme quoi. Quant à moi, je me suis senti plus dynamique. J'ai simplifié mes transparents. Il n'en reste que huit, au lieu de 30. Car évidemment, ralentir le débit veut dire aussi diminuer le nombre de supports écrits. En ralentissant ainsi, j'ai pu dégager de la place pour que mes interlocuteurs me posent des questions. À la suite de quoi, j'ai reçu des louanges. C'est bien la première fois, lors d'une présentation publique. Mais pour me sentir satisfait, je pense que mes mots manquent d'érudition. Le discours ça pose l'homme. Je dois progresser aussi dans le choix des mots, mais sans pontifier, pas comme l'autre.

Le coach insiste :

— Que vous faut-il à présent pour être satisfait ?

— Il faudrait m'indiquer quoi faire et m'aider à identifier ce qui fait que c'est bien fait.

— Avez-vous une possibilité de faire ce travail prochainement ?

— Dans deux heures je fais une présentation facile. Alors c'est le bon moment pour essayer. Professionnellement, je suis content, cela concerne tout l'auditoire, on avance sur le sujet, on est productif, on produit un plan d'action, et il y a une validation globale du projet. Vous savez, je suis passionné par les sujets que je connais.

Le coach pousse à nouveau à la recherche des extrêmes :

— Identifiez-vous ce qui se produit quand ça ne va pas ?

— Quand ça se passe mal, c'est que je suis emporté par ma passion, pris par le sujet, par l'émotion. Si c'est moins passionnel, je laisse du temps à la réflexion, pour avancer au rythme des autres.

— Identifiez-vous ce qui se produit quand ça se passe bien ?

— Quand ça se passe bien ? Oh, je ne suis pas conscient qu'il pourrait y avoir un problème. Je me surveille au maximum. Je cherche à développer une plus grande conscience de moi-même. Je m'entraîne, je prends la parole, et je demande à des personnes de confiance de me restituer leur perception.

Il déclare que pour qu'il en soit autrement il lui faut y réfléchir. Peut-être s'agit-il pour lui de franchir un stade de maturité verbale qui soit davantage conscient.

Le coach effectue alors ce que nous appelons une ligne éditoriale :

— Vous m'avez dit souhaiter centrer votre présentation sur l'essentiel, en éliminant tout ce qui est accessoire ; puis vous arrêter pour poser un silence après une phrase importante ; décider de dire au démarrage de votre intervention : « Il m'arrive de parler trop vite, merci de me le signaler » ;

ralentir votre rythme permettant ainsi de laisser la place aux questions ; et passer de l'ennui à la frustration, puis au plaisir.

À la suite de quoi, le coach l'interpelle directement :

— Où est-ce que tout ceci vous emmène ? Où cela vous transporte-t-il ?

— Ça me donne envie de dire en introduction : « je ne vous dis pas tout pour laisser de la place à vos questions » et de dire aussi « j'aime mon sujet, et il m'arrive d'en dire plus que prévu ». Et aussi d'énoncer le plan, qui figure sur le premier support. Mais, tout ça, c'est en fait une déclaration sur moi, comme si je me racontais un peu.

Satisfait de ce qu'il a trouvé, le client conclut par cet éclair :

— À la prochaine séance, je souhaite parler de l'émotion, et pouvoir l'utiliser ou la contrôler.

Grâce à la ligne éditoriale qui constitue une plate-forme de soutien, le coach a permis au client de produire des façons de faire. Et même au-delà puisque ce dernier annonce le chapitre suivant : les émotions. Et nous savons bien qu'aux façons de faire il faut ajouter impérativement la dimension émotionnelle, qui seule est moteur de l'action.

À la troisième séance survient alors un événement imprévu. Le client appelle le coach et lui dit qu'il se trouve à Paris et qu'il aimerait bien le voir pour un petit déjeuner. Le coach, surpris de sa présence si proche et de cette proposition de nature conviviale de la part d'un homme qui compte les minutes, accepte avec plaisir. Pour la première fois, ils vont se rencontrer physiquement. Le client de passage à Paris va rencontrer son coach au bout du fil, *de visu* pour un petit déjeuner. Il arrive parfaitement à l'heure, s'assied et dit :

— Bonjour, je suis ravi de vous rencontrer ; que faisons-nous ?

Le coach est par deux fois surpris : que le petit déjeuner se transforme en séance de coaching et de plus que la séance en face à face dure le même temps qu'une séance au téléphone, soit 30 minutes. Le coach doit changer d'état instantanément (voir ci-après la loi de la variété requise). Il se laisse déstabiliser, trouve un autre état stable, puis un autre encore.

Car, quand le coach lui explique qu'ils ont un peu de temps devant eux, car une séance en présence est plus longue, le client lui dit qu'il n'a prévu que les 30 minutes habituelles de l'entretien par téléphone. Ironiquement, l'horloge du bureau est en panne et aucun d'eux ne porte de montre.

Le client dit être particulièrement content d'avoir découvert la méta-communication. Il a aussi expérimenté qu'il peut changer de rythme : parler lentement, parler plus vite, moduler le rythme de son discours en fonction de ce qu'il veut faire savoir, etc. Il a lui aussi augmenté le nombre d'états stables possibles pour lui. Comme il l'avait souhaité, il veut travailler à propos de ses émotions. Il se rend bien compte que là, quelque chose lui échappe :

— Lui laissez-vous le temps de venir, à cette émotion, ou exigez-vous qu'elle vienne ? s'enquiert le coach.

— Quand je regarde la TV, quand je suis le témoin d'un succès, cela me met la larme à l'œil, elle vient d'elle-même.

Il précise que cette situation dépasse complètement son intention, que c'est plus fort que sa volonté, les larmes coulent malgré lui.

Il considère sa vie comme absolument normale et bien remplie. Sa famille compte pour lui et il s'occupe de ses quatre enfants. Son épouse travaille elle aussi. Il a fait ses études dans une grande école, et il aime de temps à autre disposer d'un peu de temps de loisir. Il poursuit son récit sur sa vie personnelle et s'impatiente de constater que, bien qu'il parle de lui, de sa famille, de ceux qui lui sont chers, nulle émotion ne survient. Or il voudrait pouvoir immédiatement avoir une émotion comme à la télé à partir de laquelle il pourrait travailler.

Le coach renforce son questionnement.

— Vous manifestez à l'instant de l'impatience à constater que nulle émotion ne vient. Quelle différence faites-vous entre la larme à l'œil devant la télé et cette impatience, cet agacement ?

— Ben, devant la télé je suis seul et là nous sommes deux. Et c'est plus facile de se laisser prendre tout seul, c'est sans risque.

— Sans risque ?

— Sans risque de me montrer autrement.

— Et pourtant vous avez expérimenté l'ennui, vous avez décidé de passer de la frustration au plaisir. Et quand vous vous emportez, jusqu'à baigner dans l'enthousiasme, vous savez-vous dans l'émotion ? Et quand vous vous dites en éveil, souvent prêt à vous mettre en avant, à aller vite, quelle est cette émotion ?

Le coach va dérouler quelques questions pour aider le client à avancer en cette presque fin de séance :

— Est-ce que les émotions, d'après vous, ont une place à prendre dans votre vie professionnelle ? Comment voyez-vous la réflexion et les émotions prendre chacune leur place ? Et quels en seraient d'après-vous les effets ? Serait-ce bien, pas bien, les deux ? Et pourquoi donc ?

La salve de questions du coach a pour résultat une prise de conscience manifeste du client. Il se voit soudain autrement :

— Les émotions porteraient mon discours, l'enflammeraient d'une bonne façon. Je saurais introduire ma passion dans mon discours tout en régulant le rythme.

Le coach appuie encore un peu :

— Mais ce que vous me racontez-là, n'est-ce pas la force de conviction que vous cherchez ?

Le client laisse son corps s'affaisser un instant dans le fauteuil, souffle un peu et le coach peut voir ses traits se détendre, l'expression de son visage changer. Soudain il se redresse et, enthousiaste, tient un discours enjoué, voulant raconter ce qu'il souhaite montrer à sa prochaine présentation :

— Et le tour est joué ! conclut-il.

À la quatrième séance le coach vient aux nouvelles :

— Qu'est-ce qui a changé, même un tout petit peu ?

Le client pense avoir une réelle conscience de son élan émotionnel, de son rythme verbal, de la tonalité de sa voix. Ce degré de conscience de lui-même lui permet de se corriger, de changer de rythme. Il a commencé à poser des silences après avoir envoyé un message, et à reposer son dos sur le dossier de sa chaise, tranquillement.

Il a soudainement eu envie de partager cela avec d'autres.

Il n'a pas hésité à féliciter ses collaborateurs à la suite d'un succès récent en remplaçant son habituel : « je ne suis pas mécontent » par « je suis content » ; et son incontournable : « c'est pas mal » par « c'est bien » :

— Ils y ont été très sensibles, je n'en reviens pas.

— Comment évaluez-vous ces changements ?

— Ça marche ! déclare-t-il étonné.

— Et en termes de confort, où pensez-vous en être ?

— Je commence à y trouver des avantages. Je parle plus lentement et on m'écoute. J'exprime mon émotion et je vois que les autres sont touchés.

— Quel est pour vous le plus grand défi à relever aujourd'hui ?

— Comment, dans un cercle informel, parvenir à articuler suffisamment, pour que mon premier cercle puisse bénéficier de mes améliorations, pour plus de respect de l'autre proche.

En effet le client déplore sa négligence lors de conversations téléphoniques avec des amis, des parents. Il se rend bien compte qu'il cède à une sorte de paresse qui le rend moins intelligible.

Le coach écoute et le pousse :

— Quelles valeurs voulez-vous mettre en avant dans ces relations informelles, dans votre cercle privé ?

À cet égard, le client hésite à peine puis précise que la valeur qu'il recherche est de faire vivre la relation avec l'autre.

— En quoi est-ce important ?

— Oui, c'est important parce que j'impose mon mode de vie à mes proches. Étant expatrié, si je ne m'attache pas à maintenir une communication de qualité avec mes proches, mes liens avec eux vont se distendre. Je crois que je risque alors de perdre moi-même une partie de mon équilibre. Pour y parvenir, je pourrais remplacer mon attitude de paresse par la valeur : nouer un lien centré sur les autres. Je vois bien que ma paresse me rend moins attentif aux autres et moins intelligible.

Par ailleurs, dans le contexte familial, ayant à assurer une multitude de tâches simultanément, il se sent parfois fatigué, et s'exprime alors sur un mode que les autres comprennent mal :

— Comment ?

— Je leur dis : « pas maintenant ! »

— Comment gérer le temps avec vos proches qui vous sollicitent ?

— Je pourrais leur dire : « Laissez-moi cinq minutes et je serai disponible ».

À présent, les choses lui apparaissent clairement. Il voudrait identifier quelles sont les pistes à privilégier pour réussir, l'entreprise ou lui-même et les siens ?

Le coach lui donne la tâche suivante :

— D'ici à la prochaine séance, je voudrais que vous réfléchissiez et fassiez l'inventaire de ce que vous voudriez voir persister dans votre vie professionnelle.

— Quelque chose que je veux garder ? Mais, je veux du changement !

Le coach ne veut surtout pas de réponse à l'instant :

— Je ne vous demande pas de réponse immédiate, mais dans 20 jours.

À la rencontre téléphonique suivante, le client revient muni d'un inventaire qu'il énonce avec clarté :

- travailler sur les valeurs : quelle attention porter à mes interlocuteurs ? Comment vivre la relation avec eux ? Comment maintenir une communication de qualité avec mes proches ?
- privilégier une qualité de discours et d'écoute : augmenter le respect ;
- être à l'écoute, laisser un espace d'échange véritable ;
- laisser du silence pour le cheminement intellectuel de l'autre au lieu de répéter ma phrase ;
- laisser passer la peur du silence ;

- positiver le discours systématiquement, au lieu de s'en tenir à des formules *a minima* comme « ce n'est pas trop mal » ;
- méta-communiquer avec mes interlocuteurs, notamment avec des phrases telles que « je suis enthousiaste, faites-moi signe si je m'emballe » ; et ainsi faire de ces personnes mes alliées ;
- informer mes interlocuteurs pour réduire l'incertitude : plan des présentations, durée indicative de mon intervention, situer le cadre de l'intervention pour informer, etc.

Le coach poursuit :

— Et la relation au temps ?

— Travailler, exprimer ma relation au temps, mon manque de temps, ce n'est pas vraiment résolu, sauf à être serein, admettre que ceci est un trait de ma personnalité, que c'est mon caractère, et que cela fait aussi mon succès. Donc l'assumer pleinement.

Le client entend donc poursuivre sa découverte du monde, expatriation, voyages, développer une grande mobilité. Il tient à ce que sa carrière progresse à sa satisfaction, son but étant de franchir encore trois niveaux de postes d'ici à ce qu'il ait 55 ans. Et tout cela ne doit pas l'empêcher d'avoir une vie active, sportive et intéressante, « *mens sana in corpore sano* ». Il tient aussi beaucoup à cultiver un noyau vivant d'amis.

Quant au dernier point qu'il veut éclaircir, il comporte un enjeu majeur pour lui : « Choisir entre l'entreprise et moi-même. »

Autrement dit, pour lui, la réussite professionnelle passe par le choix entre la satisfaction de l'entreprise ou la mise en valeur de soi-même :

— Moi-même, c'est tout à la fois la découverte du monde, l'expatriation, les voyages, une grande mobilité et une vie active, sportive et intéressante et des amis. Quant à l'entreprise, c'est une grande mobilité certes, mais une carrière qui progresse aussi à ma satisfaction et donc tout à la fois du pouvoir, de l'argent, une fonction, un intérêt intellectuel.

Le coach pousse alors le client vers des faits, les impacts et ressorts concrets de ce qu'il énonce :

— Quels sont les perspectives de progression et jusqu'à quand votre entreprise garde-t-elle ses managers ?

— Dans l'entreprise, on peut monter jusqu'au top management, le Carré des 20, le Club des Sept et le Président. Le Club est hors d'atteinte. Mon défi personnel est de chercher à atteindre le Carré des 20. Cela me semble accessible dans le temps qui me reste, entre 40 et 55 ans.

— L'ambition crée-t-elle un déséquilibre ? s'enquiert le coach.

Le client se demande alors s'il ne serait pas possible de concevoir une ambition composite :

— Est-ce possible de progresser vers le sommet en préservant pour soi-même un équilibre, atteindre un équilibre composite ?

Le coach l'accompagne dans son questionnement :

— Peut-on se donner à fond, ou plier et négocier des compromis ? Autrement dit, à partir d'où votre ambition risque-t-elle d'entraver votre projet ?

— Les compromis, il n'en est pas question.

— Avez-vous des solutions alternatives ?

Là, un silence, court, puis le client avance, après réflexion :

— Faire partie du ventre mou et permettre à mon épouse de s'épanouir ou alors me diriger vers une banque d'affaires où je serais une pointure.

À ce moment de la séance, le coach pense important de faire identifier un cadre de sécurité suffisant, des bornes entre lesquelles il peut continuer à agir dans le sens qu'il souhaite. Le client esquisse alors d'un coup une matrice en trois points, comme il dit :

— Équité entre mes besoins et ceux de ma famille.

— Garder un corps sain.

— Optimiser le temps restant pour ma carrière pour faire partie de l'élite, le Carré des 20, avant 54 ans. C'est possible, il me reste 14 ans.

Et il finit par déclarer qu'en fait, il n'est pas si ambitieux que cela face à ces trois points d'appui.

En conclusion, il leur faut procéder à une vérification des indicateurs de résultat. Il s'agit alors de réconcilier les pôles. Le client déclare :

— Un tabouret à trois pieds est plus stable qu'un tabouret à un pied. Je suis interpelé, cette matrice en trois points m'équilibre beaucoup et me permet d'avancer de manière autonome.

Il est temps de revenir sur les indicateurs qu'ils s'étaient donnés au début de ce coaching :

1. que le nombre de personnes qui me renvoient le problème en m'écoutant diminue,
2. qu'on ne me demande plus de répéter,
3. que je sois capable de communiquer avec moi-même, prendre le temps de m'écouter.

Fort de sa découverte du tripode et en lien avec elle, notre client valide l'atteinte de chacun des indicateurs.

Le mot de la fin ?

— C'est ma personnalité, c'est mon caractère, ça fait mon succès et je l'assume pleinement.

Le client a modulé, contrôlé les problèmes qui le préoccupaient. Il s'est réapproprié ses traits de caractère, les reconnaît désormais. Son mot final exprime avec force l'acceptation de soi.

Le point de vue du coach

Considération sur le coaching au téléphone

Le coaching au téléphone est une façon particulière de pratiquer le coaching. Pour activer cette méthode il est tout d'abord nécessaire de s'affranchir d'une croyance tenace qui est que le changement est long et difficile et que la résistance se manifestera inéluctablement. De plus il faut croire que le changement est durable et non qu'il y a seulement déplacement de symptôme.

À partir de là, et comme le coaching au moyen du téléphone fait appel à un seul canal, il a la particularité d'être précis, aigu, c'est un coaching au laser. Il est indispensable d'y mettre en œuvre un cheminement en séquences, balisé par des étapes validées l'une après l'autre. Les séances se devant d'être courtes (comment soutenir longtemps son attention et sa réflexion au téléphone ?), leur durée est d'environ 30 minutes, afin de maintenir la tension d'engagement. Enfin le téléphone exige d'identifier rapidement un enjeu majeur pour la séance, le plus grand défi qui se présente aujourd'hui.

La posture de stabilité : la loi de la variété requise (William Ross Ashby)

Pour qu'un système puisse en contrôler ou piloter un autre, il faut que son nombre d'états stables soit au moins égal sinon supérieur à celui du système qu'il souhaite contrôler. En d'autres termes, pour que le coach puisse piloter la relation coach-client, tenir le cadre, il faut qu'il ait la capacité d'accueillir au moins autant d'états stables que ceux que présente le client, en relation au système dans lequel il souhaite continuer d'évoluer. Un coach professionnel averti a donc acquis des compétences à accueillir nombre de situations qui lui sont étrangères, déroutantes, dérangeantes, voire en résonance.

Ce qui caractérise l'attitude du coach, appelée également souvent posture, c'est d'accepter ce qui se présente et d'entrer dans le non-savoir et la perplexité, d'une manière décentrée et influente, pour être en mesure de piloter le système. Une attitude qui se rapproche, par exemple, de celle de l'ethnologue rencontrant l'étranger.

Repères et questions

Ce récit sur toute la durée du coaching met en évidence la ligne suivie de fait par le client et révèle comment il parvient à ses objectifs, formels ou informels. Il s'appuie sur des repères, des indicateurs, co-construits avec le coach. Ce sont eux qui, tout au long de ce coaching au téléphone, donnent jalons et solidité à sa progression.

Le rythme

Le client exprime le souhait d'un coaching par téléphone à longue distance, avec une demande d'efficacité rapide. Sa prise de décision est immédiate. Il veut une solution rapide mais comme le coach n'entend pas d'urgence, il n'a pas besoin de freiner, ralentir. Il peut donc accepter d'aller vite. Le client est en effet à l'écoute, il est présent, il répond, il produit pour lui-même dans l'immédiat.

Le coach s'interroge sur ce rythme, il y est très attentif. Il ne cherche pas à garder le rythme, il porte son attention à se demander s'il lui faut suivre le rythme du client ou s'il est préférable d'accompagner son client tout en étant vigilant à ce rythme, par exemple en lui posant des questions qui l'amènent à se poser, à prendre du champ, à réfléchir, pour formuler sa pensée.

Des indicateurs de communication

À la fin de ce coaching, le client dit avoir trouvé des réponses à ses indicateurs. Quels étaient-ils ?

Il verra qu'il a progressé parce que le nombre de personnes qui expriment le problème en l'écoutant diminuera, qu'il s'agisse de sa femme, d'un membre de sa famille, d'un proche ou d'un collègue au travail. Ils ne lui demanderont plus de répéter ce qu'il vient de leur dire : « J'en attends de pouvoir communiquer avec moi-même » précise-t-il aussi, donnant un premier signe d'une prise de conscience.

Notons qu'à la fin du coaching il tisse à nouveau des liens avec les autres, les retrouvent, l'autre compte à nouveau. Les autres, le monde sont en quelque sorte réintégrés dans sa personne.

Le bilan de fin

À la question préalable : « Qu'est-ce qui vous ferait quitter le coaching », il avait répondu : « Le manque de temps ». Or à la fin il déclare : « La relation au temps, mon manque de temps, ce n'est pas vraiment résolu, sauf à être serein, admettre que ceci est un trait de ma personnalité ».

Au moment du bilan final, le client fait spontanément une déclaration d'acceptation de soi.

Éléments de méthode

La montée en intensité émotionnelle

«Je souhaite parler de l'émotion, pouvoir l'utiliser et la contrôler.» Le client veut travailler à propos de ses émotions, il se rend bien compte que là, quelque chose lui échappe. Le coach va poser une série de questions et le client constate qu'il voudrait que l'émotion surgisse dans la vie comme elle survient spontanément chez lui lorsqu'il est devant la télé: «Vous manifestez à l'instant de l'impatience à constater que nulle émotion ne vient. Quelle différence faites-vous entre la larme à l'œil devant la télé et cette impatience, cet agacement?» À quoi le client répond: «Ben, devant la télé je suis seul et là nous sommes deux. Et c'est plus facile de se laisser prendre tout seul, c'est sans risque.»

Alors le coach déroule de nombreuses questions à la suite en une rafale déroutante. Cette salve atteint son but, elle intensifie les émotions du client et a pour résultat une prise de conscience manifeste. Il se voit soudain autrement: «Les émotions porteraient mon discours, l'enflammeraient d'une bonne façon. Je saurais introduire ma passion dans mon discours tout en régulant le rythme.»

«Mais ce que vous me racontez-là, n'est-ce pas la force de conviction que vous cherchez?» Le coach, en posant ses questions intenses, a fait monter l'intensité de l'échange jusqu'au dénouement. Soudain le client se redresse et, enthousiaste, tient un discours enjoué, voulant raconter ce qu'il souhaite montrer à sa prochaine présentation. «Et le tour est joué!»

Le mot émotion peut être considéré comme un concept, vu son niveau d'abstraction et le coach sait que dans les organisations on utilise ce mot pour ne pas en utiliser d'autres, comme le mot colère, qui est peu convenable pour un manager, ou les pleurs comme manifestation de tristesse, voire de désespoir, ce qui est encore moins convenable. Ces mots sont des manifestations de faiblesse. Les autres émotions reconnues ne sont a priori pas dans le registre des organisations (la honte, le dégoût, la peur n'ont pas de place. Quant à la joie d'avoir réussi...).

Le coach ne demande donc pas au départ à son client de nommer cette émotion. Il y vient d'abord en lui demandant s'il la laisse venir ou s'il lui ordonne de venir. Puis, en lui posant une première question qui sonne comme un non-sens: «Vous manifestez à l'instant de l'impatience à constater que nulle émotion ne vient.»

Le coach va quitter le niveau abstrait des émotions en général et autoriser le client à explorer le niveau de l'expérience, son vécu, ses ressentis. On pourrait considérer les ressentis comme l'incarnation personnalisée des émotions d'une personne. Le coach crée les conditions pour que le client puisse nommer subjectivement ce qu'il ressent. Pour cela il va utiliser nombre de mots comme impatience, agacement, risque, ennui, frustration, plaisir, enthousiasme, en éveil, conviction, intensité, enjoué. Le client, comme tout le monde, connaît ces mots-là. Il va alors pouvoir s'autoriser à dire les siens : enflammé, parler de sa passion. De fait, ce ne sont pas les larmes qu'il voulait contacter dans sa pratique professionnelle, comme il le croyait en parlant de la télé.

Le coaching sur sa durée : dynamique et production

Voici l'exemple d'un coaching qui se déroule en cinq séances (d'environ 30 minutes chacune), centrées sur des difficultés concrètes et ciblées, exprimées par le client.

Le coach structure le coaching en confiant régulièrement à son client des tâches qui vont lui permettre une prise de conscience concrète de sa progression d'une séance sur l'autre. C'est à plusieurs reprises le client qui, spontanément, énonce son plan d'action. C'est déjà le cas à la fin de la première séance. À un autre moment, il demande au coach de lui indiquer quoi faire, comme à la fin de la deuxième et de la troisième séance. Ce sont des étapes un peu plus didactiques au cours desquelles le coach guide son client pour l'aider à apprendre. Elles sont systématiquement reprises par le coach en début de séance, avec ce client qui veut avancer vite.

La conversation de coaching : comme du jazz

Le terme conversation qualifie avec justesse la séance de coaching. Du côté de l'étymologie il s'agit de *conversatio* qui signifie fréquentation et désigne clairement une rencontre inscrite dans la durée. Il s'agit bien dans le coaching d'un échange entre deux personnes, d'un discours entretenu en face à face. En amont, le coach adopte une posture de non savoir et de perplexité. Il lui faut donc maîtriser une structure de séance indépendante du sens.

Comme dans n'importe quelle conversation, un temps sera réservé en début de rencontre à l'établissement d'une *relation* mutuellement satisfaisante. Elle doit être suffisamment claire pour permettre aux deux interlocuteurs de travailler sans avoir à se livrer à des jeux psychologiques et garantir une liberté d'expression pour chacun.

Une fois les interlocuteurs en confiance le coach propose à son client de faire un état des lieux sur le mode descriptif. Ils explorent la situation dans laquelle le client se trouve et à propos de laquelle il souhaite travailler.

Le coach s'emploie dès lors à mettre à jour le point de vue du client, la *position* qu'il prend par rapport à la situation donnée. C'est à ce stade de l'échange que certains se réfèrent à un indicateur de personnalité. Nous préférons affiner un questionnement sur les valeurs défendues par le client dans la situation donnée. Le client explorera alors ce qui est précieux pour lui et qu'il souhaite à tout prix sauvegarder.

Compte tenu de ces informations il devient aisé de découvrir ensemble un *objectif*. Celui-ci est exprimé en termes de résultats attendus, il est pragmatique et inscrit dans la réalité. Il reste alors à vérifier l'*engagement* des deux partenaires quant à l'atteinte de cet objectif. Sont-ils déterminés à y travailler sans réserve ?

La partie intervention, proprement dite, peut enfin commencer : *découvertes d'options* et *choix d'action* à entreprendre. Il ne reste plus qu'à activer les processus de dissolution des problèmes dont disposent tous les êtres humains de manière intrinsèque. S'en suivront *plan d'action* et *rituel de clôture* de la séance.

Le coaching, on le voit, est très technique et ne s'intéresse pas à la mise à jour de solutions, mais à l'invention, à la création de la part du client. La conversation est un moment privilégié où le coach pousse le client à penser. Et le déroulé d'une séance est, tout comme le jazz, une improvisation à l'intérieur d'un cadre. Et le coach, comme tout musicien, connaît ses gammes, ses tables d'harmoniques, ses rythmes, son solfège, etc.

L'engagement

L'engagement sert à se motiver : à tendre les deux personnes, coach et client, vers un résultat commun ; à permettre d'atteindre l'objectif que tous deux se sont fixé car chacun fera sa part de chemin pour arriver au résultat attendu. L'engagement doit être mutuel. Il se concrétise, avant de commencer un programme de coaching par un contrat formel.

Questions d'engagement dans l'entretien préalable

— Qu'est-ce qui se passera si vous avez l'impression que ça n'avance pas, que vous tournez en rond, que vous trouvez cela inutile voire que ça ne sert à rien ?

— Qu'est-ce qui vous ferait mettre fin à ce coaching ?

La première de ces deux questions a pour objectif de vérifier avec le client futur que, s'il y a difficulté, ralentissement, sentiment d'être bloqué, etc. il en prendra également sa part. De plus, cela signifiera au client qu'un coaching n'est pas une simple montée régulière sans anicroche mais que la progression peut se montrer chaotique. Si le futur client répond qu'il considère que si on tourne en rond c'est le problème du coach, cela signifiera qu'il ne prend pas sa part de responsabilité dans le coaching et le coach en tirera souvent la conclusion de ne pas poursuivre.

La deuxième question a pour objectif d'identifier avec le client les limites d'intervention du coach, le seuil de tolérance du client. (*cf.* Textes à réfléchir, ci-après).

Questions d'engagement dans la séance

— Qu'attendez- vous de moi ?

— Pourquoi sommes-nous ensemble ?

— Combien de temps nous donnons-nous ? etc.

Ces questions ont pour but d'installer ou de ré-installer la co-responsabilité au cours d'une séance. Ces questions incluent le « nous » et le « je et vous ».

La ligne éditoriale ou la reformulation

À un moment opportun, le coach peut opter pour une ligne éditoriale. Il reformule dans les détails, après avoir écouté un long moment le client, les mots, expressions, étapes, façons de faire qui soulignent spécifiquement ce qui a marché pour lui, et pas le reste. Il sélectionne les points de succès. C'est en cela que ce n'est pas une reformulation. Dans ce récit :

— « Vous m'avez dit souhaiter centrer votre présentation sur l'essentiel, en éliminant tout ce qui est accessoire ; vous arrêter pour poser un silence après une phrase importante ; décider de dire au démarrage de votre intervention : "Il m'arrive de parler trop vite, merci de me le signaler" ; ralentir votre rythme permettant ainsi de laisser la place aux questions ; et passer de l'ennui à la frustration, puis au plaisir. »

Cette ligne éditoriale est comme une plate-forme sur laquelle le client va pouvoir se poser et stabiliser sa pensée. À la suite de cette reformulation sélective, le praticien pourra risquer une question qui ne soutient pas le client, mais au contraire le force à penser, une question-tâche, telle que :

— Et qu'est-ce que tout ceci vous amène à penser ? Où tout ceci vous transporte-t-il ?

Ces questions souhaitent emmener le client dans une réflexion ciblée, dans un travail à propos de ce que la reformulation sélective met en avant, ce qu'elle extrait de la parole du client. Le coach a choisi de mettre en avant ce qu'il pense pouvoir être un tremplin pour la réflexion et l'action du client. La ligne éditoriale sera utilisée dans une séance, après que le praticien aura suffisamment entendu le client dire, exprimer des gestes pertinents, au milieu d'un récit dit d'échec. Elle rassemblera les micro-moments d'initiative en une énumération soutenante.

Le travail de rassemblement pour préparer la dernière séance

— D'ici à la prochaine séance, je voudrais que vous réfléchissiez et fassiez l'inventaire de ce que vous voudriez voir persister dans votre vie professionnelle.

Cette question empruntée à l'Orientation Solutions se veut interpellation. En effet, les clients, au départ, rêvent de tout changer, car rien ne va plus. Cette question vise à permettre au client d'inventorier tout ce qu'il vit et de faire le tri. En effet, il est bien rare qu'une personne, suite à cette réflexion, veuille tout remettre en cause. Bien au contraire, généralement, le changement va concerner 10 % voire 15 % de la situation. Démonstration réaliste dans ce récit avec la liste de ce que notre client veut voir continuer.

Textes à réfléchir

Une question d'engagement

Une réponse négative est deux fois meilleure que pas de réponse du tout.

Carl Whitaker

Avant de signer un contrat de coaching, il nous est nécessaire de vérifier si les trois parties (client, coach, donneur d'ordre) s'engagent à participer à la réussite de l'objectif défini. Qu'est-ce que l'engagement ? C'est la dernière étape avant de commencer un programme de coaching. Elle se concrétise par un contrat formel.

Sur quoi repose un engagement ?

Le partenariat doit être explicité et les conditions sont les suivantes :

1. À quoi s'engage-t-on ? À effectuer un travail en vue d'atteindre un objectif. L'engagement vise l'obtention de résultats, l'atteinte d'objectifs. Sans direction de travail il n'y a pas d'engagement possible.
2. Quels sont les investissements nécessaires à l'atteinte de cet objectif ? Cela veut dire qu'il s'agit de poser clairement les coûts matériels et immatériels du travail dans lequel nous nous engageons (temps passé, argent, espoirs, priorités, etc.). Il importe donc de se doter de moyens.
3. Quels sont les obstacles qui peuvent empêcher d'atteindre cet objectif ? Il s'agit ici de mettre à jour les freins. Ce peut être des personnes, des limites personnelles, etc.

Le processus d'engagement est à terme lorsque le client et le coach connaissent précisément les résultats attendus du coaching, les obstacles possibles qui pourraient les empêcher de mener à terme ce coaching et ce qu'il en coûtera à chacun pour y arriver.

À quoi sert un engagement?

À se motiver. À tendre les deux personnes (coach et client) vers un résultat. À permettre d'atteindre l'objectif qu'ils se sont fixés car chacun fera sa part de chemin pour arriver au résultat attendu. L'engagement doit être mutuel.

Une question est essentielle lors de l'entretien préalable

Qu'est-ce qui vous ferait quitter le programme de coaching? Cette question préalable est indispensable pour connaître la limite de ce que le client supporte dans sa situation problématique. La réponse va donner au coach une information qui leur évitera de se laisser surprendre. La réponse permettra au coach d'avoir l'indicateur du seuil de tolérance du client.

Souvent le client donnera une réponse que le coach aura à faire préciser:

«*Que je me sente agressé.*» Peut-il expliciter ce que cela veut dire précisément?

«*Que vous me mettiez en colère.*» Pour le coach, c'est une information: si son client se met en colère, il peut le confronter au seuil évoqué par lui lors de l'entretien préalable. Et qu'est-ce qui est insupportable, qu'est-ce qui vous met en colère ici précisément?

«*Que l'on n'avance pas.*» Cela orienterait-il coach et client vers un défi impossible qui serait d'avancer tout le temps. Ou que le coach doive prouver à chaque instant que l'on est sur une pente ascendante permanente. Pas de pause, pas d'étape plateau pour se recentrer, se regrouper, se poser? «Et si nous n'avançons pas, à quoi ou à qui attribuez-vous cela?»

«*Que vous rompiez la confidentialité.*» Merci pour ce propos, le client pense-t-il qu'il y a un risque? Y-a-t-il eu déjà des situations où la confiance a été trahie dans cette organisation? Le coach doit-il reposer clairement le cadre préalable (règles de fonctionnement et de sécurité) qu'il croyait bien établi?

«*Si vous appliquez une procédure.*» Il était curieux et interpelant que cette cliente ait dit cela au coach car elle avait un poste contrôlant la sortie d'un produit.

«*Si vous n'êtes pas direct.*» Encore une fois, pile dans le thème du client. En effet, son N+1 souhaitait qu'il soit davantage porteur de confrontation et il n'y arrivait pas. Attention à ne pas prendre la place du N+1.

Cette question va renseigner le coach de différentes façons :

- Est-ce une limite que ne peut pas franchir le client ? (Peut-être est-ce son pas personnel à franchir ?)
- Est-ce une limite au-delà de laquelle il n'est plus en sécurité ?
- Est-ce la réalité de ce qu'il vit actuellement dans la situation qui lui pose problème ?

Les conséquences de ne pas poser cette question

Cette question donne des informations sur une frontière actuelle du client. Elle indique le seuil d'intolérance. Celui où le client est vraiment confronté à la réalité du changement pour lequel il s'est engagé dans le coaching. Si le coach n'a pas cet indicateur, quand le client va envoyer un signal (expérimentation de la limite) le coach ne le percevra pas et il peut se trouver dans une situation inconfortable car le client peut s'en aller sans crier gare, décider unilatéralement de son départ, ou pire, le coach aura mis son client en insécurité sans le savoir.

En supervision, il n'est pas rare de trouver des collègues dans ce genre de situation. Ils n'ont pas posé la question par peur d'être confrontés au départ du client. Ils ont eu peur de faire fuir le client qui refuserait de répondre à la question avant même d'avoir commencé. Le coach qui n'aurait pas posé cette question dans l'espoir de privilégier la relation, se trouvera en difficulté en séance car il lui manquera l'information sur les limites du client. Ne pouvant alors se fier qu'à ses projections personnelles il risque d'être timoré et, en ne prenant aucun risque, de faire fuir le client.

ABCdaire – autonomie

Autonomie : en grec *nomie* veut dire loi. Autonomie signifierait donc : qui est régi par ses propres lois et y obéit. Ce terme apparaît dans la langue vers 1596.

L'autonomie se vérifie dans la prise d'initiative personnelle, et la notion est reliée à celle de responsabilité, donc de solidarité ; alors que l'indépendance, à quoi on la compare parfois, pourrait être définie en contre, dans une dynamique d'éloignement, de séparation, de non-solidarité, la dépendance dont on se libère.

Ceci n'est pas sans évoquer la distinction sociétale soulignée par Alain Finkielkraut, le passage du stade de citoyenneté (où une personne est co-responsable de la communauté) à celui d'individualité (où une personne est en quête de faire valoir ses droits et se désaffilie). La démocratie serait ainsi devenue la conquête incessante de ses droits par un individu, amenant la dimension collective à s'effacer. Encore une des pathologies de la démocratie[19] que nous pourrions paraphraser en : course à l'indépendance au détriment de l'autonomie !

Alors, aider un client à devenir autonome, pour un coach, peut s'entendre comme l'aider à devenir coresponsable dans sa communauté professionnelle en respectant ses propres lois, alignées sur celles du collectif. Vivre son éthique intégrée dans la culture dont il relève, en quelque sorte, grâce à un coach loyal à son client et à l'entreprise, en alliance et sans coalition.

Nous ne pouvons pas parler d'autonomie sans nous référer au concept d'autopoïèse[20], ou autocréation, à l'œuvre dans tous les systèmes vivants. Chaque être vivant est actif et responsable de la production d'une société qui le produit, récursivement. En accompagnant nos clients vers une plus grande autonomie, nous leur permettons d'influer sur le collectif dans lequel ils se situent et de se produire en contribuant à produire le système dans lequel ils évoluent.

En re-exerçant leur capacité à agir, en retrouvant de la liberté de choix, nos clients quittent l'hétéronomie et leur changement personnel est co-productif d'un changement dans l'entreprise.

19 L'expression est empruntée à la philosophe Cynthia Fleury.

20 Le mot a été créé par Francisco Varela.

Chapitre 4

La projection créatrice

Dans le courant de la relation de coaching, surgissent des moments révélateurs, émouvants, lumineux. À travers ce récit, découvrons l'instant décisif d'une séance, le geste créateur qui précède la pensée et révèle l'identité.

Le brin de mimosa

Francis Ponge

À tue-tête, à décourage-feuilles
Les poussins d'or du mimosa
Entre deux infinis d'azur
Piaillent la note complémentaire

(La Rage de l'Expression)

L'intérieur d'une tasse ne vous serait jamais d'aucune utilité sans l'extérieur. L'intérieur et l'extérieur vont de pair. Ils sont un.

Alan Watts

C'est un immense problème que de savoir si l'homme pourra, indéfiniment s'adapter à ce qu'il s'ajoute.

Jean Rostand

Le récit

L'histoire : du bla-bla-bla à l'action

Il y a quelque temps déjà que Simon s'est lancé dans ce travail intellectuel qui tout à la fois lui tient à cœur et lui fait un peu peur :

— En suis-je encore capable ? dit-il au coach.

Il partage avec le coach les voies qui s'imposent à lui, ses enjeux de la quarantaine. Il est comme ça, il faut toujours qu'il se jette un défi qui, très vite, se met à le tourmenter. C'est comme ça qu'il avance, de défi en défi. Simon dit se mettre tout le temps à l'épreuve, se pousser lui-même dans ses retranchements. Aller plus loin, aller ailleurs, mélange stimulant de curiosité et d'audace, excitation de ce moment où il se lance avec enthousiasme dans l'inconnu à découvrir. Simon ne cesse de se semoncer :

— Te voilà bien avancé, tu n'y arriveras pas, en tout cas pas comme ça. Il te faut plus de temps, plus de marge de manœuvre. Il faudrait que tu puisses expérimenter. Comment vas-tu t'y prendre ? C'est malin. Il fallait absolument que tu te compliques la vie, peut-être pour avoir, à fleur de peau, ce frisson, ce sentiment qu'elle te pousse, qu'elle vibre en toi ?

Et voilà qu'il s'est lancé pour défi, comme les autres au sein de ce petit groupe de personnes, de revenir à des études et décrocher un diplôme après plus de 15 ans de vie professionnelle intense dans cette grosse entreprise de transport, qui ne cesse de se transformer au gré des avancées de la technologie. Et comme l'avancée technologique n'est pas un mouvement près de cesser, il doit, lui aussi, avancer. Et comme la dimension intellectuelle compte pour quelque chose dans son milieu professionnel, celui de l'évolution des stratégies et des organisations, il n'y est pas allé de main morte. Ce sera un MBA dans une école renommée.

Et voilà Simon au pied du mur d'un travail écrit final qui doit couronner deux ans d'investissement. Lectures, analyses, diagnostics, théorie comme-ci et théorie comme-là, ce n'est pas le moment de flancher. Son sujet lui tient à cœur, sorte de synthèse inattendue entre la vie professionnelle et la vie personnelle, thème de réflexion et d'action tout à la fois, une question en or. Seulement voilà, il cherche et, ayant mené une enquête auprès de personnes susceptibles, par leur expérience, d'éclairer son problème, le voilà détenteur d'un ensemble de réflexions et de propositions qu'il doit articuler entre elles. Simon a lu tout ce qu'il pouvait sur la question et se trouve désormais à la tête d'une belle série de références théoriques, de témoignages charpentés, d'exemples plutôt sympas dont il a bien l'intention de faire un récit illustratif de son propos, et ceci et cela. Mais il se demande comment relier tout ça, quel serait un chemin. Il n'arrive pas à inventer la démarche originale qui serait la sienne propre.

« Vous n'êtes pas créatif », lui assène ces derniers temps son manager. Ce type-là n'est pas plus mauvais bougre qu'un autre, mais Simon a pris cette remarque pour argent comptant. Comme si elle venait de quelque autorité supérieure que l'on ne conteste pas. Le mot qui fait mal, vraiment mal parce qu'il réveille une vieille et douloureuse histoire connue. Il sent bien, tout au fond de lui, que c'est totalement injuste et violent. Cela témoigne d'une méconnaissance de lui-même et de ce en quoi il croit. C'est un jugement à l'emporte-pièce de la part de quelqu'un qui se croit légitimement autorisé à évaluer. Angoisse pour lui, donc, qui « n'est pas créatif » et se trouve confronté à un moment dans lequel seule sa créativité pourrait le tirer d'affaire. Le voilà en difficulté.

Il se dit submergé par les informations qu'il a rassemblées. Voilà le sujet qu'il apporte cet après-midi-là à la séance de suivi individuel avec un coach, proposée par l'École. Il en attend un pas décisif vers la finalisation de ses travaux. À ceci près qu'il se sent assez démuni, puisqu'il s'agit de créer, de structurer sa propre thèse. Créer. Et argumenter, convaincre d'une trouvaille intellectuelle qu'il ne parvient pas encore à formuler. Simon flotte, et, par moments, il a l'impression de couler, il craint de se noyer :

— Je ne sais plus où j'en suis, soupire-t-il. Je me sens à bout de souffle.

Et pourtant il faut y aller, découvrir, formuler, conclure. C'est dans un soupir qu'il s'adresse au coach :

— Mieux vaut que vous vous aperceviez tout de suite de ma difficulté. Et puis, finalement, cela frise par moment le malaise. Alors puisque coaching il y a, autant jouer cartes sur table. Je n'en peux plus, j'étouffe, je ne sais plus comment avancer. J'ai rassemblé les résultats de mes entretiens, mes notes de lecture, etc. Tout est là et je ne sais plus par quel bout le prendre.

Après ce récit au coach, Simon soupire à nouveau puis il se lance dans une explication alambiquée de ce qu'il ne parvient pas à résoudre. Quelque chose comme :

— Dans un processus de changement d'organisation, le pilotage semble considérablement facilité dès que le pilote du projet de changement parvient, malgré les multiples contraintes qui pèsent sur le processus qu'il a à conduire, à ouvrir de plus larges marges d'autonomie aux membres des équipes, car ils devront produire des résultats plus performants, dans des conditions de complexité et de concurrence croissantes. Seulement voilà, si l'on parle bien ici d'autonomie, il faut de la part des protagonistes une conscience de ce qu'en aucun cas l'autonomie ne saurait confiner à l'indépendance qui les conduirait à leur perte.

— Comment l'éviter ? interroge le coach.

— Il me faut découvrir quelle organisation créer qui, de fait, établirait entre nous des liens durables, si nous voulons ensemble gagner en efficience et atteindre des résultats toujours plus exigeants.

Simon déclare qu'il a à peu près tout lu sur les relations qui se nouent entre les membres d'une même organisation partant à la conquête de performances toujours plus ambitieuses. Mais comment bien définir, repérer les subtiles différences qui se font jour dans la vie collective au quotidien, selon que l'on est capable de tirer parti de complémentarités utiles, de travailler en tenant compte de ce qui lient les uns aux autres tous les protagonistes, etc

Le coach se sent oppressé, comme submergé par ce flot de propos, tout ce contenu, toutes ces informations, qu'il trouve redondantes voire circulaires. Il revient au coach de les aider tous deux à sortir de l'impasse de ce discours. Montrant qu'il n'écoute plus, il provoque une rupture, se lève et donne au client une instruction, à l'impératif, en lui tendant un feutre :

— Représentez par un dessin symbolique, s'il vous plaît, la situation telle que vous la vivez, là, sur ce tableau.

Simon ouvre des yeux ronds et le coach peut le voir assis sur sa chaise, pas vraiment décidé. Il ajoute, avec calme et assurance :

— Laissez vos mains le faire.

Simon se lève, le regard dans le vague, ses mains tremblent un peu. Il déclare au coach que dessiner ces concepts le met dans l'impasse. Lui qui croyait que le coaching allait produire le miracle dont il a tant besoin, il se sent bloqué. Il craignait un tel moment :

— Il ne manquait plus que ça, dessiner ! C'est bien un truc de coach. Si vous croyez que c'est facile de dessiner quand déjà on n'y comprend rien et que l'on ne sait même plus par quel bout prendre les choses.

Le coach ne souligne pas qu'il ne lui demande aucunement de dessiner des concepts mais une situation, car il ne veut pas relancer l'épanchement. Il est dans une position ferme et respectueuse. Il lui montre juste les feutres de différentes couleurs. Simon en saisit un dans la main droite :

— Dessiner. Peut-être, après tout, puisque jusque-là je ne parviens même plus à écrire quoi que ce soit qui me paraisse susceptible de clarifier ma pensée. OK, je vais suivre ma main et arrêter de vouloir à toute force penser. D'accord, j'y vais, je dois agir. Au point où j'en suis, je n'ai rien à perdre. Pourquoi ne pas tenter ça ?

C'est le moment pour le coach d'être à ses côtés. Voilà que progressivement ses mains se mettent à représenter des fleurs. Des fleurs que Simon baptise de noms étranges, au moment où le coach lui demande :

— Qu'avez-vous dessiné là ?

Et il répond avec lenteur :

— J'ai dessiné l'autonomie.

Précise-t-il au cas où le coach douterait de cette évidence. Simon commence à s'exprimer différemment grâce aux images qu'il a dessinées sur le tableau.

Le coach regarde et lui dit :

— Et l'indépendance ?

Soudain l'idée qu'il cherchait surgit. La prise de conscience que seule la reconnaissance entre les protagonistes de leur interdépendance leur permettra de faire face au changement complexe. Le voici en quelques minutes passé d'un travail intellectuel buissonnant, foisonnant, bondissant, dans lequel il se perd et perd les autres à l'apparition d'un dessin éclairant.

Le coach est sorti du flux de mots qui le mettait lui aussi en apnée et a réussi à faire faire un changement de mode d'expression. Il a fait passer le client de : « je pense » à « je fais », ou plutôt « je me laisse faire. »

Le client effectue alors une série de quatre dessins : deux fleurs, la fertilisation par le soleil et la pluie et, pour finir, une fleur enracinée. Il commente amplement chacun de ses dessins et découvre une nouvelle manière d'accéder à ses idées. Il se met à les organiser et trouve le fameux chemin qu'il cherchait, l'architecture dont il était en quête.

Le point de vue du coach

Le dessin pour raisonner autrement

Le client a effectué ses dessins avec rapidité. À chaque question, sa réponse venait sans attendre, comme si, à travers le dessin, les idées une à une se clarifiaient, se mettaient en bon ordre. Et même des différences subtiles jusque-là indicibles se formulaient avec une sorte d'évidence.

Chacune des définitions se positionnait par rapport aux autres dans une continuité de compréhension et les réponses jaillissaient en un flux régulier, sans temps de silence (comme toujours pour cet homme) question après question. Le coach lui-même se sentait dans une facilité de questionnement, comme si tout ce qui avait été nommé difficultés par ce client s'enchaînait désormais pour lui sans effort.

Le coach a aidé le client, jusque-là aux prises avec une difficulté intellectuelle, à trouver la logique de son raisonnement en lui faisant faire un détour analogique. Il lui a fait porter au-dehors tout ce travail qu'il avait accompli pendant des semaines, avant de l'aider à ramener à l'intérieur, à s'approprier les articulations trouvées afin d'organiser son travail de manière présentable et recevable.

Que s'est-il passé ? Éclosion ? Franchissement d'un interdit ? Le client s'est donné la permission de créer qui a tout déclenché. Le changement s'est alors opéré très rapidement. Puisque tout le travail avait été fait au cours des semaines précédentes, il ne lui restait plus qu'à se servir de ses talents.

Repères et questions

La proposition du dessin

En regard de la proposition faite par le coach de s'exprimer à travers un dessin, l'embarras est prévisible avec certains clients. On ne dessine pas comme ça une situation, « il faut que je vous l'explique complètement pour que vous compreniez ». Les clients cherchent à aider leur coach, ils croient sincèrement qu'il faut que le coach comprenne et qu'il faut donc lui expliquer. De plus, ils sont souvent intimidés par le fait de dessiner :

— Je ne sais pas dessiner, ou Je ne suis pas un artiste.

Alors le coach peut rassurer en disant :

— Pas un dessin, juste une représentation de votre situation.

Le coach sait ce qu'il attend. Il demande une expression analogique et non verbale, et non pas une expression artistique. Alors que le client, lui, peut de prime abord vivre cette demande comme une confrontation à l'art, à moins que la demande ne soit perçue par lui comme infantilisante. Dans un deuxième temps vient le ressort de la confiance. Le client peut, *a priori*, penser que le dessin est un but. Quand il comprend que, pour le coach, ce n'est qu'un moyen, il accepte. Il fait confiance à son coach.

La plongée dans un autre univers : l'inspiration

On pourrait croire qu'un dessin serait l'expression d'une réflexion, bien au contraire. La pensée ici se forme sous la conduite du trait et non plus dans l'activité du raisonnement mental. À partir d'une collection de concepts se dégageant des dessins, le client plonge dans l'univers de sa propre pensée, au moyen d'un autre medium. Il n'y va plus par la parole, mais par des traits produits par sa main. Il change son chemin d'accès à l'information. Dans l'inspiration, des liens nouveaux se nouent au fur et à mesure que le chemin se découvre. Le client devient, en quelque sorte, le spectateur de sa production, comme un auteur qui devient scripteur et lecteur de l'œuvre qu'il écrit.

Éléments de méthode

Navigation et alternance dedans/dehors

Le client déclare qu'il est « désemparé, fatigué, à bout de souffle. » D'emblée le coach observe ses gestes, son attitude, et interroge son propre ressenti, il se sent submergé. Le client dit « Je n'en peux plus, j'étouffe, je ne sais plus comment avancer. J'ai rassemblé les résultats de mes entretiens, mes notes de lecture, etc. Tout est là et je ne sais plus par quel bout le prendre ».

Dix minutes après le début de la séance le coach se sent déjà saturé. Il a, lui aussi, la sensation d'étouffer, en raison du flot de paroles, de la forme du discours et du thème du découragement. Le client lui, se déclare embrouillé. L'autonomie, l'indépendance et l'interdépendance, qui sont les concepts sur lesquels il travaille depuis quelque temps, sont censés structurer sa réflexion. Mais, en fait, à force de questionner, noter, chercher définitions et catégories, il ne sait plus où il en est. Et le coach, non plus.

Ils sont assis depuis un moment déjà. Le coach a besoin d'air. Il quitte ses réflexions et cherche une question utile. Puis il décide de provoquer plutôt une rupture en initiant un changement de mode : « Représentez par un dessin symbolique, s'il vous plaît, la situation telle que vous la vivez, là, sur ce tableau. »

Le client se dit surpris par cette proposition, et se dirige en soupirant vers le tableau. Il déclare ne pas comprendre ce que veut le coach, et lui demande pour quoi faire. «Laissez vos mains le faire.», déclare le coach. Le client dira plus tard que: «C'est à cet instant-là que ça a basculé».

Le ressort de la séance est dans l'interrogation intérieure du coach à propos de leur interaction. Il se découvre oppressé. Il observe qu'un flot de paroles inonde la séance et il se demande quand il doit l'interrompre. Agir ou laisser filer? Il ne cherche pas à comprendre le flux continu, il se demande s'il doit ou quand il doit l'interrompre. Il interrompt au moment qu'il estime nécessaire.

Nous ferons la différence entre faire par nécessité et faire pour faire. Le coaching est une rencontre inter-subjective entre coach et client. Le coach se laisse volontairement entraîner par le client dans la situation oppressante, pour l'expérimenter avant de vouloir en sortir. Cela exige donc au préalable que le coach ait la capacité de se mouvoir, de naviguer, entre différents espaces: vivre l'empathie, observer (écouter et voir) ce qui se passe, puis se demander ce qui se joue ici.

Les étapes sont alors:

- le cadre de collaboration du coaching est posé;
- le client déclare sa difficulté;
- le coach plonge, expérimente; observe; se demande ce qui se passe ici.

Le coach s'interroge sur: agir, ne pas agir, quel est le pas suivant.

Le geste du coach face au doute du client

À cet instant-là, *Il suffit d'un geste*[21] qui sera un geste professionnel. Avec cet homme submergé par ses informations, il s'est agi, après les va et vient intérieurs du coach, de choisir un autre mode d'expression, le dessin, qui est analogique et permet de quitter la logique. Cette rupture est faite sur le mode impératif, un ordre est donné, qui permet d'inverser le sens unique du discours. Il va aller maintenant du coach vers le client alors qu'il se déversait du client vers le coach. «Dessinez la situation», rien d'autre, pas de discussion. Et c'est, paradoxalement, la contrainte qui déclenche la permission, dans ce cas l'autorisation de passer du mode pensée/parole au mode dessin. Bien sûr le client renâcle: «Vous en êtes sûr? Ça sert à quoi?» Il semble toutefois que la décision du coach provoque comme un court-circuit. Dans cet instant, le client déclare sortir d'une négociation incessante avec lui-même et se dit qu'après tout il n'a rien à perdre au point où il en est.

21 Roustang, F. (2003). *Il suffit d'un geste.* Odile Jacob.

C'est la ferme détermination du coach qui fait que le client y va. Le coach ne vacille pas suite à son choix, il est sans hésitation, sûr de sa guidance. L'assurance du coach, sa fermeté est à la hauteur de la détresse du client. Le client inquiet se décide parce que le coach ne tremble pas.

Une inspiration créatrice

Le dessin est une projection. Étymologiquement, projeter signifie jeter devant soi. Laisser sortir quelque chose de soi, le mettre à l'extérieur. La projection fonctionne comme un mécanisme libératoire parce qu'elle met fin à l'incapacité de reconnaître quelque chose d'intériorisé. Elle n'est pas toujours aisée à lancer. Mais la projection n'est que le début du mouvement.

Une fois que le mécanisme de projection est amorcé, il continue tout seul et disparaît, se transformant en acte de création. Le client, comme n'importe quel créateur, va voir se produire des idées nouvelles qui n'existaient pas au préalable à l'intérieur de lui. C'est en produisant que l'on produit, c'est en créant que l'on crée. Il n'existe pas de données pré-existantes, de solutions qui attendraient quelque part cachées, à l'intérieur, et qu'il faudrait découvrir. L'inspiration est par définition fulgurante. C'est toute la différence entre découvrir et inventer.

Synthèse de la symbolisation

Grâce au questionnement du coach, le client va élaborer sa pensée en mots. Son intelligence eidétique sera traduite en langage verbal et le client va pouvoir émettre de la pensée à partir du dessin. Le coach se doit de rester en attente et en curiosité. Il ne faut surtout pas interrompre le processus car la création est vulnérable, «une idée nouvelle[22] est fragile, c'est un petit être vivant dont l'écosystème est menacé sans cesse par les préjugés, les tabous, les peurs du changement». Le client parle une langue iconique qu'il ne traduira qu'ensuite dans la symbolique verbale.

Une autorisation créatrice d'identité

Le coaching est une invitation à franchir les barrières mentales et à se libérer du regard des autres lorsqu'il est malfaisant. Il est évident que le «pas créatif», jeté à la tête du client par un manager indélicat n'a pu recevoir un tel écho que parce que le manager en question était investi d'une telle autorité qu'un seul de ses jugements avait un poids énorme ou bien parce que ce n'était pas la première fois que le client l'entendait.

22 De Brabandère, L. (1994). *Le Plaisir des idées.* Dunod.

L'injonction de dessiner est un piège vertueux posé par le coach. En y obéissant, le client fait une démonstration créative de son manque de créativité. Le court-circuit induit par le coach va permettre au client d'effectuer un changement identitaire qui le conduira à écrire son mémoire qu'il soutiendra brillamment quelques semaines plus tard.

Résonance constructrice du coach

Parmi les exemples travaillés dans ce livre, la question de la résonance du coach est plus développée dans d'autres chapitres. Soulignons toutefois que, dans ce chapitre, la résonance du coach était tellement forte que son engagement était acharné. Bien assumée, la résonance ancre le coach dans la ferme détermination à remettre en cause le renoncement du client.

Textes à réfléchir

La bienveillance, une demande implicite du praticien

Lorsque nous interrogeons les professionnels du coaching à propos des qualités d'un bon praticien coach, celles qui faciliteraient la réflexion, la liberté de penser, la créativité, l'accueil, l'efficacité, bref tout ce que devrait faire un bon praticien de la relation, très souvent nous entendons plusieurs qualités incontournables ressassées comme un refrain, parmi lesquelles la bienveillance.

Bienveillant? Qui veut du bien, favorable. Disposition à vouloir du bien, à obliger. Notion d'indulgence, de dévouement. Ou encore: «Faire passer la vertu morale au second plan derrière la disposition favorable dans les relations de personne à personne, en particulier de supérieur à inférieur» peut-on lire dans le Dictionnaire Historique de la langue française. «Disposition favorable envers quelqu'un souvent d'un rang ou d'un âge moindre», répond en écho le Dictionnaire de l'Académie française. Et ceci peut être valable pour «veiller au bien», «faire le bien», «faire du bien» voire, «avoir une bonne intention pour l'autre».

Or, ce mot de bienveillance vient du latin *benevolentia* et on le retrouve en espagnol *benevolencia*, en italien *benevolenza*, en anglais *benevolence*. Dans ces langues, il signifie la bonne volonté. Peut-être pourrions-nous alors envisager différentes expressions comme: avec bonne volonté, avec un *a priori* favorable, avec une opinion favorable, avec estime, dans la non-violence (voir Gandhi), dans l'accueil, avec respect?

Bienveillance: une posture un peu haute?

Le bienveillant veut veiller au bien de l'autre. Et, lorsque l'on évoque le terme bien, il y a une connotation morale (bien, mal). Ce qui peut se concevoir dans certaines relations de la vie personnelle, surtout quand c'est envers son enfant, ou un adulte qui le demande, ou qui est sous tutelle, mais peut devenir douteux dans une relation professionnelle entre deux adultes *a priori* en parité.

Veiller au bien d'un autrui adulte, est-ce le rôle du coach ? Nous pouvons à juste titre nous poser la question de la pertinence de cette posture dans le coaching. Est-ce au coach de déterminer ce qui fera du bien à son client ? Qu'en saurait-il *a priori* ? Et quand bien même, de quel droit userait-il de son influence en ce sens ? À moins que, n'ayant pas de projet pour lui, il en ait un pour son client. Mais nous n'osons pas envisager cette possibilité.

Bienveillance : les risques et les buts

En fait, ce coach n'est-il pas en train de faire une déclaration du genre : « J'ai envie d'être bienveillant pour recevoir un type de relation qui me va à moi : une relation gentille, ou tranquille, ou sans vagues ». Bref, il souhaiterait peut-être instaurer ainsi une relation d'une certaine nature, anti-conflictuelle par exemple. Mais se pose-t-il la question de savoir quel type de relation souhaite son client ?

La conséquence possible de celui qui se dit et se veut bienveillant est-il de devenir sauveur d'un client qui serait supposé fragile, en porcelaine, face à un coach qui, maître de ses outils, risquerait dans ce cas de se trouver en position de toute-puissance ?

Ou alors, se vouloir bienveillant, serait-ce la supplique d'un professionnel espérant vivre une relation bienveillante à son propre égard ? Et alors, le professionnel bienveillant projetterait-il son besoin sur l'autre ? Si c'est le cas, la question que peut se poser le professionnel pourrait être : quelle est la promesse que je souhaite vivement voir se réaliser en étant bienveillant ? Quelle sera ma récompense si je veille au bien de l'autre, quel besoin serait satisfait ? Des félicitations, des compliments, de la reconnaissance, voire de l'amour ?

Ou encore, si nous prenons le concept bien connu de don, contre-don mis à jour par l'anthropologue Marcel Mauss : *je donne, j'offre*, alors que me sera-t-il donné en retour, de quel contre-don vais-je bénéficier ? Celui qui donne met en dette l'autre qui deviendrait alors son obligé.

Travailler dans l'ici et maintenant, avec la relation telle qu'elle se vit, nécessite de la part du professionnel de savoir instaurer une relation de confiance mutuelle, de respect mutuel et de liberté d'expression mutuelle, toutes qualités inhibées, voire empêchées par la bienveillance.

Dangers de la bienveillance

La bienveillance comme décision unilatérale du professionnel peut tuer la curiosité qu'il se doit d'offrir à l'autrui client, risque de museler l'expression libre et de rendre l'autrui client invisible, inaudible. La curiosité tournée vers soi étant une quête incessante de nouvelles informations visant à réduire les incertitudes du professionnel.

La bienveillance crée une disparité en suggérant que l'autre est fragile alors que le coach, lui, serait par ses savoirs, ses savoir-faire et ses savoir-être en position de supériorité. À propos de « savoir-être », saviez-vous qu'il paraîtrait que c'est une autre qualité de coach comme de toute personne suffisamment développée sur le plan personnel ? Comme si nous devions apprendre à être. Jacques Derrida disait dans Apories « Apprendre à vivre enfin » et « savoir vivre » et plus encore, « vivre, c'est apprendre à mourir » et « sur-vivre » dans le sens de vivre plus.

Se faisant bienveillant, le professionnel accueille le client tel qu'il croit savoir qu'il est *a priori* : fragile, en porcelaine. Le coach bienveillant se montre. Poussant son client dans l'ombre, il se met en pleine lumière, pour être bien visible, rayonnant de bienveillance. Mais n'est-il pas en train d'assurer une sorte de toute puissance ? Aurait-il oublié que le client a vécu, voire sur-vécu jusqu'à aujourd'hui ? Et sans le coach.

Alors, respect et chapeau bas au client

Henri David Thoreau, essayiste et philosophe nous dit :

> « Pour la charité, il faut du génie – comme pour toute chose d'ailleurs. Mais pour ce qui est de faire-le-bien, ça, c'est une de ces professions qui fonctionnent à plein emploi. Si on m'annonçait que quelqu'un s'apprête à venir chez moi dans l'intention délibérée de me faire du bien, je m'enfuirais paniqué. »

Carol Gilligan, psychologue, à l'origine du concept de *care* ne parle pas de faire le bien mais de « ne pas nuire à autrui » ce qui nous demande de la vigilance, et ne contient pas ce besoin égocentré de vouloir faire le bien à l'autre. Et dans le serment d'Hippocrate il est dit : *Primum non nocere.* D'abord, ne pas nuire. Le président de *Tata*, le plus gros groupe industriel indien qui vient de se retirer à plus de 70 ans, déclarait récemment : « Tous les soirs en me couchant je me demandais si je n'avais pas nui à quiconque ».

Si le professionnel se positionne au centre de la relation, sourd au besoin non encore exprimé de l'autre et ne l'écoute pas avant de projeter de la bienveillance, il ne saura pas ce qu'il souhaite. La bienveillance risque de le conduire à l'irrespect.

Il nous semble préférable de poser, par exemple, la question : Comment nous voyez-vous travailler ensemble ? Qu'attendez-vous de moi ?, etc.

À la posture de bienveillance, nous préférerons celle de non-savoir qui s'exerce à partir d'une position décentrée : le client étant seul à connaître ce qu'il vit et ce qu'il souhaite, c'est lui qui est au centre, non le coach. La curiosité qui est due au client est tournée vers ce dernier et non vers le propre besoin de savoir du coach, ce qui se passe fréquemment lorsqu'il y a projection de bienveillance quel que soit le client et quelle que soit sa demande.

Accueillir autrui, respecter autrui, et être vigilant à ne pas nuire, voici qui relève de l'éthique professionnelle. Nous serons vigilants à respecter l'autre et à lui garantir son statut d'adulte responsable. François Roustang, lors d'une interview à France-Culture, nous dit : « Contentez-vous de vous mettre en présence, sentez, pas d'effort. L'effort empêche de vivre l'expérience » .

ABCdaire – actuel/virtuel

Dans le langage de tous les jours, le réel s'oppose au possible : le possible serait ce qui n'est pas réel mais pourrait l'être. Le possible serait ce qui existe en imagination mais n'a pas encore d'existence physique. Par exemple, en tant que coach, je pourrais avoir forgé dans ma tête une idée de ce que serait la réussite de mon client et mon projet serait alors de réaliser cette possibilité.

Cependant, pour pouvoir être un coach inscrit dans un authentique paradigme de non-savoir, et conduire des séances qui verront la création d'idées et de solutions, il va me falloir quitter cette opposition possible/réel. Alors, comment penser la créativité sans faire référence à la réalisation de possibilités ?

Gilles Deleuze nous propose un cadre conceptuel qui permet cela. Il refuse cette conception du possible et nous propose de la remplacer par le *virtuel*, autrement dit un *champ de différences* qui s'actualisent de façons diverses. Dans la terminologie deleuzienne, l'*actuel* désigne la partie incarnée du réel, ce qui est manifesté. Pour schématiser, nous pourrions dire que, dans la composition du réel, nous trouvons deux éléments : ce qui est là, qualifié d'*actuel*, et ce qui n'est pas là, qualifié de *virtuel*. Cette vision du réel présuppose que l'actuel est toujours entouré de virtuel.

Il ne s'agit alors plus de réaliser une possibilité : quelque chose qui pré-existerait dans l'imagination et demanderait à devenir réel ; Michel-Ange disait que la statue était dans le marbre et que son génie consistait à l'en extraire (notion d'identité pré-existante). Le génie est donc dans le sculpteur.

Il s'agit au contraire d'actualiser une virtualité : quelque chose va émerger, qui n'existait pas, de la rencontre entre différents éléments en couplage ; dans cette vision, David est créé par la rencontre entre Michel Ange, son monde intérieur, son histoire, son talent, son atelier, etc., et ce bloc de marbre-ci, ses spécificités, ses circonstances, le monde extérieur, le temps, etc. (notion de création d'identité). Le génie est dans l'interaction.

Les choses n'ont donc pas d'identité stable. L'identité présente, là maintenant, est l'actualisation d'une des innombrables virtualités par encore créées. L'identité est un acte créatif. Chaque histoire qu'un client nous raconte est une actualisation narrative d'un champ d'expérience virtuel, qui aurait pu s'actualiser de milliers d'autres façons, et ces milliers d'autres façons ne sont pas encore là.

Mon travail de coach consiste donc, dans ce cadre, à faire basculer mon client dans des conditions inhabituelles, de manière à ce que son champ de différences s'actualise différemment. La création de solutions jusque-là inexistantes sera le fruit de notre rencontre, de notre interaction.

Chapitre 5

Agir au lieu d'être agi

Le titre de ce récit en donne d'emblée la clef, la conquête par le client de son autonomie. Durant ce coaching long, le client peut poser le problème à l'extérieur de lui-même (externalisation) et le domestiquer dans les contextes professionnels où son emprise était jusqu'alors inhibante.

Liberté

Paul Eluard

Sur mes cahiers d'écolier
Sur mon pupitre et les arbres
Sur le sable sur la neige
J'écris ton nom
Sur toutes les pages lues
Sur toutes les pages blanches
Pierre sang papier ou cendre
J'écris ton nom
Sur les images dorées
Sur les armes des guerriers
Sur la couronne des rois
J'écris ton nom
(…)
Et par le pouvoir d'un mot
Je recommence ma vie
Je suis né pour te connaître
Pour te nommer
Liberté.

(Poésie et Vérité)

Cela n'a pas d'importance que nous ayons des problèmes ou pas.
L'important est d'avoir différents problèmes, et pas le même qui se répète encore et encore.

John Weakland

Le récit

L'histoire : l'homme à la recherche de sa liberté

Avant la première séance

Premières paroles à la sortie de l'ascenseur, alors que le client se dirige vers le bureau, avant l'entretien préalable :

— Vous savez, le général Franco avait deux bannettes sur son bureau. Il y avait les problèmes à résoudre et les problèmes résolus par le temps.

Tels sont ses mots. Ils étaient encore dans le couloir. Le premier thème qui se présente ici, c'est la question du temps. Pas n'importe quelle notion de temps, le temps de la procrastination. Ainsi, il y aurait deux sortes de problèmes : ceux à résoudre et ceux qui sont résolus par le temps. Le deuxième, c'est cette allusion à Franco. Cet homme n'est pas n'importe quel personnage, il s'agit d'un dictateur, chef de guerre puissant investi des pleins pouvoirs. Ce que Tarik L. dit ici, serait-ce que la moitié des problèmes se résolvent d'eux-mêmes et que les autres nécessitent un chef puissant ?

— Il suffit de les laisser mariner, précise-t-il peu après.

Et si c'était cela son problème ? Dans son suivi écrit, le coach note : procrastination, redondance et anarchie. Suite aux premiers échanges, le client a en effet énoncé ses trois problèmes. Il a aussi formulé son objectif : « Faire mon travail de dirigeant avec efficacité et fierté ».

Dans le couloir, alors qu'ils se dirigent vers l'ascenseur avant de se dire au revoir, Tarik ajoute :

— C'est ma dernière chance, je suis content de faire ce coaching avec vous, c'est ma dernière chance.

Comme il n'y a pas de coaching dans le couloir, le coach laisse passer ces mots, puis laisse passer le temps. Mais cela le préoccupe pendant les trois semaines qui les séparent de leur première séance. Qu'a-t-il voulu dire par : « C'est ma dernière chance » ?

Première séance

Vient la première conversation de coaching, le coach l'interpelle :

— Vous m'avez dit que c'était votre dernière chance, ce coaching, dernière chance de quoi ?

Tarik lui répond sans hésiter :

— De pratiquer certains idéaux auxquels je crois, ma dernière chance de construire.

Le coach était loin d'imaginer que Tarik parlait de lui, de sa propre construction. Au contraire, il avait imaginé des défis, des menaces, auxquels ce client aurait été confronté dans la poursuite de sa carrière.

Le coach commence par une question ouverte :

— Que se passe-t-il ?

Tarik répond très clairement :

— Je me mêle de tout dans l'instant et je dépense de l'énergie et du temps à des choses subalternes. Je suis accessible et impatient. Pendant ce temps-là, je remets ce que j'ai à faire. J'exprime tout ce que je ressens. Je suis bavard, je parle trois langues, j'ai une capacité d'improvisation énorme. Je suis dans l'émotion, j'ai besoin de me répandre. Je déborde en permanence, je mélange le professionnel, le personnel, l'affectif. Ça déborde sur ma carrière.

Il voudrait puiser dans son potentiel et maîtriser les éléments, décider et faire, au lieu de dépenser son temps et son énergie tous azimuts. Et Tarik poursuit. Il parle de lui comme d'un homme figé par les contraintes, devenu comme une statue, incapable de mouvements constructifs, ballotté par les événements, perdu dans des contextes qui se mélangent. Il se décrit un homme entravé, en recherche non de contrôle, mais de liberté. Maîtriser son rôle dans la réactivité.

Deuxième séance

Dès le début de la deuxième séance, Tarik L. analyse sa propre situation :

— Je cours derrière les événements et je n'en attrape aucun. Au contraire, je suis rattrapé par les autres.

La voilà, la révélation, pour lui : « Je ne suis pas maître de mon destin ».

Au cours de cette séance, le coach lui propose de donner une figure au problème qui l'entrave, comme s'il s'agissait d'une vraie personne avec qui il serait en relation.

Tarik déclare alors au coach :

— En fait, je me sens comme sous l'emprise d'un personnage, je suis comme habité par un philosophe de pacotille qui passe son temps à saboter toutes mes entreprises.

Le coach propose de donner un nom à ce personnage imaginaire. Tarik le nomme « Café-du-coin ».

Se trouve posée, à cette étape, la dimension multiculturelle. Tarik est libanais et quand il parle de ce personnage qui l'assaille, il esquisse une caricature de la culture libanaise, sa culture d'origine. Comme il travaille dans une grande organisation mondiale, le « Café-du-coin » vient-il contredire les compétences requises d'un dirigeant d'un groupe international ?

Tarik dit que l'attitude de Café-du-coin lui évoque des hommes oisifs, au café, qui regardent la télévision et s'enflamment :

— Ce personnage me contraint à l'évitement, me pousse à me soustraire à ce que j'ai à faire, donc je ne le fais pas. C'est un philosophe de pacotille. Comme au Liban, ma région natale, au café, avec tous les hommes qui refont le monde en regardant la télévision. Ils s'adressent directement à l'homme dans le poste : « fais pas ci, fais ça ». Ils brassent du vent. Ils font du bla-bla dans un café. Mais ils sont au café, ils ne sont que des spectateurs, cela ne les engage en rien, et à rien. Et ils ne font rien, à part parler.

Tout se passe comme si Café-du-coin s'ingéniait à saboter sa vie le condamnant à devenir un pompier, lorsque les situations sont suffisamment dégradées. Un deuxième personnage (un autre rôle ?) apparaît donc, tandis que lui, il réve d'être un troisième personnage. Il se veut un homme d'action, un dirigeant à l'envergure internationale.

Tarik a l'impression d'être sous l'emprise d'un personnage menaçant, qui passe son temps à saboter ses entreprises, le contraignant à des évitements lourds de conséquences suivis d'urgences :

— Comme je mélange tout et que je ne fais pas les choses, je culpabilise, je me réveille au milieu de la nuit, je suis fatigué.

Le coach l'encourage à faire un récit de ce qu'il vit :

— En fait, j'occupe tout l'espace. Vous savez, intelligence plus éloquence, c'est mortel. J'étouffe l'autre. Je donne les solutions, j'influence et j'étouffe les solutions des autres, contrairement aux intérêts collectifs. Et comme je me mêle de tout, je loupe des coches. J'évite et je rafistole au dernier moment. Je me juge négativement car je ne pratique pas certaines idées auxquelles je crois. C'est le désordre intérieur.

Il en résulte que, lorsque les problèmes finissent par devenir visibles, ils sont déjà passés dans la zone d'urgence :

— Évidemment ces choses-là ne sont pas dans la bannette des problèmes résolus par le temps. Elles persistent comme autant de catastrophes potentielles et je n'ai plus alors qu'à les rafistoler. Oui c'est bien ça, je, je rafistole.

Tarik constate de lui-même que ce personnage détruit sa crédibilité et sa légitimité. Cela provoque chez lui une grande inquiétude, une angoisse même. C'est là qu'il a cette phrase décisive, indignée :

— Ça, ce n'est pas moi.

Le coach le pousse à en tirer des conséquences :

— Que pensez-vous des effets de Café-du-coin sur votre vie professionnelle ?

— Néfastes. Il sabote, il bousille ma crédibilité, ma légitimité. Je suis las de la dernière minute. J'ai une véritable inquiétude. Quand je regarderai en arrière sur mon lit de mort, je ne veux pas me dire que je n'ai pas réussi.

— Pourquoi jugez-vous cela néfaste ? Insiste le coach.

Et le client :

— Parce que ça, ce n'est pas moi, ce n'est pas dans ma nature. Si c'était dans ma nature je n'en souffrirais pas. J'aime bâtir. La vie est une construction d'édifice. J'aime aller de l'avant, avancer me donne un profond sentiment de bonheur. C'est la fierté d'accomplir au lieu d'être un suiveur.

Puis Tarik exprime qu'il est sous l'emprise de ce personnage depuis 15 ou 20 ans, ce qui ne l'a pas empêché de mener sa carrière :

— Mais c'est dur, très dur pour moi.

À présent, à plus de 50 ans, il est bien avancé dans sa carrière. De fait, quand il disait à son coach : « C'est ma dernière chance de construire » lors de leur première entrevue, il voulait dire :

— C'est ma dernière chance de me maîtriser et de ne pas être joué par un personnage qui prend le contrôle à ma place. Un personnage qui a obligation d'être bavard, intelligent, plein d'humour.

Notons que lors du premier entretien Tarik avait déjà dit : « Vous comprenez, je suis Libanais ». Comme une manière de dire : « Je n'y peux rien ».

Quant au coach, il s'était bien gardé alors de répondre à cet argument, ni de dire que l'on n'y peut rien ni de dire que mais si on peut toujours agir.

— Café-du-coin, c'est Café-du-coin, et moi, c'est moi. Et ma vraie nature à moi, c'est de bâtir et d'avancer.

Et il ajoute que, selon lui, on doit ressentir de la fierté ou du bonheur à accomplir au lieu de suivre.

Il en conclut avec l'appui du coach que, dans les contextes de non-urgence, Café-du-coin a l'habitude de lui voler le contrôle, puis quand la situation devient urgente, c'est le pompier qui entre en action. Et c'est encore du vol. De fait pour lui, être lui c'est n'être ni l'un (Café-du-coin) ni l'autre (le pompier).

Le coach pose progressivement le constat que les espaces occupés par la présence de Café-du-coin et du pompier dans la vie de Tarik ne lui laissent pas beaucoup de place pour lui. Ils sont l'espace de la relation pour le premier et l'espace de l'action pour le second. Mais où est donc l'espace de la réflexion ?

Ce qui se manifeste aussi dans ce système, c'est une absence notoire de frontières.

Troisième séance

À la séance suivante, lors du *feed back*, il s'avère que Café-du-coin s'est beaucoup moins manifesté. Tarik se montre enchanté du travail qu'il a effectué. Avec la rapidité qui le caractérise, il s'empare d'un feutre et résume sa situation au tableau de papier par un gribouillis qu'il trace d'un seul trait : « Je laisse le monde m'attraper, je cours, je ne fais pas, je ne prévois pas ».

Et aussitôt il figure son idéal comme un gué de pierres distinctes et s'exclame : « La liberté ! ».

Il semble qu'elle ait à ses yeux un prix si estimable qu'il dessine aussitôt la méthode pour y parvenir, une flèche droite qui pointe vers l'horizon : « Fixer son horizon, maintenir la route ».

Lors de cette séance, alors que Café-du-coin se manifeste moins, alors que le client a retrouvé, de ce côté-là, une paix, il dit au coach :

— Toutefois mes journées n'en sont pas plus structurées pour autant. Cela ne me suffit pas, je veux changer.

Et il ajoute :

— Je manque de vision et du coup je loupe des coches.

Il apparaît alors clairement que le fait d'avoir identifié Café-du-coin, de l'avoir positionné à l'extérieur et de le maintenir à l'écart, permet à Tarik de s'apercevoir de quelque chose jusque-là occulté. Il lui manque de la vision. Jusque-là il n'avait pas pu s'en apercevoir, occupé qu'il était à tout le temps paraître, parler, bavarder, botter en touche, s'en sortir par une plaisanterie. À présent le travail portera sur cette découverte, sur la vision.

Tarik explique que lorsqu'il veut se mettre à réfléchir, il se paralyse, bloqué à hésiter devant un choix radical : la réflexion ou l'action. Du coup, les obligations s'accumulent, ce qui provoque de l'inquiétude :

— Alors, je peux passer des heures à choisir quel crayon je vais prendre, sur lequel des stylos de ma collection je vais jeter mon dévolu pour écrire un petit mot sur la question posée.

A contrario, quand il est dans l'action, le nez dans le guidon, c'est la pagaille, précipitation, action mal menée, etc. Là le travail a consisté en une série d'exercices permettant d'expérimenter très concrètement la vision dans le réel :

— Regardez la table, qu'est-ce que vous voyez maintenant ?

Et il énonçait chacun des objets vus :

— Je vois la cafetière, je vois le bloc de papier, je vois une chaise, puis une autre chaise, je vois la table, je vois la bibliothèque en arrière-plan.

Jusqu'à progressivement accéder à une vision large et revenir à une vision tunnel, puis à une vision large, de l'une à l'autre et de l'autre à l'une.

Pourquoi ce travail sur la vision ? Le coach avait fait l'hypothèse que la difficulté du client résidait dans le passage d'un état à un autre, et non pas dans le fait d'accéder à l'un (la réflexion) ou à l'autre (l'action). Et c'est de manière très affirmative qu'il lui dit :

— Vous avez le droit d'entrer dans la réflexion et d'en sortir, et vous avez aussi le droit d'entrer dans l'action et d'en sortir.

Et en fait, c'était bien de cela qu'il s'agissait. Tarik a vu dans cette double permission comme une possibilité de sortir par le haut, selon ses termes. Il ne lui manquait plus que la flexibilité pour faire le va-et-vient. Il s'est donné alors une autorisation de mouvement, naviguer de l'action à la réflexion pour prendre du champ et là, pouvoir décider.

Soudain, rebondissement. Cet homme qui est bardé de gadgets électroniques (tablettes, téléphones, agendas électroniques chargeables et déchargeables) qui peut tout s'offrir, dans une posture de gratification immédiate, déclare :

— Dans le fond, ce qui me manque, ce serait un agenda papier, où je pourrais voir deux, trois mois d'un seul coup d'œil, quelque chose de simple pour pouvoir voir tout à la fois.

Quelle trouvaille ! Quel soulagement ça a été pour lui de trouver cette idée simple, regarder un agenda papier pour sortir d'un cercle vicieux, voir les actions un peu à l'avance mais pas trop, avoir simultanément une vision globale et une vision détaillée, voir de loin et voir de près. L'idée de mouvement avait trouvé une incarnation.

Quatrième séance

Lors de la séance suivante, en débriefing, Tarik L. déclare :

— Je vois bien maintenant la différence entre des priorités métaphysiques et des priorités minimes.

Autrement dit, il a commencé à établir des distinctions, à faire appel à la compétence de discernement travaillée lors de la séance précédente. Et il a décidé de s'occuper tout d'abord des priorités minimes. Il considère qu'il a bien avancé. Il a déjà commencé à sérier les priorités et à les organiser. Il dit s'être même donné la permission de faire une partie de ce qui était prévu :

— Par exemple, c'est comme si j'étais au café (sic) sur le port et que je regardais. Mon problème, c'est qu'au café sur le port, je regarde les bateaux et je rêve de voyage. Mais maintenant j'ai envie de monter sur une petite barque pour aller faire un tour au lieu d'en rêver.

Puis ils débriefent ce qui s'est passé depuis la séance précédente au cours de laquelle il a travaillé sur la flexibilité. Il dit qu'il est maintenant capable de prendre de la distance et que, déjà, il veut décider d'ordonner ses actions autour de ses propres priorités et il demande au coach :

— Est-ce que ça vous concerne ?

Effectivement cela concerne le travail de coaching. Maintenant qu'il est devenu capable d'ordonner des priorités pour éviter la pagaille qu'il redoutait tant, il décide qu'il va faire des listes. Évidemment, il a déjà suivi plus d'un stage sur la gestion du temps où il a appris à faire des listes. Cette fois, il s'engage à le faire effectivement.

Mais le coach, sachant que si ce genre de méthode marchait bien, cela se saurait, parvient à négocier avec lui qu'il ne mette qu'un seul verbe par activité et une seule activité par page de sa liste, afin de limiter les risques d'échec.

Cinquième séance

Et voilà que lors de la séance suivante, Tarik accueille le coach en lui disant avec enthousiasme :

— La liste avec un seul verbe par page, ça marche très très bien.

Il est même passé d'une liste de 18 thèmes ayant chacun deux ou trois verbes d'action, qu'il ne parvenait jamais à suivre, à une liste constituée d'un thème par page exprimé par un seul verbe d'action.

Résultat, c'est fait. Il se dit allégé, il ne se culpabilise plus. Il déclare qu'il commence à avoir des moments d'organisation à part entière. Il a planifié ses moments d'étude et il a même maintenant devant lui (nous sommes le 16 mai) une perspective jusqu'à juillet.

— Mes petites affaires, je les mène. Mais ce qui ne me plaît pas, ce qui me barbe, je me mets à hésiter et je le laisse dans la corbeille : renvoyé.

Ils décident alors de travailler sur le mécanisme de l'hésitation. Le coach fait réinventer au client que choisir c'est perdre ce que l'on n'a pas choisi tandis que ne pas choisir permet de tout conserver. Tarik vient de découvrir le fondement même de l'hésitation. De plus, agir oblige à identifier des parts : la part du ridicule, la part de l'échec, la part de ce qui est mal fait, en ses propres mots. Tandis que ne pas agir permet d'éviter ce genre de risque.

Pour tout ce qui l'embête, il a donc pris l'habitude d'attendre jusqu'à devoir prendre les décisions sous la contrainte, donc dans l'urgence du dernier moment, et il dit au coach :

— Ça c'est un allumage exogène. Voilà, c'est ça, je travaille d'habitude en allumage exogène.

Il décide de se donner des plages d'un temps qui lui appartiendrait. Il le délimite, l'isole. Il y rétablit des frontières et décide d'utiliser à son propre usage cet espace-temps au sein duquel il exercera un allumage endogène. À la fin de la séance, le plan d'action consiste à ne pas faire de liste d'actions.

Sixième séance

La séance débute par un :

— Ça y est, je structure mon travail, je fais des listes précises au sein desquelles je limite ce que j'ai à faire.

Après s'être réorganisé lui-même, Tarik décide d'aborder la réorganisation de son équipe. Il a envisagé une organisation qu'il qualifie de fractale et qui lui semble parfaitement adaptée à un homme comme lui, qui conduit toujours plusieurs projets en même temps, un polychrone. Cherchant à refléter au mieux sa manière de fonctionner, il a inventé le concept d'équipes mobiles orientées action, qu'il baptise avec humour EMOA. Elles fonctionneraient en regroupements ponctuels selon les missions, et se redéfiniraient en géométrie variable.

Malgré son faible potentiel de réalisation concrète, ce travail de réflexion s'est avéré constructif. Même si ses collaborateurs n'ont jamais voulu en entendre parler, il a, lui, été capable de se projeter dans une telle réorganisation et de constater que cela lui aurait été facile de contrôler un travail organisé de cette sorte. Cela ne se fera pas. En tous cas, il en était arrivé, comme n'importe quel manager, à se demander: «Maintenant, comment vais-je réorganiser tout ça, au lieu de me laisser prendre par la contrainte, puis par la panique?».

De fait, une proposition aussi peu conventionnelle n'était pas faite pour rassurer ses collègues, fiers de leur statut et fidèles au protocole d'évolution du travail. Ils ne pouvaient que la rejeter.

Il ajoute, pourtant:

— Oh, je m'en suis sorti. C'était une proposition tout-à-fait adaptée, ça tenait bien la route. Mais les membres de mon équipe n'ont pas voulu de cette organisation, qui les a mis dans l'émoi (oh EMOA). Habitués à leur statut, ils voulaient des titres et des responsabilités bien définies.

Aussi a-t-il finalement mis en place une organisation classique subdivisée en deux secteurs dirigés chacun par un chef et un rapporteur, soutenus par un administratif, avec un financier en transversal.

Septième séance

Il ouvre la séance, celle de la rentrée après les vacances, par un constat:

— J'ai fait l'expérience d'examiner un problème et de prendre une décision, puis de l'appliquer.

Il s'agit de sa tentative de création d'une organisation nouvelle pour son équipe, de la prise en compte du refus de ses collègues, de la conception d'une organisation qu'ils peuvent accepter et de sa mise en place. Il est content de lui. Et, dans le même temps, il s'est mis à suivre un régime, il a déjà perdu plusieurs kilos.

Qui plus est, il a basculé ses journées vers le matin. Il arrive maintenant aux heures qui lui conviennent, c'est-à-dire tôt le matin et peut ainsi partir plus tôt le soir pour profiter de sa famille. En quelques mois, il a mis des frontières, a réorganisé sa vie professionnelle dans des temps définis, puis sa vie familiale à d'autres moments appropriés. En fait, il a réorganisé les différents temps de sa vie:

— Je m'occupe maintenant de ce qui est important: structurer le service, lire les documents que j'ai à lire. J'ai aussi réorganisé mes finances.

Il dit au coach qu'il a un sentiment de légèreté et de plaisir. Ce qui est saisissant, c'est que lors de cette séance de septembre il a dit:

— Cet été je suis allé au Liban.

Impressionné par le ton de sa déclaration, l'âme allégée aussi par l'interruption de l'été, le coach hasarde cette question:

— Vous avez fait une overdose?

— Oh Oui ! A-t-il répondu, et quand je m'en suis rendu compte, je me suis dit non ça ne peut plus durer comme ça, c'est vraiment fini.

Huitième séance

Le mois suivant, l'avant-dernière séance s'est déroulée sous le signe de l'autonomie. L'organisation de la journée vers les heures premières de la matinée tient bon depuis plus d'un mois maintenant. Tarik prend désormais sa voiture pour se rendre à son bureau :

— J'ai décidé d'être pleinement autonome, en plus, le matin ça roule bien.

Auparavant il ne prenait pas sa voiture, il se faisait accompagner par sa femme, détail qu'il n'avait pas mentionné jusque-là. Tout a été remis à plat, ses finances personnelles en particulier. Il dit alors :

— Avec le salaire que j'ai en tant que dirigeant, je gagne très bien ma vie. Comment se fait-il que j'aie été aussi souvent en difficulté financière ? Pas fauché, mais enfin.

Donc il a tout remis à plat et du coup, il assume pleinement de renvoyer ses collaborateurs vers leurs responsabilités. Il évoque des : « Ah non, ça je ne veux pas le savoir, c'est votre affaire », au lieu de tout prendre en main et résoudre tout à la place des autres.

Plus incroyable encore, il se mêle de moins en moins des choses publiques, délègue aux autres. Il dit qu'il a trouvé une vitesse de croisière, mais il semble qu'il soit encore un peu fragile. Ainsi, la veille, il a vécu une rupture de ce bel équilibre, lors d'un voyage d'affaires à Bruxelles :

— Je crois qu'il y a eu un accroc dans mon autonomie. Je me suis mal organisé, j'ai cavalé, failli manquer mon train, enfin bref, ce n'était pas ça.

— Une pointe de pagaille ? suggère le coach.

— Cela se pourrait et ça m'a fait peur.

Puis, après réflexion :

— Il me faut retrouver l'énergie du début, c'est à moi de mener la danse.

Il déclare qu'il est un peu inquiet :

— Je pourrais basculer dans le bonheur du relâchement, ce faux bonheur qui m'avait contraint auparavant à la pagaille totale.

— Comment pouvez-vous reprendre le fil ?

— Il faudrait que je retrouve mon désir initial, mon énergie vitale.

Le reste de la séance a été consacré à retrouver sa motivation première. Et il est passé de « je veux reprendre le fil » à « je reprends le fil maintenant ». Il a introduit la notion de maintenant.

Dernière séance

Le coach et le client ont examiné la progression de leur travail.

Parmi tous les chemins parcourus au cours de ce coaching, il semble que le fossé de la *procrastination* se soit bien comblé. Il n'en demeure pas moins qu'en bon polychrone, il ne peut se sentir à l'aise dans son travail que s'il gère plusieurs chantiers en même temps, et c'est bien comme ça. Ce sur quoi le coach s'était engagé dès la première séance, c'était de l'aider à trouver une façon de fonctionner qui soit cohérente avec sa polychronie et, de ce point de vue-là, Tarik L. est désormais bien dans sa peau.

Sa *redondance* semble elle aussi avoir été dépassée. Il ne répète plus les mêmes histoires sous plusieurs formes différentes. Il reste extraverti, bien évidemment, et il aura toujours besoin de parler à d'autres pour construire sa pensée propre, reconstituer son énergie. Mais cela, c'est une utilisation optimale de ce trait de son caractère.

Quant à l'*anarchie*, notamment sous la forme de tous les mélanges de contextes, il semble qu'il soit là sur la bonne voie. Il a établi des limites, des distinctions entre la vie personnelle, la vie familiale et la vie professionnelle, et des frontières aussi à l'intérieur de la vie professionnelle.

Le coach s'était engagé dans la première séance en disant : « Je comprends bien que vous êtes pris dans une sorte de débordement et que cela constitue un problème majeur à vos yeux ».

Dans le contexte professionnel, Tarik a imaginé une façon de réorganiser son équipe dont les membres n'ont pas voulu, optant plutôt pour une organisation traditionnelle, et il a été d'accord. Il a donc mis en place une structure classique avec tableaux de bord, réunions et modalités de *reporting* adaptées. En accord avec le coach, il considère donc que, du point de vue de l'anarchie, il a bien progressé aussi.

Et, pour clôturer ce programme de coaching, le coach s'est autorisé à rappeler une des règles de l'autogestion :

— Maintenant est le bon moment. J'ai pris beaucoup de plaisir à vous accompagner durant ces dix mois, j'ai apprécié votre franchise, votre ouverture d'esprit, votre courage et votre détermination.

Le point de vue du coach

Pas à pas, petit à petit

Ce coaching était commandité par la Direction Générale d'une grande organisation internationale. Compte tenu de la difficulté dont parle le client mettant notamment en évidence des mélanges de contextes et des transgressions de frontières, le coach s'est montré très attentif, dès la première séance, à poser des frontières strictes entre la vie privée et la vie professionnelle.

Le client en était tout à fait d'accord et le coach a accepté de travailler occasionnellement avec son client sur des exemples privés, tout en veillant à ce que son objectif se situe toujours dans le cadre professionnel. Il a ainsi ramené toutes les expériences de la vie privée (réorganisation des finances personnelles, par exemple) vers le monde professionnel.

Cela exige du coach de la rigueur, de tenir le cadre, de confronter le client à ses contradictions, de l'interrompre dans ses digressions, de tenir des silences de réflexion aussi. Ouverture d'esprit, largeur de vue, culture générale, force de caractère sont ici des qualités professionnelles. Ce dont il s'agit, c'est de tenir la posture du coach sans concession, en miroir d'un client qui, lui, est à la recherche de sa propre posture.

Ce coaching a pris tout son sens en se produisant dans le temps. C'est un travail progressif, un petit pas et puis un autre. Au début, cet homme est sous l'emprise d'un dictateur intérieur. Il convient alors de l'aider à le mettre dehors : c'est l'étape décisive de l'externalisation. Alors, il a pu commencer à quitter l'outrancier, le grandiose, et à négocier avec lui-même, afin de se donner l'autorisation de faire lui-même une chose puis une autre, un peu mais pas tout, un travail pas à pas.

C'est un travail de longue haleine au cours duquel nous avons fait appel à plusieurs techniques et surtout, c'est un apprivoisement. Une avancée qu'il a vécue petit à petit, comme s'il s'était finalement donné la permission de se servir de ses talents.

Outil : des mouvements comme exercices de vision

D'abord, des exercices sur la flexibilité et l'élargissement du champ : vision de près, de loin. En troisième séance, au moment où le client déclare qu'il manque de vision, tous deux sont assis à une table. Le coach demande alors au client de décrire ce qu'il a dans son champ de vision (il sourit, décontenancé par la demande du coach, qui insiste) : crayon, cafetière, bloc de papier, etc. Puis le coach lui demande de se lever et de venir s'adosser avec lui contre le mur du bureau et de décrire ce qu'il a à présent dans son champ de vision : table, chaises, tableaux sur les murs, bibliothèque, etc.

Le mouvement se répète plusieurs fois afin de travailler la flexibilité et le passage de près-de loin, dedans-dehors.

Puis exercices sur l'attention : concentration et dispersion. Vision en tunnel et vision périphérique. De retour à la table de travail, le coach s'assied face au client, lui demande de le regarder dans les yeux (vision focalisée, étroite) et de tendre les deux bras devant lui pouces levés cadrant le visage de l'interlocuteur. L'exercice consiste à écarter lentement les pouces tout en les maintenant dans le champ visuel, de manière à élargir peu à peu le regard, jusqu'à obtenir simultanément une vision en tunnel (le visage du coach) et une vision périphérique (la pièce). Il s'agit ici de travailler la concentration sans perdre de vue l'environnement, donc de confronter les frontières.

La puissance vient de ce que ce sont des exercices physiques qui ouvrent un champ mental. Ce genre d'exercice se décide au pied levé pour autant que le coach croie ce que dit le client et le prenne au mot :

— Je n'ai pas de vision.

— Qu'à cela ne tienne, faisons un exercice pour voir.

Un tel exercice permet de mettre en évidence que quand on bouge dans son corps, on bouge dans sa tête.

Repères et questions

Vus par le coach, trois constats

Le résultat du comportement de ce client, c'est qu'il n'arrive jamais à trouver la position qu'il souhaite :

- Dans ce système, il n'y a pas de frontière, ni de place pour la réflexion.
- Ce qui lui fait défaut, c'est la souplesse qui permet de se mettre en réflexion puis de se tourner vers l'action, et de faire ce va-et-vient, pour se mouvoir dedans puis dehors.
- C'est aussi apprendre à ne pas se faire piéger dans une réflexion interminable ou s'engager, sans même y avoir pensé, dans une action immédiate.

Ces constats sont des prises de conscience du coach qui vont lui permettre d'orienter son action en vue d'atteindre les objectifs fixés.

Vues par le client, trois réussites principales

Au cours du coaching, le client a atteint les objectifs qu'il s'était fixé, notamment à propos de la procrastination, de la redondance et de l'anarchie.

Il a repéré que, dès que se présentent des actions à mener, il attend qu'elles deviennent urgentes (telle est la procrastination) afin de déclencher son talent réactif de pompier. Désespéré de perdre autant d'énergie dans le subalterne, il s'est autorisé à ne pas agir et cette décision lui a permis de prendre le temps d'anticiper et prévoir.

Pour ce qui est de la redondance, il s'agit de cesser de tout dire, de se garder d'étouffer les autres, car c'est bien ainsi qu'il qualifie de lui-même son attitude. Donc respecter ses interlocuteurs, servir les intérêts collectifs puisque parler tout le temps comme il le fait, tous azimuts c'est, pour lui, suivre ses goûts personnels, son intérêt personnel, occuper tout l'espace. Il a réussi à mettre son intelligence et son éloquence au service d'une parole concise.

Quant à l'anarchie, elle se manifeste constamment dans son mélange de tous les contextes, professionnel, privé, affectif, débordement, non-action, culpabilité. Il décide de cesser de souffrir et se met à dire stop et à établir des limites. Il a réussi à arrêter de se mêler de tout et se rallie aux priorités, comme un dirigeant.

Éléments de méthode

Tout au long de ce coaching, il s'agit pour le coach de soutenir son client dans ses tentatives pour recréer des limites pour lui-même et pour son équipe. Quatre points retiennent ici notre attention du point de vue de la méthode : un processus de coaching sur la durée, complémentaire des récits précédents plus concis ; un travail progressif et complet d'externalisation du problème ; le retournement du client tel qu'il résulte de l'autorisation donnée, fruit du travail intense et dans la durée avec le coach.

Le processus de coaching sur la durée

Passée une prise de contact en fanfare, ce coaching exige une durée suffisante pour élucider, expérimenter, dissoudre un problème aux facettes multiples et puissant. C'est donc un coaching long : neuf séances. Ici encore, le coaching commence avant le coaching.

Premier échange à la sortie de l'ascenseur, alors que le client se dirige vers son bureau, avant l'entretien préalable : « Vous savez, le général Franco avait deux bannettes sur son bureau. Il y avait les problèmes à résoudre et les problèmes résolus par le temps».

Premières paroles dans le couloir juste après la poignée de main, annonciatrices des difficultés à traiter:

- Bien évidemment la question du temps et de la procrastination est posée d'emblée.
- L'allusion au général Franco reflèterait-elle l'emprise de la dictature de Café-du-coin?

Les attitudes du client qu'il ressent comme fortement préjudiciables pour lui, procrastination, travail uniquement dans l'urgence, redondance, anarchie, mélange des contextes, et absence de limites, invitent le coach à proposer un travail dans la durée, séquencé, marqué d'étapes, et respectant des délais. Le coach joue la structuration. De fait, le processus du coaching en lui-même se révèle une analogie de ce que le client souhaite installer dans sa vie professionnelle et qui lui est jusque-là inaccessible, une démarche structurante, tournée vers un cap, un horizon, en étapes successives, alternant réflexion et action.

L'externalisation du problème

Les conversations dites d'externalisation ont pour vocation de créer un contexte où le client pose le problème à l'extérieur de lui-même. Comme il ne s'identifie plus à son problème, il peut alors reprendre la main et piloter ses actes. Quatre étapes distinctes jalonnent le parcours d'externalisation. Définir le problème en est évidemment la première étape. L'ayant défini avec justesse, il est alors possible de mettre à jour les effets de l'emprise, d'en mesurer précisément les conséquences.

Il devient à ce moment-là possible au client, libéré, de retrouver les valeurs qui lui sont précieuses et qui sont étouffées par le problème. Enfin, de là, il peut accéder à nouveau à son libre arbitre.

Première étape : définir le problème

Le coach commence par la question ouverte: «Que se passe-t-il?»

À laquelle le client répond à peu près ceci: «Je cours derrière les événements et n'en attrape aucun. Au contraire, je suis attrapé par les autres et pas maître de mon destin. Je me mêle de tout dans l'instant et je dépense de l'énergie et du temps à des choses subalternes. Je suis accessible et impatient. Pendant ce temps-là, je remets ce que j'ai à faire. J'ai un problème de procrastination. J'exprime tout ce que je ressens. Je suis bavard, je parle trois langues, j'ai une capacité d'improvisation énorme. Je veux arrêter cette redondance. Je suis dans l'émotion, j'ai besoin de me répandre. Je déborde en permanence, je mélange le professionnel, le personnel, l'affectif. Ça déborde sur ma carrière, le résultat, c'est l'anarchie. »

Quand le coach identifie *a priori* trois problèmes distincts : procrastination, redondance et anarchie, même s'ils s'entretissent sur le thème de l'absence de limites, l'homme à la recherche de sa liberté, qui est pris dans ce maelström, n'en identifie, lui, qu'un seul, multiforme.

Lorsque le coach l'invite à changer de perspective, comme s'il était dans un roman et que lui, le narrateur, était sous l'emprise d'un personnage qui l'entraîne à procrastiner, à se livrer à la redondance et à tout mélanger, il lui répond que ce serait « un philosophe de pacotille. Comme au Liban, au café, avec tous les hommes qui refont le monde en regardant la télévision et s'adressant directement à l'homme dans le poste "fais pas ci, fais ça". »

Quand le coach lui demande quel nom il pourrait donner à ce personnage, il lui répond sans hésitation Café-du-coin. Le coach vérifie si ce nom évoque tout ce qu'il vient de lui raconter, le client confirme.

Deuxième étape : mettre à jour les effets du problème

Le coach entre alors avec son client dans une seconde phase de questionnement : « Quels sont les effets de Café-du-coin dans votre vie professionnelle ? »

Le client répond à peu près cela : « Comme je mélange tout et que je ne fais pas les choses, je culpabilise, je me réveille au milieu de la nuit, je suis fatigué. Intelligence plus éloquence, c'est mortel. J'étouffe l'autre. Je donne les solutions, j'influence et j'étouffe les solutions des autres, contrairement aux intérêts collectifs. Comme je me mêle de tout, je loupe des coches. J'évite et je rafistole au dernier moment. Je me juge négativement car je ne pratique pas certaines idées auxquelles je crois. C'est le désordre intérieur. »

Au fur et à mesure que le client met à jour l'impact du problème dans sa vie professionnelle, il fabrique de la distance entre le problème et lui, ce qui lui permet de le regarder d'un œil critique. Il se prépare alors à pouvoir porter un jugement en connaissance de cause.

Troisième étape : mesurer les conséquences, évaluer l'impact

Le coach poursuit le questionnement : « Que pensez-vous des effets de « Café du coin » sur votre vie professionnelle ? »

Et le client juge : « Néfastes. Il sabote, il bousille ma crédibilité et ma légitimité. Je suis las de la dernière minute. J'ai une véritable inquiétude. Quand je regarderai en arrière sur mon lit de mort, je ne veux pas me dire que je n'ai pas réussi ».

Le coach engage le client dans une réflexion désormais étayée par la faculté de jugement dont il était jusqu'alors coupé. Il peut enfin mesurer le tort subi et passer d'une position de type « je suis coupable » à une position de type « je suis harcelé ». Il ouvrira ainsi l'accès à une position de refus, résistance, révolte, etc. préalable à l'action.

Quatrième étape : retrouver les valeurs précieuses, porteuses d'identité

Le coach encore : « Pourquoi jugez-vous cela néfaste ? »

Et le client : « Parce que ça, ce n'est pas moi, ce n'est pas dans ma nature. Si c'était dans ma nature je n'en souffrirais pas. J'aime bâtir. La vie est une construction d'édifice. J'aime aller de l'avant, avancer me donne un profond sentiment de bonheur. C'est la fierté d'accomplir au lieu d'être un suiveur. »

En posant la question du pourquoi, le coach invite le client à énoncer les valeurs qui lui sont chères, les buts et aspirations qu'il a pour sa vie. Le client reprend alors contact avec son socle identitaire. Il sépare ce qui « n'est pas lui » de ses aspirations intimes.

C'est comme une déclaration : « voilà qui je suis vraiment ».

L'autorisation donnée

Tout au long de ce travail de coaching, viennent progressivement à la conscience des permissions manquantes qui feront barrage aux impossibilités tacites.

Pour Tarik la contrainte est de « faire en grand », de faire « parfait », de faire « tout », de se mêler de tout, etc. De fait, il ne peut jamais aller au bout des actions qu'il entreprend puisqu'elles ne pourraient jamais être assez grandioses. Alors il accuse le temps. Mais en réalité, plus il aura de temps, plus le dernier moment se fera attendre et pourra être rempli d'occupations redoutables, et ô combien inutiles telles que « choisir son stylo ou refaire le monde ». Le coach prend la décision d'ouvrir, de créer des conditions pour que s'ouvrent des autorisations, afin que le travail s'enrichisse de permissions :

- L'autoriser au mouvement. « Vous avez le droit d'entrer dans la réflexion et d'en sortir, vous avez le droit d'entrer dans l'action et d'en sortir ». Le client se donne alors l'autorisation de sortir par le haut de sa fixité (Séance 3).

- S'autoriser à faire petit aussi: commencer par les priorités minimes plutôt que se laisser embarquer dans le grandiose, l'irréaliste, les priorités métaphysiques (Séance 4).
- S'autoriser à faire en partie. Le client remplace une contrainte par une permission. Là il remplace la contrainte de tout faire par une autorisation de faire une partie seulement de ce qui est prévu, il casse le tout ou rien: «une action d'un seul verbe par page» (Séance 4).
- S'autoriser aussi à ne pas faire. Le client décide de ne pas faire de liste d'action à entreprendre, pour pouvoir agir (Séance 5).
- S'autoriser à se consacrer du temps à lui-même pour sortir des prises de décision sous la contrainte, au dernier moment (Séance 6).

Qui donne l'autorisation? C'est bien le client qui se donne l'autorisation à lui-même. Alors quelle est l'attitude du coach qui le favorise, qui en crée les conditions? Une attitude permissive bien évidemment. Attitude d'ouverture, d'accueil, de respect. Et aussi une manifestation de la part du coach d'une révolte devant le poids de la contrainte, devant l'absence de respect de l'autonomie de la personne sous injonction, devant la soumission à la norme. C'est une situation dans laquelle aucune marge de négociation ne semble ouverte. Avec cette prise de position politique, le coach ouvre la possibilité à la permission, élargit de manière décisive le champ des possibles: «on a le droit de faire et de ne pas faire, etc.». De fait le client commence à être capable de choisir.

Le double travail du coach

Ce récit met particulièrement en évidence le double travail de la part du coach, visible ici tout au long du processus de coaching: son rôle de structuration du processus lui-même sur toute sa durée, en séance et de l'une à l'autre, avec l'objectif de garantir la progression de leur travail en commun. Et parallèlement à ceci, le travail intérieur du coach qui est d'entendre ce qui n'est pas dit mais implicite dans les propos du client, en écho de ce qui se passe dans le vif d'une conversation ou de séance en séance.

Le travail de structuration, de séquencement sur la durée

Le coach crée les conditions pour la mise à jour d'un objectif de séance en séance. Donc il fait expliciter le quoi et le pourquoi. Il pousse inlassablement le client à la découverte de lui-même. Il l'incite à sortir de ses silences, à exprimer ce qui lui paraît indicible, à déplier certains éléments de sa vie admis comme des évidences, à les remettre en question.

Le travail intérieur du coach

Avant-même l'entretien préalable, dans le couloir, et lors des tout premiers échanges, déjà si emplis du problème, le coach pouvait observer ce qui résonnait en lui à la suite de leur rencontre.

Et pendant les séances quand le coach écoute dans son for intérieur ce que le client occulte : ses entraves et ses retenues dont il n'a pas même conscience, et aussi ses rêves, ses espoirs, et ses envies. Le coach entend précisément ce que le client ne dit pas. Il peut alors lui poser les questions qui tombent pile et le forcent à travailler.

Textes à réfléchir

Pensons à ce qui marche

Cette approche propose des outils spécifiques. Le plus important réside dans le nouvel état d'esprit à adopter, orienté vers les solutions et non vers les problèmes : d'abord valider le collaborateur, puis, dans un deuxième temps seulement, lui proposer d'aller un pas plus loin. On pourrait appeler cela du stretching.

Cherchez l'erreur, ou l'orientation problème

Dès notre scolarité nous avons été habitués à nous comparer à une norme et à qualifier les écarts comme problématiques : mise en évidence des erreurs et des fautes. L'accent était mis sur ce qui ne va pas. En d'autres termes nous avons appris à focaliser sur les problèmes et à les stigmatiser, avec pour corollaire la baisse de confiance en soi, la démotivation et la multiplication des erreurs.

Cette façon de voir ce qui manque donne lieu à des sanctions, voire à des licenciements. L'erreur, le comportement inadapté ou indésirable sont pointés du doigt. Et les problèmes ainsi identifiés sont analysés pour en détecter la cause : baisse de motivation, manque d'implication, difficultés relationnelles, désorganisation, etc. Le collaborateur se trouve bien souvent seul avec la charge de remédier à la situation.

Les conséquences de la recherche de dysfonctionnement et de l'orientation vers les problèmes sont lourdes. Le collaborateur peut, craignant la sanction :

- éviter de prendre des initiatives ;
- multiplier les erreurs ;
- fuir ses responsabilités ou s'en dégager sur les autres, etc.

Parfois, pour l'aider, on lui propose du coaching. Bien souvent le coaching, en France du moins, est entendu comme une réparation : « Il est incompétent, arrangez-le ». Aux États-Unis, on penserait plutôt : « Il souhaite se perfectionner, bravo ! » D'ailleurs, cette démarche est souvent offerte à ceux qui intègrent l'entreprise.

En France, certaines entreprises partagent cette façon de voir. Le coaching n'est plus vu comme une sanction mais comme une récompense : « Il est bon, qu'il soit encore meilleur ».

L'orientation vers l'excellence, ou Orientation Solutions®

Est-il si fréquent de voir un manager féliciter un collaborateur, l'encourager, souligner ce qui marche et l'accompagner vers l'excellence ?

Cette manière de pratiquer le coaching s'oriente vers la mise à jour des compétences et leur développement au moyen d'outils adaptés, pour amener le collaborateur vers l'excellence. Parfois même, en détectant les valeurs ajoutées, on s'oriente vers le management des talents, plutôt que de se focaliser sur les difficultés, les erreurs, les fautes. En d'autres termes, on s'intéresse à ce qui fonctionne plutôt qu'aux dysfonctionnements. On s'appuie sur ce qui marche, on encourage et augmente la compétence.

Le responsable va donc orienter son management différemment et devenir manager-coach : comprendre son collaborateur, identifier sa façon de fonctionner, puis s'appuyer sur les points forts pour aider le collaborateur à grandir.

Un moyen, parmi d'autres, est de proposer au collaborateur de se focaliser sur ce qui a pu fonctionner correctement dans d'autres circonstances présentant objectivement les mêmes difficultés et de lui demander de décrire en détails cette expérience positive pour la modéliser dans la situation actuelle.

Le fait de se remémorer cette exception va permettre au collaborateur coaché d'élaborer une nouvelle représentation de la réalité, de prendre conscience de ses succès, de ses qualités et ainsi de développer son estime de soi et sa confiance en soi. La démarche est simple : s'appuyer sur la réussite pour réussir.

Un autre moyen consiste à anticiper la réussite et demander, par exemple : Qu'est ce qui est différent quand le problème n'apparaît pas ? Ou que ferez-vous quand vous n'aurez plus ce problème ?

Les outils de l'Orientation Solutions®

Par exemple, pour une équipe travaillant sur un projet, lors d'une réunion dont l'objectif semble voguer au fil des interventions, le manager pourra proposer aux participants d'imaginer quels changements apparaîtraient si, instantanément, il était possible d'obtenir le résultat recherché.

Quels changements apparaîtraient :

- dans l'organisation ?
- les fonctions de chacun ?
- les missions ?

Ceci implique pour le manager d'acquérir une vision coach qui lui permettra d'accéder à un rôle d'accompagnant auprès de ses collaborateurs. Il permettra alors à ces derniers de découvrir leur potentiel, d'améliorer leurs compétences et d'augmenter leurs performances. Il les amènera vers l'auto-évaluation, l'auto-correction et l'auto-génération de solutions, et par là vers l'autonomie, et l'excellence.

ABCdaire – ambiguïté, ambivalence

Ces deux mots sont traités ici, et s'ils sont différents, ils touchent tous deux au même concept : la complexité et sa gestion.

L'ambivalence, ce serait de devoir assumer deux positions en même temps, alors que l'ambiguïté serait d'appréhender plusieurs possibilités dans une même situation.

Ambivalence : c'est se retrouver devant des propos, des situations opposés simultanément. Par exemple, je suis un être humain qui se dit libre et je suis aussi un citoyen qui a des droits et devoirs ; je suis libre de mes gestes et pensées et en même temps je suis bien obligé de venir aux réunions du lundi matin ; ou encore, le manager doit être loyal à son équipe et aussi à sa hiérarchie, sa position est ambivalente. À différencier de bivalence qui signifie l'un ou l'autre.

Ambiguïté : c'est aborder une situation qui a plusieurs sens, à propos de laquelle il est possible de faire plusieurs propositions, hypothèses, interprétations : il peut y avoir plusieurs perceptions possibles.

C'est donc l'inconnu qui me guette. Je ne peux simplifier la situation. Et nous sommes ici bien proches de la complexité, l'impossibilité de la simplifier. Nous avons seulement la possibilité de réduire cette complexité en décidant de choisir des éléments pertinents afin de pouvoir continuer à gérer, à avancer tout en sachant pertinemment que la prédictibilité, dans un système complexe, est bien réduite.

À notre avis, nulle situation n'est dénuée d'ambiguïté. Nous vivons dans un monde complexe, avec des relations intriquées et nous devons l'aborder comme tel. Il n'y a pas de solution tranchée au départ, ni de situation simple ou simplifiable. Et si le client nous raconte une histoire simple, dénuée de complexité, notre démarche voudra que nous l'aidions à re-complexifier cette situation, à repeupler le système qu'il évoque.

Exemple : un DG se plaint de ses relations avec son PDG. Nous pouvons tenter de traiter la relation conflictuelle entre les deux. Pour quel effet ? Pour combien de temps ? Ceci nous semble relever de la méthode de simplification.

Nous pouvons aussi proposer au client de nous décrire le système avec des acteurs : il y en a en fait certainement plus de deux.

Quand le système est repeuplé, voyons les circonstances. Quand la situation est re-complexifiée et à nouveau teintée d'ambiguïté, nous pouvons alors investiguer et explorer les relations, les effets, les valeurs partagées. Envisager d'explorer, d'investiguer avec le client son vécu, sa perception, sa vision de la situation, le faire parler du contexte dans lequel cela se passe, et des actions qui s'y manifestent.

La situation, la difficulté, le problème re-complexifié, rendu à nouveau ambigu, permet au client d'appréhender un paysage ample, de raconter richement, ouvrant de ce fait à de multiples options. Il sera alors possible de l'accompagner à avancer dans l'une des trois voies qui s'offre à lui :

- changer sa perception de la situation ;
- changer des éléments du contexte ;
- ou changer les actions possibles.

Chapitre 6

Redevenir l'auteur de son histoire

L'histoire dont nous avons l'habitude de faire le récit à propos de nous-même est-elle celle qui nous convient le mieux, nous porte, nous épanouit ? Lorsque le client re-tisse ensemble des épisodes de vie, jusqu'alors laissés de côté, et qui soutiennent son projet professionnel, il peut mettre en œuvre sa vocation.

Le Bateau Ivre

Arthur Rimbaud

(...)
Et dès lors, je me suis baigné dans le Poème
De la Mer, infusé d'astres, et lactescent,
Dévorant les azurs verts ; où, flottaison blême
Et ravie, un noyé pensif parfois descend ;
(...)
Je sais les cieux crevant en éclairs, et les trombes
Et les ressacs et les courants : je sais le soir,
L'Aube exaltée ainsi qu'un peuple de colombes
Et j'ai vu quelquefois ce que l'homme a cru voir !
(...)
J'ai rêvé la nuit verte aux neiges éblouies,
Baiser montant aux yeux des mers avec lenteurs,
La circulation des sèves inouïes,
Et l'éveil jaune et bleu des phosphores chanteurs !

(Poésies)

Lorsqu'elle est vraiment vivante,
la mémoire ne contemple pas l'histoire, mais elle incite à la faire.

Eduardo Galeano.

Le récit

L'histoire : à la découverte de sa vocation

Muriel est une femme de petite taille, plutôt menue, d'une vivacité saisissante. Elle est *webmaster* indépendante et mène sa barque tant bien que mal sur le plan professionnel. Pourtant ce jour-là, elle dit au coach qu'elle se trouve désemparée, elle ajoute que, chez elle, c'est plutôt inhabituel. Son regard est embué et ses gestes un peu saccadés. De sa main gauche Muriel enroule nerveusement autour de ses doigts une boucle de ses cheveux presque bleus tant ils sont noirs et brillants. Elle en enroule une autre, puis une autre encore :

— Je n'ai que 34 ans et je me sens embourbée sur tous les plans : personnel, professionnel, familial. Il faut le faire !

Muriel se dit aux prises avec les difficultés de la vie, depuis trois ans, précisément depuis la disparition de son père. Elle vient de se séparer de son mari. Pour elle qui s'était mariée à l'âge de 16 ans avec un garçon qu'elle connaissait depuis l'école, cela marque vraiment la fin d'une époque :

— En ce moment survient quelque chose dont je ne pensais pas que cela puisse m'arriver, je stagne. Moi qui n'aime rien autant qu'aller de l'avant, je ne me reconnais plus. Je fais le hamster qui pédale dans sa cage et mange toute la journée. J'ai l'impression de faire du sur place. Mais ça, ce n'est pas moi.

Et puis il y a la famille et sa pression tacite, quelquefois envahissante. Ses frères et sœurs gagnent beaucoup d'argent et se moquent d'elle qui n'en gagne pas autant. Quant à sa mère, elle ne cesse de lui demander des services. Personne ne prend le temps de l'écouter, de s'occuper d'elle, ils ont à faire ailleurs. Il arrive qu'elle trouve cela pesant :

— Ce n'est pas parce que je travaille chez moi que je ne suis pas soumise à toutes les contraintes de la vie active. Mon entreprise de création de site sur Internet est tout de même mon gagne-pain et requiert réactivité et créativité.

D'ailleurs, pour entretenir sa forme, Muriel a toujours pratiqué la marche sportive. Et, comme tout le reste, elle le fait avec passion et pratique à haut niveau, c'est sa manière à elle de se tenir droite. L'entreprenante Muriel est active, vive, créative. Alors que se passe-t-il ?

— Il faut que je réagisse. Je ne peux pas en rester là. Je me sens la volonté d'entreprendre encore. Dans un champ nouveau peut-être ?

Et là son regard s'anime. Elle n'a pas dit son dernier mot.

Ce qui est sûr en effet, c'est que c'est une « inventive », comme aimait à dire son père. Elle a déjà écrit un roman. Elle a aussi inventé un dispositif pour la diffusion de parfums dans les maisons et les lieux publics, dont elle a déposé le brevet. Le brevet de ce procédé extrêmement astucieux lui a été racheté par un industriel. Hélas, son peu de talent de négociatrice n'a pas su la prémunir contre les manœuvres d'hommes d'affaires malins, et elle n'en a quasiment pas tiré profit. Elle y pense à chaque fois qu'elle sent les odeurs de croissant chaud le matin dans certaines stations de métro.

Née au sein d'une famille de la bourgeoisie moyenne, elle a fait tout comme ses frères et sœurs ce qu'il est convenu d'appeler de bonnes études. Leur père, fonctionnaire, était le type même de l'homme dévoué à son pays. Les autres ont le sens des affaires et elle, la dernière, est vive, fantaisiste et déborde d'idées. Lors des premières séances de coaching, tout est venu en vrac. Et puis soudain, lors de la troisième conversation, elle arrive bouleversée. Elle raconte comment elle a vécu une expérience hors du commun le dimanche précédent lors d'une promenade :

— J'ai joué, vraiment joué, avec un papillon qui venait se poser sur ma main, s'envolait, revenait vers moi.

De retour chez elle, dans un élan de création, elle a peint ce papillon posé sur sa main :

— Et maintenant je sais ce que je veux. J'ai trouvé ma place.

Le coach intervient à ce moment-là :

— Et quelle est votre place ?

— Peindre, peindre pour de vrai, m'exprimer par la peinture. Je sens que c'est ma voie. Je découvre que c'est ma voie.

Le coach pense alors que retracer l'histoire de sa vocation artistique pourrait l'aider à retrouver son élan, à se remettre à aller de l'avant. Il est intrigué et se demande si son goût pour l'art remonte à loin. Si cette envie irrépressible de peindre après avoir joué avec un papillon pouvait faire penser à une vocation :

— Cela fait longtemps que vous peignez ?

— Oh oui ! À l'école dans mes cahiers, je dessinais toujours dans la marge, j'illustrais tout. J'avais, comme disait ma mère, une grande exubérance picturale.

Le coach, curieux, interroge :

— Aujourd'hui, à la réflexion, qu'est-ce que cela dénotait déjà de vous ?

— Que j'avais déjà beaucoup de créativité, beaucoup d'énergie et de liberté.

— Selon vous, qu'est-ce qui a bien pu vous préparer à cette exubérance picturale, à laisser libre cours à votre créativité avec tant d'énergie ?

— Quand j'avais six ans, mes parents m'ont offert une boîte de crayons de couleur, une grande boîte, c'était un rêve, toutes ces couleurs, quelle joie ! C'était comme la découverte d'un trésor.

— Quel est ce trésor que vous avez découvert alors ?

— J'avais une facilité à tout représenter par des couleurs et à mettre en image ce qu'il advenait dans ma vie. Dessiner le monde avec ses couleurs était mon passe-temps. D'ailleurs ma mère trouvait qu'il y avait beaucoup d'émotion dans mes productions. « Qu'allons-nous faire de toi ? » disait-elle souvent.

— Et vous qu'en pensez-vous maintenant ?

— Oui, c'est vrai, ce sont mes émotions que je peins.

Son visage rayonne de joie. Elle semble tout à la fois heureuse et calme, comme quelqu'un qui se sentirait vraiment à sa place.

Le coach continue de consolider l'intrigue :

— Pouvez-vous me raconter une histoire qui me permettrait de mieux comprendre votre attirance pour la peinture et le dessin ?

Sans hésiter Muriel se lance dans son récit, les yeux pétillants, sourire aux lèvres. L'histoire commence ainsi :

— Quand j'étais au collège et que je voyais les autres avec leur attirail de dessin, je me disais que j'aimerais appartenir...

Ses yeux sont tout brillants. Le coach fait poursuivre :

— Appartenir à quoi ? à qui ?

Elle sourit, et reste quelques instants en silence, puis :

— À... aux artistes !

Y avait-il quelqu'un qui approuvait votre goût, avec qui vous pouviez exprimer votre rêve, quelqu'un qui vous encourageait ?

Et spontanément, Murielle parle alors de son père. Son père l'approuvait dans tout ce qu'elle entreprenait. Leur complicité était profonde et son regard bienveillant l'accompagnait partout. Aujourd'hui encore, elle sent sa présence favorable.

Elle se souvient de détails auxquels elle n'avait pas pensé depuis si longtemps. Son père écrivait lui-même des poèmes, il était artiste :

— Je ne l'avais pas oublié, bien sûr, mais cela s'était mis en retrait dans ma mémoire. Un silence. Il me disait souvent que j'avais de la finesse, de la sensibilité.

D'ailleurs, lors de sa publication, il avait beaucoup aimé son livre et lui en avait fait compliment comme aucun autre. Il la comprenait vraiment :

— J'avais une grande complicité littéraire et artistique avec lui, oui, c'est bien çà, une complicité.

Le coach veut qu'elle continue à se souvenir, à développer en rappelant à la conscience d'autres personnes de soutien.

— Qui d'autre savait que vous aviez de la finesse et de la sensibilité ?

Apparaît alors une autre personne qui s'était aperçue qu'elle avait de la sensibilité. C'était Madame Stelle, sa prof de français, avec qui elle avait eu la chance incroyable de travailler pendant près de quatre ans :

— Comment diriez-vous que Madame Stelle a contribué à votre vie ?

— Elle m'a fait confiance.

— À votre avis, qu'est-ce qu'elle appréciait tant chez vous ?

— Elle reste un instant pensive, puis se tourne vers le coach, étonnée :

— Mon talent. Madame Stelle me parlait de mon talent.

— Et vous, qu'est-ce que vous lui avez apporté à Madame Stelle ?

— Je lui ai permis de se sentir utile, d'avoir de la fierté, parce que ses élèves n'étaient pas tous enclins à apprécier sa grande sensibilité.

Muriel poursuit la description de leur relation. Nombre de petits détails oubliés resurgissent à dessein pour étayer l'histoire de ces personnes avec lesquelles s'était épanouie une belle complicité.

— Si Madame Stelle avait pu se voir avec les yeux que vous aviez pour elle, qu'aurait-elle pu dire d'elle-même ?

— Elle aurait dit : « Je suis quelqu'un de bien ».

Le coach formule une ligne éditoriale, reprenant tous les points qui soutiennent cette histoire de vocation artistique et demande d'en mettre à jour le thème :

— Si toute notre conversation était un roman, une histoire en plusieurs chapitres, quel titre lui donneriez-vous ?

Sans hésitation :

— Je l'appellerais « À la découverte de soi ».

Notre récit s'en tiendra là. Il est utile de préciser quels ont été pour Muriel les résultats de ce coaching et ses suites : elle a fermé son entreprise sur internet, a ouvert une boutique de loisirs créatifs, elle a affirmé sa vocation de peintre ; elle a renoué le dialogue avec sa famille et elle s'est remariée.

Le point de vue du coach

Ce qui a touché le coach ici, c'est la question de la production de l'identité. Dans ce récit, on expérimente en effet une manière bien spécifique de produire l'identité. Il s'agit de l'identité narrative, celle qui émerge d'un récit. L'identité s'enracine dans une histoire nouvelle que construit l'auteure à partir de ses souvenirs et de ses émotions, une histoire que sa mémoire n'avait pas encore créée. Cette production d'identité se démarque d'une conception traditionnelle de l'identité qui serait élaborée sous la pression sociale. On parle ici de « production » de l'identité par la cliente, comme un acteur se produit sur scène, car cette identité n'existe pas tant qu'elle n'a pas été exprimée. Elle est bien réelle, certes, mais encore virtuelle, pas encore actualisée par un acte de parole qui l'inscrit dans le monde. Elle se révèlera, s'avèrera, s'amplifiera sous la conduite de l'entretien.

Parce qu'il y a production et non pas construction, l'identité est vue comme mobile. Elle est conçue comme un processus, toujours en mouvement dans le temps. Alors que dans la métaphore de la construction, l'identité est vue comme statique, aboutie, elle est un produit fini.

De plus, l'idée de production s'inscrit dans une métaphore artistique, celle de l'œuvre produite, tandis que l'idée de construction s'inscrirait davantage dans une métaphore architecturale. Dans les deux cas cependant on fait référence à une édification solide. L'identité produite a cette caractéristique, du fait de sa mobilité, de s'affirmer comme un phénomène en développement ; on peut donc concevoir qu'il existe une identité choisie qui désignerait une autobiographie écrite au su de la personne. L'identité construite, en revanche, pourrait être vue comme le résultat d'une autobiographie écrite à l'insu de la personne.

Dans une œuvre littéraire, qu'elle soit de fiction (roman) ou soi-disant histoire vraie (biographie), l'écrivain livre des péripéties de la vie du héros et c'est à partir de celles-ci que le lecteur se forge une représentation du personnage. Au cours du récit ci-dessus, le coach fait faire ce même travail à la cliente en un développement autobiographique nouveau. Il lui fait énoncer, fabriquer, façonner une identité émergente. Et, comme cette création s'accompagne de joie, on peut faire l'hypothèse qu'elle est préférée. Le coach, qui fait une confiance absolue à ce que dit la cliente, s'en saisit alors et entraîne cette dernière à tirer à voix haute des conclusions identitaires. Il lui fait faire le travail dévolu aux lecteurs d'une œuvre, qui le font généralement à voix basse de manière tout à fait inconsciente.

On peut dire de l'identité narrative qu'elle instaure le récit que la personne se fait à propos d'elle-même, ou que les autres font d'elle, comme source d'identité, un récit à l'égard duquel le coach joue un rôle de médiateur.

Repères et questions

Cette séance est emblématique de la posture médiatrice du coach. En développant les attitudes tenues et le processus conduit, explicitons le caractère vraiment collaboratif de ce travail.

Zéro interprétation

L'attitude du coach va délibérément à l'encontre d'une posture communément admise dans les métiers de l'accompagnement, celle du sachant qui fait la proposition de sens.

Au contraire, il s'agit ici d'y substituer la quête de sens menée à l'initiative du client, car le seul détenteur possible du sens à donner à un vécu est celui qui l'a vécu, le client, donc. Ce postulat permet au coach de déposer le fardeau de l'interprétation comme forme d'assistance. Sa forme d'assistance est d'une autre essence, il lui incombe d'aider le client à produire le sens.

Le coach demande : « Qu'est-ce que cela dénotait de vous ? Quel est ce trésor que vous avez découvert ? Et vous qu'en pensez-vous ? Si toute notre conversation était un roman, une histoire en plusieurs chapitres, quel titre lui donneriez-vous ? »

Une posture de curiosité

Le coach va remplacer l'interprétation par la curiosité. Pour définir une posture de curiosité, on pourrait dire que cela consiste en la recherche de questions qui aident le client à penser. Le coach pratique l'enquête, l'investigation, en ne posant que des questions dont, honnêtement, il ignore la réponse.

Le coach demande : « Et quelle est votre place ? Cela fait longtemps que vous peignez ? Y a-t-il quelqu'un qui approuvait votre goût, vous encourageait ? Qui d'autre savait que vous aviez de la finesse et de la sensibilité ? »

Ainsi les questions sont ouvertes, elles ont pour seule utilité de faire en sorte que la personne produise une histoire d'elle-même qui n'avait pas encore de forme, des questions stimulantes d'ouverture, des questions encourageantes de soutien.

Le processus de production d'identité

Le coach a en tête l'atteinte de l'objectif et, pour ce faire, ne s'intéresse qu'au talent. Il ne reprend ni la plainte (stagnation), ni ce qui, selon ses dires, fait défaut à la cliente (le sens des affaires), ni ce qui pourrait susciter des peurs ou soulever des difficultés. À chaque ajout d'un épisode, il permet à la cliente de donner de l'ampleur à son récit. Il lui permet de mettre en évidence que son talent ne date pas d'aujourd'hui. C'est une vieille histoire qui s'enracine dans l'enfance, même si la découverte n'en a lieu qu'aujourd'hui. Chaque fois qu'un élément identitaire est donné par quelqu'un d'autre, le coach propose à la cliente de prendre position à ce propos afin de se l'approprier, ou de distinguer une position différente qui serait la sienne propre.

Il s'agit d'étoffer le récit par l'introduction de protagonistes qui viendront en soutien à l'identité en formation parce que l'identité produite a besoin d'être socialement renforcée.

Enfin toute séance de coaching met en œuvre un temps de clôture. Ici, rassembler permet à la cliente de se savoir cohérente dans une nouvelle histoire qui, pour elle, a un sens et qu'elle va préférer à d'autres, parce que c'est vraiment la sienne. Elle en est l'auteure et elle en est, bien évidemment, l'actrice principale, et qui sait l'héroïne ?

Éléments de méthode

Cette séance de coaching a été conduite dans la perspective de la théorie littéraire et structurée par des pratiques narratives.

L'intrigue, révélatrice de sens

Une histoire est constituée d'événements reliés dans un ordre choisi, qui forment des séquences articulées en intrigue, installés dans le temps. D'une histoire se dégage un thème, souvent repris dans son titre.

Sans événement, pas d'histoire. S'il n'y avait pas de liens en séquence, il n'y aurait pas non plus une histoire, mais une simple juxtaposition d'expériences sans cohérence, voire chaotiques. S'il n'y avait pas d'inscription temporelle, il n'y aurait pas davantage d'histoire, puisqu'il n'y aurait pas d'historique : pas de début, pas de fin, pas de progression, de continuité. Et s'il n'y avait pas d'intrigue, il n'y aurait aucun sujet ni aucun sens à l'histoire, aucun thème ne pourrait se dégager et il n'y aurait donc pas d'histoire non plus. Pour qu'histoire il y ait, il faut que ces quatre éléments coexistent : des péripéties et du sens, une articulation en cohérence et une structuration dans le temps.

La mise à jour de cette structuration donne autant de points de repères. Le travail du coach a été d'aider la cliente à mettre à jour les péripéties vécues et le sens qu'elles ont pour elle. Pour créer la cohérence d'une mise en séquence, il a suscité des associations d'idées. Pour donner à la cliente le sens de la continuité, de l'historique, il interroge présent, passé et avenir. Il termine en demandant un titre, jailli du thème prépondérant. Chacune des questions posées par le coach est donc tournée soit vers un paysage de l'action, soit vers un paysage du sens, et contient une orientation temporelle délibérée, gardant en ligne de mire la cohérence du récit. Le rôle du coach est en quelque sorte ici de faciliter la mise en intrigue par un travail très technique. Un travail d'éditeur, en quelque sorte.

Ainsi, au début de la séance de coaching, Muriel n'avait pas encore vécu l'histoire de sa vocation d'artiste, tout en en ayant déjà vécu nombre d'événements dans sa vie. Dès qu'elle annonce avoir trouvé sa place et situe celle-ci dans la peinture, le coach pose une question-action orientée vers le passé «Cela fait longtemps que vous peignez ?» La réponse obtenue, il pose une question-sens amenant à réfléchir aujourd'hui sur le passé «Aujourd'hui, à la réflexion, qu'est-ce que cela dénotait déjà de vous ?»

Puis à partir du sens obtenu, il pose une nouvelle question-action orientée vers un passé plus ancien «Selon vous, qu'est-ce qui a bien pu vous préparer à... ?» Et une nouvelle question-sens «Quel est ce trésor que vous avez découvert alors ?» Etc.

Puis, le coach oriente vers d'autres éléments importants de toute narration : les personnages. «Y a-t-il quelqu'un qui approuvait votre goût, vous encourageait ?».

Les personnages, miroirs du héros

Dans les histoires à forte narrativité, de Chrétien de Troyes à Balzac ou Anna Gavalda, les personnages sont les protagonistes de l'action et c'est par son interaction avec eux que le personnage principal produit son identité. Jérôme Bruner propose d'approcher l'identité sous trois dimensions distinctes et concomitantes, prenant en compte les personnes influentes proches, le moment où se situe l'action et l'environnement culturel dans lequel les événements prennent place. Un bon personnage est aussi celui dont la contribution à la vie du héros est forte et au sujet duquel on peut faire l'hypothèse de la réciprocité : il a compté pour moi, j'ai compté pour lui. En coaching, on introduira donc dans le récit des personnages dans le but de soutenir une identité préférée et on explicitera la réciprocité :

Identification des personnages :

- Y a-t-il quelqu'un qui approuvait ? (Introduction d'un premier personnage) Qui d'autre savait que ? (Introduction d'un deuxième personnage)

Recherche de la contribution :

- Comment diriez-vous que Madame Stelle a contribué à votre vie ?

Mise à jour des valeurs, de l'identité du héros :

- À votre avis qu'est-ce qu'elle appréciait tant chez vous ?

Établissement de la réciprocité :

- Et vous, qu'avez-vous apporté à Madame Stelle ?

Amplification de l'identité du protagoniste :

- Et si Madame Stelle avait pu se voir avec les yeux que vous aviez pour elle, qu'aurait-elle pu dire d'elle-même ?

L'identité produite par une mise en intrigue de l'histoire est soutenue par les personnages. Elle est une production sociale qui se fait la plupart du temps à l'insu de l'intéressé. Dans les situations de coaching c'est ce levier que l'on actionne. On cherche à mettre en œuvre délibérément une production identitaire sociale.

Textes à réfléchir

Questions de curiosité

Nous inventons des forces qui touchent les extrémités, presque jamais le cœur.

René Char

Les praticiens en relation d'aide (thérapeutes, *counselors*, coaches, etc.) ont l'habitude de poser des questions. Bien sûr, ce n'est pas leur seule façon d'intervenir ou de pratiquer leur métier, néanmoins le questionnement occupe une place prépondérante dans le métier. Et c'est dans la pratique du questionnement que les impasses sont possibles. En effet, il existe deux orientations de questions possibles : tournées vers le praticien ou tournées vers le client.

Les questions orientées vers le praticien, en position centrée

Le praticien peut orienter ses questions vers lui-même (et son client vers une impasse) avec la meilleure intention du monde.

S'il pose des questions orientées vers lui-même, cela signifie que sa curiosité est également tournée vers lui-même. Souvent ce seront des questions ayant trait au contenu, au sens, qui permettront au praticien de trouver du sens à ce qu'il entend.

Pourquoi cette curiosité tournée vers soi ? Peut-être parce que le praticien, inquiet de ne pas comprendre la problématique du client, tente par des questions d'approfondissement d'adoucir sa propre inquiétude.

Essayer de comprendre révèle un désir d'aider très humain, peut-être inspiré de la croyance que comprendre c'est résoudre, et de l'idée qu'une deuxième intelligence peut venir prendre le relais de la première là où elle bute. Et pourtant nous savons tous qu'il n'y a aucune cause à effet entre la compréhension que le praticien pourrait faire du sens immédiat de ce qu'exprime le client et la réussite de ce dernier en séance. Il se pourrait même que, lorsque le praticien se rassure par une réponse – bien souvent convenue d'ailleurs – il risque d'augmenter l'inquiétude de son client.

Que le praticien ait des trous dans la tapisserie qu'il tisse avec le client, c'est de peu d'importance puisque sa zone d'influence se situe à un niveau autre que celui de la compréhension immédiate. Ce qui importe, c'est que ce soit le client qui remplisse les vides et les blancs. Le praticien est en interaction pour permettre au client de se transporter d'un espace saturé par le problème, vers un espace où il lui sera possible de savoir, de comprendre, de faire du sens.

Quand le praticien se met en quête du sens, il entre dans une démarche tournée vers lui, il remplit les vides et les blancs, certes, mais pour son propre compte, ce qui n'avance guère le client. Un avantage pour le praticien, nous l'avons vu, est de se rassurer. Un autre est d'asseoir sa place dans la relation, une place de pouvoir, le pouvoir de l'intelligence des choses, le pouvoir du sachant. La question Pourquoi ? est souvent de cette nature. Sauf lorsqu'elle vise à mettre à jour les intentions du client, lui permettre de verbaliser ce qui est important pour lui. Par exemple :

- Je souhaite réussir cette mission.
- Pourquoi dites-vous cela ?
- Parce que je me suis investi, parce que cette mission va permettre à toute l'équipe de [...] et que j'aime aller au bout de ce que je commence.

Les questions de contenu orientées vers le praticien mènent très souvent à une impasse. Une impasse est une voie sans issue, une voie dont le bout bute toujours sur le même mur. Tout client, avant de venir nous voir, a souvent investigué son problème dans tous les sens, a discuté celui-ci avec différentes personnes, s'est posé ou s'est fait poser de nombreuses questions, a élaboré beaucoup de réponses. Il y a de fortes chances pour qu'il ait déjà répondu aux questions du Pourquoi ? posées par des personnes orientées vers elles-mêmes, c'est-à-dire orientées vers la compréhension immédiate. Et il aura répondu. Les mêmes réponses données à de mêmes questions, nous les appellerons des réponses convenues. Et ces mêmes questions, si le praticien les pose, alors qu'elles ont déjà été très souvent posées, recevront les mêmes réponses qui ont déjà été faites. Nous dirons que ce genre de questions ne fait pas avancer la problématique du client, et font parfois même pire, elles peuvent impatienter, voire agacer et consolider le mur au fond de l'impasse.

Les questions orientées vers le praticien soutiennent le problème. Les questions orientées vers le client vont au contraire aider à le dissoudre.

Les questions orientées vers le client, en position décentrée

Très souvent, les questions auront pour objectif de permettre au client de verbaliser à voix haute, pour lui, une idée, une histoire, une option, une réflexion. La quête d'un autre sens est pour lui, pour lui permettre d'étoffer une représentation de la réalité qui va dans le sens de ses souhaits, de ses envies. Alors, nous imaginons qu'elles pourraient être de deux sortes :

1/ Les questions interpellantes, curieuses, inattendues, bousculantes, improbables, sidérantes

En tant que praticiens, notre intention est de poser des questions qui transporteront le client dans un espace improbable, un espace interpellant, un espace auquel il n'a pas pensé. Un endroit bien peu visité, un lieu que le problème n'a pas investi. Un lieu où le problème n'est pas présent. Un lieu improbable, voire « impossible », comme dirait Jacques Derrida, c'est-à-dire étranger à l'ordre des possibles, et non pas un espace inaccessible que l'on ne pourrait alors que renvoyer à plus tard. C'est cela *la déconstruction de l'impossible.*

Ce sont donc des questions de curiosité tournées vers le client. Des questions qui ont pour objectif de lui proposer de se transporter dans un espace de réflexion qu'il n'aurait jamais investigué sans cela. Ce sont des questions qui aident le client à révéler l'implicite, à inverser son point de vue.

2/ Les questions du réel

À nouveau, nous imaginons qu'elles pourraient être de deux sortes :

- Les questions qui prennent en compte les manifestations, les événements qui se passent, se déroulent pendant la séance, dans l'ici et le maintenant. Ce que l'on pourrait résumer trop rapidement par l'expression : questions de processus.
- Et les questions pour aider le client à quitter l'explicatif, voire le justificatif, pour entrer dans le descriptif. Ces questions-là lui permettront de se rapprocher au plus près de son expérience, de son vécu, de la complexité et de l'ambigüité inhérentes au réel.

Dans tous les cas, la finalité des questions orientées vers le client est la même : faire apparaître l'absent mais implicite. Force nous est de constater que la compréhension du sens premier du discours du client par le praticien est bien secondaire. Aucune démonstration n'a pu nous convaincre de la réussite d'un client qui serait due à la compréhension du contenu par le praticien. Celui-ci va avec le client vers la réussite, et le chemin n'en est pas la compréhension, mais la réorganisation de sens que le client effectue lui-même.

ABCdaire – Aristote

A-t-on jamais vu que les trois principes fondateurs : identité, non-contradiction et tiers exclu, soient d'une quelconque utilité dans une relation dite d'aide, comme le coaching ? Sauf dans une manœuvre maïeutique.

Ainsi, au moins en ce qui concerne les êtres complexes :

Identité

Rien n'est identique à soi-même. Tous les existants sont inscrits dans le temps, donc dans un processus. L'identité est distribuée, mobile et « peut inclure le changement, la mutabilité, dans la cohésion d'une vie » comme l'écrit Paul Ricœur en définissant l'ipséité.

Non-contradiction

C'est par illusion que A paraît différent de non-A. Il suffit de prendre conscience du point d'où l'on observe pour s'en apercevoir. Quelle est l'échelle ? Qui regarde ? A est inclus dans non-A, la violence est incluse dans la non-violence, l'intolérance dans la tolérance et l'accroissement des risques psychosociaux dans la prévention des RPS, par exemple.

Tiers exclu

Rien n'est soit l'un, soit l'autre et jamais les deux à la fois. Est-il besoin de développer ? La logique bivalente, qui a remplacé dans notre partie du monde la logique monovalente animiste, à partir d'Aristote, est à son tour enrichie par l'orientation multivalente dans une pensée de la complexité qui pratique l'inclusion. « Oui, je suis flemmard », disait un client, « et je suis très travailleur aussi ».

Les réductions méthodologiques sont utiles pour fabriquer des modèles, néfastes quand elles deviennent des modalités de l'expérience, comme des vérités.

Chapitre 7

Retrouver sa valeur

Au cours de cette première séance, annonciatrice du processus entier, se manifeste ce que le client poursuit et qui demeure caché, la valeur silencieuse dont la présence ne se devine qu'en creux, dans l'absence. Dans l'identification de cet «absent mais implicite», commence pour le client une reconstruction de son identité professionnelle.

Lombes

René Char

(...)

O la nouveauté du souffle de celui qui voit une étincelle solitaire pénétrer dans la rainure du jour !

Il faut réapprendre à frapper le silex à l'aube,

s'opposer au flot des mots.

Seuls les mots, les mots aimants, matériels, vengeurs, redevenus silex,

leur vibration clouée aux volets des maisons.

(...)

(Aromates chasseurs)

Celui qui veut atteindre la Lune et dont les efforts le font se retrouver au sommet d'un arbre doit se résoudre à remettre pied à terre avant de recourir à une technique plus efficace.

Jean-Pierre Dupuy

Le récit

L'histoire : descendre sur terre

Paul a décidé de suivre un coaching parce qu'il pense qu'il manque de valeur personnelle et qu'il se sent inhibé dans ce qu'il entreprend. Il commence sa première séance ainsi :

— Je suis très timide, maladivement comme on dit. Je suis ainsi depuis mon enfance, au point de ne pas pouvoir entrer en contact avec les autres.

Il ne sait pas comment il en est arrivé là. Il dit avoir toujours ressenti un manque de confiance en lui. Cela l'amène à ne pas prendre de risque, à se demander ce que les autres peuvent bien penser de certaines de ses attitudes réservées, quelle image ils ont de lui. Il en souffre vraiment. Il ressent alors une sensation de vide, l'impression de se bloquer d'un coup. Il s'est toujours senti la proie d'une peur, la peur de ne pas faire suffisamment bien, de ne pas être à la hauteur :

— Je crois qu'il me faut absolument comprendre, il faut que je sache au moins pourquoi, sinon je ne pourrai jamais la dépasser, cette peur.

Le coach le questionne :

— Dans quelles circonstances, à quelles occasions cela se manifeste-t-il le plus ? Ou plus particulièrement ?

Paul lève les bras en signe d'impuissance car cela se passe aussi bien dans son travail que dans sa vie privée. Il a le sentiment que cela le poursuit sans cesse :

— C'est là, tout le temps. Il n'y a pas un moment de répit, comme quelque chose qui ne me lâche jamais, qui me poursuit sans relâche, comme une obsession.

Le coach lui demande de lui parler plus en détail de situations particulières qu'il vit, de ce qui lui arrive et le fait souffrir. Paul lui raconte alors un événement récent de sa vie privée.

Il se trouvait avec des amis et des connaissances dans un endroit agréable qu'il ne connaissait pas bien, lors d'une soirée. Et voilà qu'il s'est senti tout d'un coup figé face à l'un des invités qui se trouvait là, peut-être parce qu'on lui avait dit que ce type avait réussi à signer un contrat formidable pour sa boîte et qu'il avait soudain l'impression, lui, de ne pas être à la hauteur. Souvent, quand il n'arrive pas à sortir un mot, Paul s'enferme.

Étonnamment, ce début de séance de coaching lui a délié la langue. Le voici qui donne au coach quelques détails sur sa dernière expérience. Il y a trois semaines, quelqu'un lui a posé des questions de l'ordre de la méthode, du conceptuel, des demandes dans ses cordes. Alors qu'il connaissait bien le sujet, il s'est bloqué et n'a pas pu répondre. Il est incapable de s'appuyer sur une quelconque action concrète ni sur l'avis des autres.

— Qu'avez-vous eu l'impression de vivre alors ? S'enquiert le coach.

— Je me suis senti bête, oui, c'est ça, bête, idiot, dénué d'intelligence, sans aucun attrait, incapable d'une répartie, vous savez, un de ces mots un peu légers qui vous attirent tout de suite la sympathie de quelques-uns, vous mettent à l'aise parce qu'on se sent écouté, apprécié. Et je ne savais pas non plus quoi faire. Pire, j'ai eu envie de partir en courant, de disparaître.

Ses gestes sont tendus, sa voix s'altère, il ponctue ses propos de signes de la tête. Le coach poursuit :

— Partir en courant, disparaître. Quelles autres options, quelle autre alternative que d'avoir une répartie avec un mot léger ou de disparaître ?

— J'ai un petit espoir pourtant. Il arrive, certains jours, que je puisse aisément entrer en dialogue avec l'un ou l'autre, que les mots me viennent facilement. À ce moment-là, je fais ce qu'il faut, je sais quoi dire et la conversation s'anime avec les autres, je me sens comme eux.

— Et dans la vie professionnelle ? demande le coach.

— Il m'arrive à peu près la même chose. Enfin, il y a une petite différence, c'est que dans le champ professionnel, je sais ce que j'ai à faire, alors c'est plus facile. Mais quand même, j'ai toujours besoin d'être rassuré, j'ai besoin de reconnaissance.

Le coach lui demande de faire le récit d'autres exemples d'expériences qui ne se sont pas passées comme il le voulait. Il évoque alors un autre événement de sa vie privée. Il a décidé avec un ami qui le connaît et l'apprécie de se lancer dans un projet dans lequel il pourrait avoir toute sa place :

— Pourtant avec lui je pourrais être en confiance. Eh bien, c'est terrible, je me sens maladroit, lourd, un boulet.

Le coach le laisse ainsi énumérer des exemples dans lesquels il ressent cet impact négatif, conter combien cette difficulté le dérange, pèse sur sa vie :

— Je voudrais comprendre, je crois que j'ai besoin de comprendre, insiste-t-il.

Le coach saisit alors sa formule :

— Et si vous comprenez, que vous arrivera-t-il ?

— Peut-être saurai-je quoi faire. D'ailleurs, quand cela m'arrive et que je suis fatigué, je comprends.

— Et quand cela ne se passe pas, que se passe-t-il alors ?

— Oh, je passe au-dessus. D'ailleurs cela m'arrive parfois, je quitte la relation fâcheuse et je vais parler ailleurs, avec d'autres.

— Mais dites-moi, si vous parveniez à accumuler suffisamment de détails sur ce qui vous arrive, cela vaudrait-il autant que de comprendre le pourquoi ?

— Je ne sais pas, s'exclame-t-il, interpellé.

Le coach estime qu'il n'est pas temps d'aller plus avant. Il reconnaît toute la difficulté de la tâche de son client, rend hommage à son courage, à sa ténacité. Puis, il cherche à mettre à jour un contraste, à se positionner en face du « boulet » évoqué à propos de l'expérience avec son ami. Il lui pose une question à propos de l'alternative qu'il a lui-même évoquée :

— Quelle est votre idée de la légèreté ?

Paul se met alors à raconter au coach toutes les fois où il échange avec plaisir et facilité, ces jours où les mots lui viennent d'eux-mêmes, comme si, après avoir sommeillé en lui, ils se réveillaient, brillants, rapides, légers :

— Je me sens comme une plume, et je voudrais que cela soit toujours comme ça !

L'accompagnant ainsi dans son récit d'histoires agréables, le coach l'aide à mettre à jour des compétences :

— À quelles compétences faites-vous appel dans des moments comme ça ?

— Je suis capable de mener une action jusqu'à son terme.

— Quelles sont les conditions, les critères de réussite ?

— Ce sont les autres qui, d'eux-mêmes, confirment cette réussite.

Ceci fait, le coach retourne au contexte professionnel :

— Et qu'en est-il alors dans le champ professionnel ?

— Oh, dans le travail, c'est difficile car, dans notre culture professionnelle, il y a peu de bons managers, vous savez. Ceux qui savent féliciter, ceux qui sont capables de reconnaissance sont rares. Alors tant pis, c'est comme ça.

Le coach lui demande de lui citer des exemples de situations professionnelles qui lui posent difficulté et de préciser les compétences à mettre en œuvre dans son travail :

— Quelles sont les compétences qui vous permettraient, dans l'action professionnelle, de résister au boulet et de développer ce sentiment de légèreté, porteur de plaisir et de facilité ?

— Ce qui me convient c'est de me mettre dans l'action, piloter un projet concret, avec des enjeux bien identifiés. J'aime que ma marge de manœuvre soit claire, et qu'à la fin, on me dise que j'ai réussi. Alors je ressentirai de la légèreté en mon for intérieur et je pourrai aborder les enjeux suivants, sûr de moi et sûr de mes compétences. J'ai du sang-froid, de la pertinence et le goût de l'action pour communiquer mon enthousiasme et créer les conditions pour que le collectif aille au résultat.

Il cherche encore un peu et revient spontanément à sa vie privée. Le coach en prend acte et revient doucement, à son tour, comme vers une idée fixe :

— Ne parlons plus du contexte professionnel puisque vous vous êtes fait à l'idée que « c'est comme ça ». Pourrait-on donc ne plus l'évoquer ?

Ceci dit, il pose un silence et attend tranquillement la suite. Jusque-là, le coach initiait un va-et-vient entre contexte privé et contexte professionnel. Ce balancement ou « pendulation » avait pour objectif, après avoir initié un mouvement, d'établir de la distinction, de la différence. C'était bien de la différence en action.

Le coach laisse alors arriver ce qui peut arriver. Et l'improbable se présente :

— Oh, dans mon contexte professionnel ce n'est pas un problème, je vous l'ai dit déjà. Je n'attends plus de reconnaissance, c'est inutile. (Silence)

Le coach lui demande ce qui est précieux à ses yeux, ce à quoi il accorderait une valeur authentique, ce qui est vraiment important :

— Je cherche du retour pardi ! Et soudain son visage s'éclaire d'un sourire. Oui, c'est bien ça, du retour. Maintenant, j'ai compris, je ne vais plus chercher de reconnaissance auprès de la hiérarchie, c'est en pure perte. C'est de retour dont j'ai besoin et ça je sais où le trouver, et je peux me passer du manager. Ce que je souhaite c'est un retour authentique, une confiance qui s'installe avec d'autres.

Le coach reste silencieux, lui laissant le temps de cheminer. Puis il lui demande :

— Souhaitez-vous que nous nous revoyions pour une prochaine séance ?

— Oh oui, pendant que c'est chaud.

Ils arrivent en fin de séance. Le coach lui demande alors comment ça s'est passé et il lui répond :

— Eh bien ça change vraiment mon paysage.

Ils en étaient à la fin de la première séance. La difficulté de Paul dans le contexte professionnel semblait en voie de dissolution, suffisamment en tout cas pour qu'il puisse soudain affirmer que le problème n'en était pas un. Le coach pose alors les questions de fin.

Le point de vue du coach

Un coach s'appuie souvent sur des adages tels que : « Quand on change, on a changé » ou « Le but n'est peut-être pas de sortir du problème ou de le résoudre, mais qu'il se dissolve », « L'exception infirme la règle », « Comprendre n'est pas résoudre ». Ces axiomes sont un soutien permettant d'avoir une confiance absolue en son client.

Les praticiens orientés Solutions affirment même : « Travaillez dans chaque séance comme si c'était la dernière ». Car il est possible que le problème se dissolve, s'en aille en courant, disparaisse, n'en soit plus un. Aussi est-il préférable de ne pas projeter que ce sera long.

Quand le coach a devant lui une personne qui exprime une difficulté, une souffrance, il lui arrive d'utiliser la pendulation, une technique inventée et transmise par Maggie Philips. Cette technique consiste en une oscillation entre deux contextes. Elle a pour but d'aider le client à entrer en mouvement lorsqu'il dit se trouver dans une situation de blocage. Ce mouvement va lui permettre de comparer, distinguer, différencier, détailler, enrichir et surtout remettre en dynamique une situation statique. Cette fois-ci c'était pertinent, d'autres fois ce ne le sera peut-être pas.

Le coach décide d'écouter le client dans sa volonté de travailler à partir de sa vie privée, gardant en tête qu'ils travaillent ensemble dans la sphère professionnelle. Les étapes suivies par le coach pourraient être les suivantes : d'abord il fait décrire richement le niveau de l'expérience, puis le client fait une connexion avec un exemple de sa vie privée. La description et la connexion permettent au client de réfléchir et de comprendre la situation d'une autre façon. Le coach impulse alors un balancement, une pendulation vers la sphère professionnelle. Et, afin de faire dériver l'inquiétude, il lance, alors que le client parle de la sphère professionnelle : « Paul, parlons du contexte privé », etc. jusqu'à ce que le client dise : « Ch ! Dans le champ professionnel la reconnaissance n'est plus un problème ». Dans cet exemple, le client considère le problème comme dissout, le problème n'en est plus un.

Mais gardons-nous d'aller trop vite. Le coach se doit d'aller lentement. Ses questions de curiosité sont tournées vers le client, il est en alerte, aux aguets, ce qui va permettre au client, alors, d'aller vite. Et cela se passe souvent ainsi lorsque le praticien se maintient dans cette position de curiosité, lent, décentré et influent.

Repères et questions

Des questions-tâche

Le coach ne pose aucune question d'approfondissement. Le client approfondit ce qu'il veut, c'est son affaire. Le coach ne cherche que des questions qui fassent travailler le client : questions-tâche. Par exemple, quand le coach pose au client la question : « Et si vous comprenez, que vous arrivera-t-il ? » Il sait bien que comprendre n'est pas résoudre mais il veut vérifier si le client serait vraiment satisfait s'il comprenait. En fait le client comprend déjà, ce qui ne l'avance guère.

La question suivante est volontairement confuse : « Et quand cela ne se passe pas, que se passe-t-il alors ? » Elle sert à forcer le client à penser. Et encore une fois le client a sa réponse.

Puis il lui pose une question encore plus alambiquée : « Mais dites-moi, si vous parveniez à accumuler suffisamment de détails sur ce qui vous arrive, cela vaudrait-il autant que de comprendre le pourquoi ? » Et le client répond encore une fois.

Le coach a amené son client à adoucir le handicap qu'il décrivait en début de séance.

Le contexte comme un concept

L'anthropologue Gregory Bateson[23], qui a réfléchi au concept de contexte nous enseigne que « rien n'a de sens en dehors d'un contexte. Sans contexte, les mots, les actes n'ont aucun sens. Ceci est vrai de toute communication, de tout processus mental, de tout esprit. »

En coaching, c'est pourtant un écueil rencontré dans de nombreuses demandes. Lorsqu'un client se plaint de manquer de confiance en lui, ou désire être serein, ou dit avoir une mauvaise estime de soi, il convient d'explorer soigneusement non seulement le sens particulier que le client donne à ces mots-là mais aussi dans quel contexte précis il les situe, en particulier le temps, l'espace et les relations.

Une flânerie constructrice

En séance, l'objectif n'est pas nécessairement d'avancer, de grimper, de performer à tout crin mais tout simplement de flâner jusqu'à ce que le client s'aperçoive que la réalité offre de plus larges perspectives que son premier résumé, celui dont il nous a fait part en début de séance. Ce n'est pas parce que nous nous trouvons devant un escalier qu'il faut l'emprunter. Ce n'est pas parce que nous sommes avec un client

23 Bateson, G. (1984). *La Nature et la pensée*. Seuil.

qu'il nous faut échafauder tout de suite. Ce n'est pas parce qu'un client nomme son état (dépressif, stressé, manque de confiance en soi, timide, manque de valeur personnelle, etc.) qu'il nous faut embrayer et nous embarquer vers des recettes sans vérifications du sens et du vécu du client.

En se dépêchant de quitter le niveau de la description du vécu pour courir vers la solution ne permettra pas d'aller plus vite. D'ailleurs, ralentir, traîner, flâner ne veut pas dire marcher sans but, ni s'égarer, ni vagabonder, ni errer, mais bien être à l'affût, marauder, aller lentement, s'attarder en vigilance, en pleine attention, prenant le temps d'écouter, de regarder, d'explorer, en conscience du but poursuivi. Tout cela permettra de laisser jaillir la question qui étonnera le client, celle qui l'emmènera un pas plus avant.

La pendulation

Cette technique a été élaborée par Maggie Philips, hypnothérapeute. L'objectif en est de dissoudre le problème. Cette méthode propose, concrètement, de passer du statique au dynamique. D'une situation bloquée, d'un endroit difficile, se porter vers un autre endroit fluide, apaisé ; puis revenir à l'endroit bloqué ; puis repartir vers l'endroit fluide ; effectuer ainsi quelques allers-retours qui éviteront au client et parfois aussi au coach, de stagner au même endroit, qui inviteront à avancer, à se propulser ailleurs.

La différ*a*nce

Ce substantif qui s'écrit avec un *a* est un concept proposé par Jacques Derrida. Pour lui, c'est le fait de « différer ». C'est la différence prise sous son aspect dynamique et non statique. La différence en train d'être là. La différence comme déplacement dans le temps et de ce fait peut-être dans l'espace aussi. Il y a une notion de mouvement, d'absence puis de présence.

Le recours à la différ*a*nce a pour fonction de mettre du jeu dans les rouages, de déséquilibrer quelque chose de statique et faire trembler la raison, voire les discours dominants en cours dans la société, par exemple.

Dans cette intervention, le coach met du jeu dans les rouages en interrogeant le fait de comprendre. Il déséquilibre une pensée généralisante en mettant en œuvre une pendulation.

Éléments de méthode

Dans le récit, nous avons vu que le coach pousse son client à mettre à jour un contraste, relié à sa plainte mais qualifiant son opposé. Ce contraste est en effet jusque-là muet, absent du discours mais, de fait, implicite en ce qu'il nomme précisément cet opposé : boulet *versus* léger.

La notion d'« absent mais implicite » est associée à l'idée que, pour que quelqu'un puisse exprimer son expérience de la vie, il doit distinguer cette expérience de ce qu'elle n'est pas. Ainsi, l'on peut considérer que toute expression est fondée sur son contraste, auquel on se réfère en tant qu'absent mais implicite.

C'est donc avec l'objectif de permettre au client de retrouver son sens de l'initiative personnelle que le coach lui propose de mettre à jour ce qui, dans sa manière d'être à ce moment-là, se trouve être, de fait, implicite : « Quelle est votre idée de la légèreté ? »

Identifier l'Absent mais Implicite

Ce concept est mis en application des idées de Jacques Derrida par Michael White. Pour ce dernier, croire qu'il y aurait une nature humaine immuable (je suis comme-ci, l'être humain est ainsi fait) coupe l'individu de ses émotions, de son expérience. Dans toute affirmation, aussi lapidaire soit-elle, il y a toujours en implicite, une valeur forte dissimulée qui demande à se développer. Il est possible de la faire grandir et grossir en en racontant l'histoire. D'où elle vient, comment elle est née, qui l'a soutenue, quels événements l'ont consolidée, etc. Le coach peut faire retracer une histoire sociale et relationnelle de la valeur en question. Cela signifie que tant que le coach garde une posture décentrée, le client peut éviter d'entrer dans une impasse.

Quelle que soit la plainte, on va considérer qu'il existe, à l'opposé, une valeur en souffrance, qui ne s'exprime pas, sinon en creux, un non-dit, absent mais implicite. Une personne qui se dit désespérée risque de générer chez le praticien un sentiment d'effroi, s'il en reste à ce premier discours et se met dans l'impuissance en voulant à toute force trouver une solution à ce désespoir. Le coach qui sait entendre le deuxième discours dans le dire du client entendra que le client exprime ici être coupé de son sens de l'espoir et pourra entreprendre de chercher avec lui des récits d'espoir. Toute énonciation d'un sentiment de désespoir s'appuie sur une connaissance de l'espoir, sinon comment une personne pourrait-elle comparer et nommer ce qu'elle vit ? Si un client vit un échec, c'est qu'il a expérimenté des victoires. Ainsi quelqu'un qui se dit perdu manifeste qu'il a le sens de l'orientation.

Premier réflexe, explorer la plainte : « Qu'est-ce que cela reflète de vos soucis, de vos pensées ? Qu'est-ce que cela révèle de vos buts et de vos valeurs dans votre vie professionnelle ? D'où ces valeurs vous viennent-elles ? Racontez-moi des histoires qui me permettraient de comprendre que tout cela est si important pour vous ? » Il s'agit de défaire les valises de la plainte. Plus le client décrit richement ses difficultés en termes de ce que cela reflète de ses valeurs, plus cela ouvre d'opportunités. La plainte amènera à explorer le souci du client. Le coach pourra alors mettre à jour la valeur bafouée et faire raconter une histoire de ce qui est précieux.

Textes à réfléchir

Flâner, une promenade proustienne, ou comment retrouver de l'espace, de la liberté de choix

L'un des avantages, quand on ne va pas trop vite,
c'est que le monde y gagne une chance de devenir intéressant.

Alain de Botton[24]

Cela fait maintenant longtemps que je suis sensible à la lenteur, à la flânerie, aux détails, au fait de rester un long temps au niveau de ce qui est connu et familier, au niveau de l'expérience. Il y a des années, je m'étais plongé dans la vie de John Franklin, j'avais éprouvé un grand plaisir et cette lenteur avait développé ma curiosité.

> « John était en quête d'un endroit où personne ne le trouverait trop lent. Mais cela pouvait être encore loin… Quelques mois auparavant, les enfants du village s'étaient égarés au cours d'une promenade en forêt. John avait été le seul à observer les lentes modifications, la position du soleil, les dénivellations du terrain – il savait comment revenir. Il fit un dessin sur le sol mais ils refusèrent de le regarder. Ils prirent des décisions précipitées qu'ils remirent en cause avec tout autant de hâte[25]. »

Maggie Carey nous avait déjà interpellé quand elle nous avait évoqué ce concept de flânerie lors d'une *master class*. Venons-en au présent. Quand les personnes viennent nous voir, souvent le problème qu'elles nous exposent, la plainte qu'elles nous expriment, se résume à une phrase, redite sous différentes formes, parfois de façon lapidaire : « je ne sais pas me vendre », « je n'arrive pas à lui répondre quand il me rabaisse », « j'ai raté cette occasion, elle ne se représentera pas », « j'ai tout essayé, je n'arrive pas à leur faire comprendre ».

Dans la démarche orientée vers les solutions, nous savions déjà qu'il y avait quatre voies possibles à explorer : celle de l'expérience (qui était à valider et à faire préciser), celle de la situation, celle de l'action et celle de la vision. La voie de l'expérience est bien ce que nous appelons dans les Pratiques Narratives le niveau du « connu et familier ». Je voudrais juste partager avec vous une idée : quand le client communique avec nous à ce niveau et nous exprime sa difficulté,

24 De Botton, A. (2010). *Comment Proust peut changer votre vie*, Éditions 84.

25 Nadolny, S. (1985). *La Découverte de la lenteur*. Grasset.

il nous signale son absence de pouvoir sur la situation, un espace dans lequel le choix est absent. Il nous raconte en boucle l'état dans lequel il est coincé et duquel il voudrait sortir. Notre objectif en tant que professionnels, en tant que praticiens est de l'aider à retrouver l'espace – de l'espace de choix – et à retrouver du pouvoir sur sa vie.

Ce sont deux des plus proches professionnelles ayant travaillé avec Michael White – Maggie Carey et Sarah Walther – qui ont souligné cette démarche délicieuse, tellement respectueuse et pertinente qu'est la flânerie. S'attarder à ces deux niveaux de questionnement qu'elles ont identifiés : le niveau « très bas » et le niveau « ultra-bas » de distance de l'expérience. Ces deux niveaux sont une aide précieuse pour le client comme pour le praticien. Trop souvent ce dernier pense qu'il faut grimper les niveaux de l'échafaudage car il serait nécessaire d'aller jusqu'en haut, au niveau de l'initiative personnelle, pour aider le client à retrouver du pouvoir sur sa vie. Oui bien sûr. Pourtant l'objectif n'est peut-être pas de grimper, mais tout simplement de flâner jusqu'à ce que le client s'aperçoive que la réalité offre de plus larges perspectives que son premier résumé, celui dont il nous a fait part en début de séance.

Plus tard, nous proposerons au client de prendre de la hauteur sur l'échafaudage d'apprentissage, sur une plateforme, temps de pause. Alors oui, je flâne. Et voulez-vous savoir où je veux en venir ? Attardons-nous, hâtons-nous lentement. Ce n'est pas parce qu'on quitte vite le niveau de l'expérience (la description, nommer) pour monter les niveaux de l'échafaudage que nous allons avancer vite. Oui, passer de l'expérience au niveau de la connexion, à celui de la ré-flexion, puis de la conceptualisation. Enfin passer à un nouveau paysage de l'action, pour retrouver de l'initiative personnelle. Mais pas trop vite. Cela ne veut pas dire marcher sans but, ni rôder, ni s'égarer, ni vagabonder, mais bien flâner, aller lentement, s'attarder, prendre le temps d'écouter, de regarder, d'explorer. Car si au lieu d'avoir cette solitaire intention du technicien, le regard tourné vers le haut, je déploie toute ma curiosité tournée vers le bas, le très bas, voire l'ultra-bas, que se passe-t-il ? Lors d'une séance de supervision, après avoir exploré minutieusement la situation avec mon client qui me disait qu'il s'était fourvoyé et avait pris une position de conseil, qu'il avait raté sa séance, ce qui le mettait mal à l'aise, nous nous sommes attardés dans les différents niveaux bas, avons envisagé la situation de façon plus complexe qu'il ne l'avait raconté au début pour se sentir un peu soulagé, moins sous pression. J'ai pu constater combien le fait d'aider le client à re-complexifier la situation, à lui redonner toute son ambiguïté, lui redonnait de l'espace, de la respiration. Ayant compris l'intérêt de cette démarche, il trouva d'autres détails, prit l'initiative et tout d'un coup me dit : « Ça y est, j'ai ouvert les fenêtres, j'ai compris, je sais où j'étais, je peux faire la part de mes différentes interventions ». Et je pourrais rajouter qu'en fait il n'était pas resté en position de conseiller, bien au contraire il avait fait des interventions nécessaires. Dès que nous flânons avec un client à ces niveaux bas, en lui en demandant plus, en l'invitant à ralentir, à détailler, nous retrouvons l'extraordinaire curiosité de Marcel Proust, l'envie, l'espoir. Alors, questionnons, même les détails. Je flâne pour vous dire une chose somme toute très banale. Questionner le client afin qu'il explore, stimuler la curiosité. C'est un moyen qu'avait donc utilisé Marcel Proust pour aider l'autre à ré-enrichir son vécu, à soulager l'inquiétude, à trouver de ces merveilleux détails soi-disant sans intérêt.

Dans son journal, Sir Harold Nicolson[26], jeune diplomate qui faisait partie de la délégation britannique envoyée à Paris pour la conférence de paix qui suivit la Grande Guerre raconte sa rencontre avec Marcel Proust:

> «Un "sacré bonhomme". Proust a un visage en lame de couteau, pâle et mal rasé. Sa mise est négligée. Il me questionne. Aurais-je la bonté de lui expliquer comment travaille le comité. Je réponds: "Eh bien, nous nous réunissons en général à 10h, les secrétaires, derrière nous..."
>
> "Mais non, mais non, vous allez trop vite. Recommencez. Vous prenez la voiture de la Délégation. Vous descendez au Quai d'Orsay, vous montez l'escalier. Vous entrez dans la salle. Et alors? Précisez mon cher, précisez."
>
> Alors je lui dis tout. La feinte cordialité, les poignées de main, les cartes géographiques, les papiers remués, le thé qu'on prend dans la pièce voisine, les macarons. Il écoute, captivé et m'interrompt de temps en temps.
>
> "Mais précisez mon cher monsieur, n'allez pas trop vite".»

Harold Nicolson retrouva-t-il du plaisir, de la curiosité à revisiter son travail, enrichi de précisions? Ainsi qu'une certaine jouissance, de l'espace, à parler de détails croustillants voire caustiques et non plus du récit convenu. Peut-être que les réunions du Comité furent toutes bien différentes, voire même passionnantes. Cette façon d'interviewer, ce type d'entretien, Marcel Proust l'utilisait avec des personnes qu'il connaissait et qui exprimaient une difficulté, un désarroi.

Une conclusion pourrait être qu'aider l'autre à ré-enrichir le niveau de l'expérience est un premier et excellent moyen pour retrouver de l'espace, du pouvoir, du savoir et de la liberté de choix. Et quand le client découvre un petit espace d'initiative personnelle lors d'une séance, il lui sera alors plus facile de tisser une collaboration avec le praticien. Le client, habitué au fait qu'une situation est constituée de très nombreux détails, qu'elle comporte de l'ambiguïté, se mettra à ouvrir de grands yeux, retrouvant l'envie d'explorer, me proposant de son propre chef d'avancer plus avant. La curiosité qui caractérise la posture du praticien se met à prendre aussi par surprise le client.

Et peut-être même prend-il déjà l'initiative de faire lui-même des connexions? Réfléchit-il sur ce qu'il vient de dire? Bref l'envie lui prendrait-il aussi de grimper l'échafaudage? Et au lieu que je le guide, que je le tire vers le haut, me proposerait-il que nous montions les marches de l'échafaudage côte à côte, de concert.

26 Nicolson, H. (1919). *Peacemaking*. Faber Finds.

Faisons une incursion dans le paysage de l'action, le temps de permettre au client d'identifier un événement unique, et flânons à nouveau dans le paysage de l'identité. Flâner au niveau du paysage de l'identité, monter les niveaux intentionnels, accompagner le client dans sa découverte des étapes successives de l'échafaudage, voilà un moyen parmi d'autres pour passer à un nouveau paysage de l'action, celui de l'initiative personnelle.

La suite sera habituelle pour un praticien : renforcer la nouvelle histoire, aider à la constitution d'un nouveau club de vie, à trouver des personnes qui seraient les moins surprises de découvrir cette nouvelle histoire fragile. Rappelons-nous Gilles Deleuze[27] et flânons dans les « plis ». Flâner nous permet d'explorer, comme le disaient Foucault et Michaux « *l'espace du dedans* », « *le lointain intérieur* », ou « *la vie dans les plis* ». Déplier la ligne de la pensée dominante de la personne permet de découvrir, cachés dans ses plis, dans ce lointain intérieur, dans cet espace du dedans, d'autres détails, d'autres informations, d'autres pensées, d'autres gestes.

Et chevaucher cette ligne et déplier cette ligne avant de la replier différemment pour créer une autre zone plus vivable, un autre espace de liberté, de pensée, une histoire que la personne prend plaisir à raconter et à se raconter, une histoire agréable, celle qui la fait rêver, lui donne de l'espoir, une envie de s'engager, l'incite à une initiative personnelle.

ABCdaire – absent mais implicite

Lorsqu'un client parle de stress, il est évident qu'il est porteur d'une représentation de la tranquillité, quand il évoque la tristesse il dit implicitement qu'il sait ce que c'est que la joie. Quand il dit qu'il se sent perdu, il signale qu'il avait jusque-là le sens de l'orientation ; quand il ne sait plus quoi faire, nous savons que jusqu'à présent il savait quoi faire, quand il hésite, avant il savait décider, etc.

Toute parole peut être contrastée avec un arrière-plan invisible pour la personne qui l'exprime et qui lui donne tout son sens. L'expression de toute chose affirme aussi en filigrane ce qu'elle n'est pas.

Cette connaissance en creux peut passer pour une lapalissade, pourtant lorsque cette conviction guide le travail de coach, il est possible d'exercer ce que d'aucuns nomment la « double-écoute » : entendre la compétence contenue dans la plainte d'incompétence, le courage dans le « je n'ose pas », le « je ne sais pas faire » dans le « j'aurais dû », l'affirmation éthique dans la résistance, ou le respect de soi dans le refus.

27 Deleuze, G. (1988). *Le Pli*. Les Éditions de Minuit.

Il ne reste alors plus qu'à relier la personne avec sa compétence, son rêve, son savoir-faire, son inclination, ses engagements. C'est le propre des approches collaboratives basées sur les compétences. En témoignent ces questions :

- Qu'est-ce que vous refusez d'abandonner, qui est si précieux pour vous, en rejetant cette proposition ?
- De quel principe précieux, cette douleur témoigne-t-elle ?
- Quand vous dites que cela vous a mis en colère, quel facteur de justice ou d'équité important pour vous a été bafoué ?
- Sur quelle compétence particulière vous appuyez-vous pour être capable de rester fidèle à ce principe ?
- Comment avez-vous réussi à rester engagé malgré toute cette adversité ?

Ces exemples de questions reflètent un mode de pensée et ne sont en aucune façon des outils, c'est-à-dire des objets inanimés, sans âme.

Chapitre 8

Le sentiment d'échec

Le coaching de ce manager chargé de piloter une équipe d'accompagnants internes, lui donne l'occasion de se confronter à un sentiment d'échec face à un collègue qui lui est imposé et dont il remet en question l'éthique. En étayant son client au moyen de ses propres valeurs, le coach l'aide à constituer un socle solide qui agira comme un tremplin pour qu'il prenne la place qui lui revient.

Je suis comme je suis

Jacques Prévert

Je suis comme je suis
Je suis faite comme ça
Quand j'ai envie de rire
Oui je ris aux éclats
J'aime celui qui m'aime
Est-ce ma faute à moi
Si ce n'est pas le même
Que j'aime à chaque fois
Je suis comme je suis
Je suis faite comme ça
Que voulez-vous de plus
Que voulez-vous de moi
(...)
Et puis après
Qu'est-ce que ça peut vous faire
Je suis comme je suis

(Paroles)

Un chef d'œuvre littéraire a surtout le mérite de décrire la condition humaine plus finement que les sciences de l'homme.

René Girard

Entends ce bruit fin qui est continu, et qui est le silence
Écoute ce qu'on entend lorsque rien ne se fait entendre.

Paul Valéry

Le récit

L'histoire : reprendre sa place

Chef de projet, Jacques travaille dans un laboratoire pharmaceutique international. Il a été décidé, à un certain niveau de responsabilité, de mettre en place un projet d'analyse de pratiques professionnelles et d'accompagnement. Voici donc Jacques nommé pilote des consultants internes. Comme tel il organise le projet de coaching au sein de cette organisation, qui a décidé de se prendre en main.

Jusque-là confiant et très apprécié pour ses qualités humaines, Jacques se sent tout à coup en difficulté. En effet, s'il peut choisir certaines des personnes qui vont faire partie de son équipe, d'autres lui sont imposées parce que théoriquement légitimes, du fait de leur savoir-faire supposé d'accompagnement. Il ne lui est pas possible de les exclure de ce projet prometteur, sous prétexte qu'il ne les considère pas compétentes.

L'épisode se présente comme une belle histoire qui soudain tourne mal. L'ayant écouté avec attention, le coach n'hésite pas à demander à Jacques de donner un titre à son récit. Sans hésiter, celui-ci prononce un titre en paraphrase d'un roman sud-américain bien connu : « Chronique d'une défaite annoncée… Donc il chute ». Attentif, le coach ne lui demande pas qui est défait, ni qui choit. Cela dénoterait d'une curiosité tournée vers lui, pas vers le client. Il préfère attendre la suite de la séance et rester dans la curiosité à l'autre. Jacques poursuit :

— Et bien voilà, il y a une personne (Christophe sera son nom) qui va faire partie de fait de l'équipe de coaches, il va donc accompagner des cadres de l'entreprise. Mais je ne m'entends pas avec lui. Pourtant je ne peux pas faire autrement que de l'accepter comme coach interne. Je suis très mal à l'aise, parce que je ne lui fais pas confiance, ni en tant que professionnel, ni en ce qui concerne l'éthique de ce métier. Je suis très embarrassé, je ne sais plus que faire, pire j'en perds ma tranquillité.

Aux questions du coach à propos de sa réticence, quant aux valeurs fortes qu'il veut préserver, Jacques répond sans hésiter :

— Le problème est, par exemple, qu'il bavarde tout le temps avec tout le monde et la confidentialité en prend un coup. Il fait courir des bruits, se comporte en pourvoyeur de rumeurs. Il juge, il donne son avis sur l'un ou sur l'autre sans retenue.

Jacques évoque des exemples qui l'ont désolé :

— Il ne cesse d'intervenir, tente de mettre les autres en défaut, les contredit. Il prétend qu'il a entendu tel bruit et sème la zizanie en toutes circonstances. Ce que j'ai bien compris c'est que c'est sa façon à lui d'avoir du pouvoir. Mais c'est malsain. Je ne me vois pas lancer un projet, de coaching de surcroît, dont je suis le responsable et partir d'un si mauvais pied.

Au fur et à mesure de sa description, Jacques semble se renforcer dans sa conviction d'une impasse pour lui :

— Et pourtant, je n'ai pas le choix, je dois le faire intervenir. C'est une vraie commère. Et le pire, c'est qu'il a un réseau qui fonctionne bien, des gens qui l'écoutent et se servent de ce qu'il colporte.

Jacques insiste sur le fait qu'il se sent une responsabilité éthique aussi. Il se pose des questions qu'il considère comme graves : va-t-il pouvoir garantir la confidentialité nécessaire, celle qui va permettre à l'équipe des coaches qui se constitue de pratiquer sainement leur métier ?

— Je suis responsable de tout ça. Mais je n'ai jamais osé le prendre entre quatre-z-yeux, j'ai peur de me rétamer. Au fond je reconnais que je le crains. Il est tellement, tellement sur la défensive, tellement aux aguets.

Le coach entend que Christophe établit des connexions de toutes sortes, suscite des rencontres, provoque des échanges (en parlant à d'autres, en parlant des autres) fomente des communications en tous sens (il initie ou fait courir des rumeurs, juge, évalue, rapporte, raconte). Bref il parle, occupe le terrain, communique sans frein, et sans fin.

— Et pourtant il faudrait que je lui parle, que je m'impose. Je n'ose pas. Pourquoi ? Mais pourquoi donc est-ce que je n'ose pas ?

Jacques, pris dans son questionnement, poursuit son constat désolant, mais avance dans son récit :

— Et ce n'est pas tout. Il est accusateur, il jauge les autres, commente d'une expression du visage, il louvoie. Il a un véritable pouvoir de nuisance car il est influent. Voilà, c'est ça, je ne peux pas l'attaquer de front parce qu'avec son réseau, il peut me nuire, me faire vraiment mal.

Il poursuit, comme un peu rasséréné au fur et à mesure qu'il met plus concrètement à jour le caractère nuisible de son interlocuteur qui explique, à ses propres yeux, son hésitation à le contrer. Puis il considère soudain la situation sous un autre angle :

— Plus j'en parle avec vous, plus je fais le tour de la situation, plus il me semble évident que, si je ne fais rien, cela se retournera contre moi, c'est sûr. Il me faut trouver une occasion de le coincer. Mais, cette occasion, je ne voudrais pas la gâcher. Je suis sans défense.

Le coach passe par la porte qui s'entrouvre. Le client vient d'exprimer une menace contre lui-même. Le coach s'en saisit :

— Quand vous êtes, quand vous vous sentez ainsi sans défense, que faites-vous ? À quoi avez-vous recours ? À quoi pensez-vous ?

— Je râle, je suis bougon, je refuse de répondre, je tourne la tête, je me détourne.

— Y a-t-il un lieu, un espace où vous vous réfugiez, où vous vous retirez à ces moments-là ?

— Je pars dans mon bureau, je me retire à l'écart, j'essaie de me retrouver. Je téléphone à un collègue avec lequel j'ai une complicité du fait que nous avons vécu ensemble, autrefois, une expérience difficile. Et nous nous sommes tirés d'affaire brillamment.

— Quelle compétence mettez-vous en œuvre quand vous faites cela ?

— Je communique, je raconte, je m'appuie sur une personne de confiance.

— Christophe aurait-il une qualité et un savoir-faire dont vous seriez dépourvu ? Ou bien en aurait-il plus que vous ? Ou préférez-vous vraiment le silence et la solitude de celui qui discerne ? Ou… ?

Le coach se demande alors comment Jacques a fait pour arriver à se placer comme directeur de ce projet. Les questions qu'il ne lui posera pas sont : « *Êtes-vous vraiment sans défense devant ce terrible individu, cet expert* ? ». Et d'autres questions comme : « *Quelles sont, d'après vous, les règles importantes pour pouvoir pratiquer ce métier* ? » Ou encore : « *Comment travailler avec un individu de cet acabit dans une équipe de coaches* ? », ou encore « *Quelles sont les ressources à votre disposition* ? », etc.

Les questions bateau ont rarement de l'effet. Le coach préfère une autre porte d'entrée :

— Quels sont les principes et valeurs importants à vos yeux ? Ceux qui, d'après vous, doivent soutenir ce métier de coach ?

À cette question, Jacques répond sans hésitation :

— Ce qui me semble important ? Mais c'est le respect, l'authenticité, la sincérité. Les jeux d'acteur, très peu pour moi, c'est bien trop compliqué pour moi, et là, ça n'a absolument pas lieu d'être.

— Qu'est-ce que cela nous dit de ce que vous voulez défendre dans votre vie professionnelle, de ce qui porte ce métier ?

Jacques poursuit, comme porté par les questions du coach :

— Ce qui nous porte, ce sont des relations de bienveillance entre collègues et avec les coachés, le respect de la déontologie, bien entendu, ça va de soi, c'est ce qui construit la valeur ajoutée de ce métier du coaching dans notre entreprise.

— Et pourquoi est-ce si important pour vous ?

— Parce que je crois en ce métier et dans la morale qu'il peut véhiculer. Je me sens appelé, oui c'est bien ça, appelé à accomplir cette mission, et je me sens légitime et suffisamment professionnel pour l'accomplir.

— Comment vous assurez-vous qu'un coach interne respecte les règles de déontologie, qu'il est bien dans une posture de bienveillance, de respect, d'authenticité et de sincérité avec ses collègues et les personnes accompagnées ?

— Si Christophe était respectueux des règles de déontologie et dans une posture de bienveillance, il serait dans l'échange, le respect de la parole de l'autre. Il ne rendrait pas compte à toute personne influente de certaines informations ou de moments particuliers qu'il a vécu avec tel ou tel, dans le cadre de leur coaching.

Jacques parle d'une voix de plus en plus ferme, ses yeux brillent, il est en verve et toute sa personne se redresse. Il parle clair et avec fermeté.

— Je veux décider sur mon territoire, dans le cadre de ce projet qui m'est confié. Je veux faire en sorte que les règles soient respectées. Je ne veux pas qu'un coaching soit annulé au dernier moment. Je veux que chacun soit respectueux de son métier.

— Qu'est-ce qu'une personne influente d'après vous ?

— C'est lui, tout à fait lui. Il entretient son réseau, il l'alimente. Il se débrouille pour détenir de l'information, il va à plein de réunions, il s'infiltre sans relâche.

Le coach décide de l'interrompre et de rassembler une partie ce qu'il lui a énoncé depuis le début de leur conversation :

— Je souhaiterais faire le point, là maintenant, avec vous. Pour citer vos propos : Vous devez piloter le projet de coaching dans votre entreprise. Vous dites vous sentir en difficulté car, si vous pouvez choisir certaines personnes de votre équipe, d'autres vous sont imposées. Ils sont déjà coaches internes et il ne vous est pas possible de les délégitimer sous prétexte que vous ne les sentez pas. Il y a une personne plus particulièrement qui va faire partie de fait de l'équipe, et vous ne vous entendez pas avec lui.

Vous dites qu'il bavarde tout le temps, cancane, fait courir des bruits, juge, donne son avis sur l'un ou sur l'autre sans retenue. Il tente de mettre les autres en défaut. Il les contredit, dit qu'il a entendu tel bruit et sème la zizanie. Ce serait sa façon d'avoir du pouvoir. Et vous ne voyez pas comment lancer un projet dont vous êtes le responsable et partir d'un si mauvais pied. Votre question est claire : « Vais-je pouvoir garder la confidentialité nécessaire ? Celle qui va nous permettre de pratiquer sainement notre métier ? »

> Vous pensez qu'il faudrait que vous lui parliez, que vous vous imposiez. Vous dites alors : « Je n'ose pas. Il est influent. Il a un réseau, il sait le faire fonctionner. Mais si je ne fais rien, cela se retournera contre moi, c'est sûr. Cette occasion, je ne voudrais pas la gâcher ». Et vous dites que vous vous sentez sans défense.
>
> Et quand je vous demande : « Quelles sont les valeurs qui, d'après vous, doivent soutenir ce métier ? » vous me répondez : « le respect, l'authenticité, la sincérité ». À quoi vous ajoutez : « la bienveillance avec les collègues et les coachés. Et le respect de la déontologie. »
>
> Suite à la question : « Comment vous assurer qu'un coach interne respecte les règles de déontologie et soit dans une posture de bienveillance, de respect, d'authenticité et de sincérité avec ses collègues et les personnes qu'il accompagne ? » vous parlez de : « respect des règles de déontologie et d'une nécessaire posture de bienveillance, dans l'échange et le respect de la parole de l'autre ». Vous ajoutez : « qu'il n'y a pas à rendre compte à toute personne influente de certaines informations ou de moments particuliers qu'un coach a vécu avec tel ou tel ».
>
> Et vous ajoutez que vous voulez décider pour votre territoire, votre projet. Faire en sorte que les règles soient respectées, qu'aucun coaching ne soit annulé au dernier moment, que chacun soit respectueux de son métier.
>
> À ma dernière question : « Qu'est-ce qu'une personne influente pour vous ? » votre réponse est : « C'est lui ».

Après cette longue ligne éditoriale, cette plate-forme de soutien entrecoupée de hochements de tête du client et de signes d'approbation, le coach pousse l'échange avec une question de réflexion :

— Qu'est-ce que tout cela vous amène à penser ? Où ceci vous emmène-t-il, vous transporte-t-il ?

Là, Jacques réagit avec force, comme si soudain il reprenait du poil de la bête. Sa voix est assurée, son ton affirmatif :

— Mais j'ai un réseau, moi aussi ! Et j'ai d'autres atouts quand c'est nécessaire. Je communique toujours par écrit, je laisse des traces, je fais attention, je suis vigilant. Je ne lâche jamais l'affaire, je suis coriace, moi aussi, je peux intimider. En tant que manager, je pousse les gens à innover, je suis dynamique, je participe, je sais me rendre disponible auprès de mon équipe et ça me plaît.

Le coach enchaîne avec quelques questions soutenantes :

— L'influence pour vous ce serait donc ?

— Participer, occuper le territoire, informer, responsabiliser et être moi-même responsable, cohérent. Je dois aussi manager, avoir un esprit collaboratif, générer du bien-être et faire fonctionner un réseau.

— Qu'est-ce qu'une personne influente d'après vous ?

— C'est quelqu'un comme lui, qui entretient son réseau, l'alimente, qui se débrouille pour détenir de l'information.

— Parlez-moi de vos possibilités d'influence.

— J'ai de la ténacité, je fais attention d'être exemplaire, je garde toujours les mêmes objectifs en tête.

Comme précédemment, le coach rassemble à nouveau ces derniers éléments et enchaîne avec une question interpellante :

— Et vous avez d'autres atouts quand c'est nécessaire. Vous communiquez toujours par écrit. En tant que manager, vous poussez les gens à innover, vous êtes très dynamique, vous participez, vous savez vous rendre disponible parce que ça vous plaît. L'influence, d'après vous ce serait : participation, occupation du territoire, être responsable, cohérent, savoir manager, développer l'esprit collaboratif, générer du bien-être, etc. Alors, êtes-vous un homme d'influence ?

Surpris Jacques marque un temps de silence. Lui qui se disait sans défense. D'un coup, le coach le voit se mobiliser. Il s'est à présent redressé sur son siège, ses épaules sont bien droites, calées contre le dossier. Son visage s'est coloré, ses muscles faciaux sont détendus, esquissant un sourire. Il se penche en avant, comme pris d'un élan :

— Je suis déterminé. Je tiens le même discours, je n'en change pas tout le temps. Je suis persévérant. Je prends du temps avec les gens pour qu'ils puissent apprendre. Je me positionne grâce à cela en figure d'autorité. J'ai un réseau, comme je vous l'ai dit, et je ne lâche jamais l'affaire.

— Qu'est-ce qui, dans tout cela, est important pour favoriser le coaching dans votre entreprise, d'après vous ?

— Dynamisme, collaboration, confidentialité, responsabilité, disponibilité, exemplarité, respect de la parole échangée, respect du code de déontologie choisi, ténacité, garder le cap, être influent, authenticité, sincérité, être direct, savoir aussi pratiquer le silence.

— Est-ce suffisant pour permettre aux coaches de respecter l'éthique, d'après vous ?

— Oui, cela me va bien.

— Comment pourriez-vous faire partager ces règles, les défendre et les faire appliquer ?

Jacques, à ce moment, recontactant ses savoir-faire, donne l'impression d'être sur le chemin qu'il a choisi. Il raconte au coach ce qu'il va faire et comment il va aboutir à concrétiser son espoir, celui évoqué au départ de la séance. Il s'est reconnecté avec ses compétences, il retrouve son sentiment d'initiative personnelle, il n'a plus besoin d'appui, plus besoin du coach. Leur échange a eu raison de son sentiment d'échec :

— Ça y est, c'est bon, je sais. Je suis à ma place, dit-il.

Le point de vue du coach

La perte de pouvoir

Nous voyons ici comment s'est constitué le sentiment d'échec de Jacques. Blessé par la situation actuelle dans laquelle Christophe violente ses valeurs, il se sent privé de sa compétence par l'attitude de Christophe. Il le trouve plus fort que lui car il a un gros pouvoir d'influence, ce qui par comparaison lui confisque le sien propre. Parce que Christophe se sert efficacement (et de manière malsaine) de ce pouvoir, tout se passe comme si Jacques ne l'avait plus, alors que pourtant il en est détenteur. C'est comme si il n'y avait plus accès. Aveuglé par l'autre qui démontre ce savoir-faire, Jacques se croit privé de ce même savoir-faire.

Or, de ce savoir-faire, Christophe s'en sert pour pervertir, alors que Jacques s'en servirait pour discerner.

Et, ce que ce récit met en lumière également, c'est que comportement n'est pas identité. Quand Jacques pense qu'il ne peut pas avoir cette identité d'influence parce que ses valeurs sont à l'opposé des comportements de Christophe, il fait une erreur d'appréciation de la situation. De plus, le fait que Christophe exerce son entregent à des fins nocives a pour conséquence l'amplification de la puissance de son action. Le mal serait-il plus fort que le bien ? Ou bien, le fait que Christophe ait plus de pouvoir d'influence que lui, signifie-t-il que lui, Jacques, en soit dénué ? C'est comme si le pouvoir de l'un devait annuler celui de l'autre.

L'intervention du coach dénoue précisément cette confusion : le rapport avec Christophe n'est pas un jeu à somme nulle. Le point fort de Christophe est aussi le point fort de Jacques et, ayant retrouvé la conscience de sa force, Jacques peut y aller en confiance, fort de ses valeurs et adossé à la déontologie.

Repères et questions

L'écoute du coach est décisive parce qu'elle permet au client de s'écouter lui-même parler. Le coach agit en médiateur.

Le coach entend la dévaluation

— Si je ne fais rien, cela se retournera contre moi, c'est sûr. Je suis sans défense.

Voici pour le coach deux informations qui permettent d'orienter le questionnement : d'abord la menace, suivie de la crainte d'être sans défense. C'est pourtant Jacques qui a été nommé pour la conduite de ce projet. Le coach évalue que le client se dévalue fortement et il l'incite alors à partir à la recherche de sa valeur réelle :

— Quand vous êtes, quand vous vous sentez ainsi sans défense, que faites-vous ? À quoi avez-vous recours ? À quoi pensez-vous ?

— Je râle, je suis bougon, je refuse de répondre, je tourne la tête.

— Y-a-il un lieu, un espace où vous vous réfugiez, où vous vous retirez à ces moments-là ?

— Je pars dans mon bureau, je me retire à l'écart, j'essaie de me retrouver. Je téléphone à un collègue avec lequel j'ai une complicité.

Et c'est ainsi que le client va (re)découvrir sa ressource habituelle, prendre contact avec une personne de confiance :

— Quelle compétence mettez-vous en œuvre quand vous faites cela ?

— Je communique, je raconte, je m'appuie sur une personne de confiance.

La surface réfléchissante est une plate-forme de réflexion

Nous avons déjà observé une surface réfléchissante au Chapitre 3. C'est une démarche fréquente et particulièrement utile qui permet au coach d'offrir une plate-forme de soutien à l'histoire que lui raconte son client. Le coach commence par une ligne éditoriale qui présente un récit détaillé de ce que lui a raconté le client en ne gardant dans son compte-rendu que ce qui va le soutenir. Et il fait suivre cet édito d'une question qui va pousser à la réflexion. Le coach ouvre ainsi une possibilité de construire avec et pour son client une sorte de table d'orientation pour lui permettre de mieux voir, ou de voir sous un angle différent, et d'aller plus loin.

Entendant dans la bouche de l'autre une partie de son propre récit, le client se sent proche du texte, validé en quelque sorte. Cela forme comme un pied d'appel, un tremplin en vue d'une nouvelle perception de lui-même.

Le client voit soudain quelque chose qu'il ne voyait pas. Ayant entendu cette histoire qui n'est autre que la sienne propre, il va profiter de la question-tâche que le coach va poser pour prendre un chemin qu'il n'avait pas envisagé parce que les événements le lui avaient occulté, et qu'il lui aurait été impossible de considérer avant.

Questions d'influence

Le coach mène un travail pour faire émerger les valeurs précieuses pour le client dans son métier. Il est évident que, pour mener le projet qui lui a été confié, un projet d'envergure, il est nécessaire d'avoir des capacités d'influence.

Le coach peut se rendre compte, qu'au fur et à mesure de son questionnement, le client se redresse et montre physiquement sa stature. Cette observation des signes physiques donnés par le client est révélatrice. C'est le moment que le coach choisit pour lui poser la question-pivot : « Qu'est-ce qu'une personne influente pour vous ? » Et il lui demande d'inventorier les compétences d'une personne influente.

Ceci fait, il s'engage dans cette reformulation particulière qu'est la surface réfléchissante pour permettre au client de réfléchir à propos de ce qu'il a dit, parce que, de la bouche du coach, il l'entend différemment. Son propos a pris de la force, du seul fait de la médiation du coach et il se reconnaît personne d'influence lui-même.

La reformulation sélective faite, le coach pose une question qui va emmener le client plus loin : « Qu'est-ce que tout cela vous amène à penser ? Où ceci vous emmène-t-il, où ceci vous transporte-t-il ? » Ce qui permet au client de bondir et de revendiquer sa capacité d'influence dans ce récit, d'une part en tant que personne, d'autre part comme professionnel responsable. D'ailleurs le coach l'interroge ainsi : « Quels sont les principes et valeurs qui, d'après vous, doivent soutenir ce métier du coaching ? »

Les questions que le coach ne pose pas

« Êtes-vous vraiment sans défense devant ce terrible individu, cet expert ? » Et d'autres questions comme : « Quelles sont, d'après vous, les règles importantes pour pouvoir pratiquer ce métier ? » Ou encore « Comment travailler avec un individu de cet acabit dans une équipe de coaches ? », « Quelles sont les ressources nécessaires ? » Et « Lesquelles avez-vous à votre disposition ? » etc.

Le coach fait ici le choix de ne questionner son client ni à propos de la voie de l'interaction entre les deux protagonistes, ni à propos de ce qu'elle pourrait devenir, ni des ressources. Il préfère ouvrir une investigation à propos de ses valeurs, ses intentions, ses buts. Les questions sur les valeurs, nous le voyons ici, portent le client, l'élèvent au-dessus de sa plainte, lui redonnent de l'élan.

Éléments de méthode

Comment le coach permet-il à son client de passer d'un sentiment d'échec personnel à un sentiment d'initiative personnelle qui provoquera l'estime de soi ? En adoptant et maintenant une position d'influence.

La notion de sentiment d'échec personnel

Lorsqu'on parle d'incapacité à agir, il s'agit du genre d'actions pour lesquelles la personne est habituellement compétente et qu'elle a l'habitude de mener à bien. Il se trouve juste qu'à l'instant *t*, elle n'a pas accès à ses compétences et se trouve, de fait, incapable d'agir. Elle ne se sent pas à la hauteur. Elle éprouve profondément l'échec et le ressent en termes identitaires. Et nous sommes fondés à nous demander quel est le lien entre la capacité à agir et le pouvoir d'influence. Car retrouver la capacité à agir, c'est retrouver du pouvoir personnel.

Comment guider le client qui exprime un sentiment d'échec ?

- En tout premier lieu il faut valider le sentiment d'échec (et non pas l'échec) : « Quand vous dites que vous n'y arrivez pas, vous vous sentez en échec par rapport à quoi ? Qu'est-ce que vous pensez ne pas avoir réussi à faire ? »
- Puis le coach accompagne le client dans la recherche et l'énoncé des réactions qui sont les siennes et des réponses qu'il y a déjà apportées : « Qu'avez-vous fait pour tenter d'atteindre ces critères ? Vous avez parlé de l'impression de ne pas y arriver, que c'est tellement dur, et pourtant vous n'avez pas abandonné. Qu'est-ce qui vous a permis de continuer ? »
- Ensuite le coach met à jour les limites de tolérance du client : « Comment ce que vous me dites de votre réaction reflète-t-il ce sur quoi vous refusez de céder ? ». « Qu'est-ce qui est si précieux pour vous qui fait que vous ne laissez pas tomber ? »
- Alors, le coach met à jour ce qui guide la personne dans sa vie : « Quand vous réagissez comme ça, pourquoi faites-vous cela et pas autre chose ? Quand vous agissez en accord avec vous-même, sur quelles croyances vous appuyez-vous ? »
- Le coach aide maintenant son client à évaluer l'impact de ses principes dans sa relation avec lui-même et avec les autres : « En quoi ces valeurs changent-t-elles votre relation avec vous-même et avec les autres ? Quels sont les effets de ce que vous venez de me dire sur l'idée que vous avez de vous-même ? »
- C'est ainsi que le client peut parvenir à mettre à jour ses aspirations, son grand but de vie : « Qu'est-ce que cela nous dit de votre grand but, de ce que vous recherchez dans votre vie ? Si ces idées font leur chemin où cela vous mènera-t-il ? »

Valeur personnelle, estime de soi

Que se passe-t-il pour ce client ? Avait-il abandonné ce qui avait de l'importance pour lui, le socle de sa valeur personnelle d'où l'on tire l'estime de soi ? Aussi dans le cours du coaching se retrouve-t-il mobilisé à nouveau parce qu'il a pu recontacter ses valeurs et ses buts de vie. Le coach influence donc aussi en reconnaissant la situation telle qu'elle est, en aidant le client à recontacter ce qui est important pour lui. À ce sujet, Jérôme Bruner disait « J'appellerai le mélange d'efficacité active et d'auto-évaluation : l'estime de soi ». C'est bien ce qu'ici, le client est à nouveau devenu capable de faire.

L'influence du coach, exemplarité

Il est d'une grande banalité de dire de nos jours : « On ne peut pas ne pas influencer ». Et ça ne va pas bien loin. Car la question suivante est : « Puisque j'influence, comment le fais-je à bon escient ? »

Le coach influence le client à bon escient comme garant de la direction de travail. Ici il faut aussi souligner la vigilance du coach quant au discours normatif qui sous-tend le propos du client (il faut, je dois) et aussi à l'égard de ce qui l'aide à se maintenir malgré tout, ce à quoi il attache de la valeur et en quoi cela s'inscrit dans son éthique. C'est en prenant contact avec ses valeurs qu'il peut retrouver et augmenter sa marge de manœuvre, introduire du jeu dans les rouages, acquérir de la liberté d'initiative personnelle.

Le coach, pour qui la capacité à agir, à garder de la liberté de choix et donc de l'initiative personnelle constituent une compétence essentielle, se montre à ce sujet exemplaire pour le client.

Textes à réfléchir

Le savoir, le pouvoir et le coaching

> « Qu'est-ce que les relations de pouvoir ? Le pouvoir, c'est essentiellement des relations, c'est-à-dire ce qui fait que les individus, les êtres humains sont en relation les uns avec les autres, non pas simplement sous la forme du désir, mais également sous une certaine forme qui leur permet d'agir les uns sur les autres et, si vous voulez, en donnant un sens très large à ce mot, de se "gouverner" les uns les autres. Les parents gouvernent les enfants, le professeur gouverne… » (Michel Foucault)

Et le coach lui, que gouverne-t-il ? Comment gouverne-t-il ? Est-ce qu'il assied son gouvernement sur la détention du savoir ? Auquel cas, il cherchera à en savoir toujours plus. Plus de savoir technique et d'outils, et aussi plus de savoir sur le client. Toujours plus d'information, comme si l'obtention du résultat était liée à la compréhension et au savoir. Comme s'il y avait une relation de cause à effet entre le savoir du coach, sa compréhension de l'autre et le fait que le client trouve ses solutions.

Le Savoir

Le coach s'en va souvent en quête d'un nouveau savoir, d'une nouvelle pratique, nouvel outil, nouvelle typologie de personnalité, nouveau test, qui lui permettraient d'en savoir plus. Pour quoi faire ? Pour être plus compétent ? Pour être qui ? Être le meilleur ? Pour mieux aider le client ? Alors, quel est le savoir du coach qui aide le client ? Est-ce que l'outil supplémentaire aide le client ? Ou nous rassure, car c'est une béquille au cas où nous ne saurions pas quoi faire? Pas qui être? Ceci pour nous aider à combler nos vides intérieurs, notre peur de ce qui peut arriver que nous n'attendions pas. Cette peur du futur immédiat qui nous affecterait si nous ne contrôlions pas?

Le risque est de vouloir savoir pour faire et faire pour exister en séance, pour justifier sa présence, se légitimer, légitimer sa prestation, éviter la disqualification toujours possible.

Il y a même des coachs, ils sont rares heureusement, qui font un test avant de commencer un coaching. Ceci, juste pour se rassurer quant à l'autre? Mais, comment peut-on seulement envisager de connaître l'autre?

Je me souviens d'un coach qui, ayant utilisé un profil de personnalité, en avait conclu en accord avec le client, que celui-ci n'était pas fait pour telle fonction, alors qu'il était venu, en fait, voir le coach en vue d'y arriver. S'appuyant sur son système typologique, le coach avait dit: «Vous ne semblez pas fait pour cela, explorons d'autres pistes possibles», allant ainsi dans le sens de la faiblesse du client, à l'inverse de sa demande.

Le savoir d'un coach, c'est du savoir-faire. Savoir-faire avec les processus. Et des procédures pour le cadre. C'est de la connaissance actionnable: éthique, philosophique, scientifique, méthodologique pour pouvoir travailler avec ce qui est important. L'important, c'est le savoir du client. L'important c'est qu'il retrouve son savoir, qu'il retrouve sa compétence, qu'il retrouve son autonomie.

Nous allons partir de l'hypothèse que, dans une conversation de coaching, plus le coach veut savoir, moins le client saura. Plus le coach fera, moins le client aura d'espace pour faire. Conduire une séance de coaching, c'est créer un contenant, être concave, poser un espace vide où sont présents le confort et la sécurité, pour permettre au client d'expérimenter ce qu'il ne peut ou n'ose pas ou plus faire, dans le contexte problématique particulier pour lequel il est venu nous voir.

Plus le coach connaît ce dont on parle, plus il sera tenté, souvent, d'agir à la place, d'utiliser ses savoirs pour intervenir. Avec le risque d'afficher un pouvoir: celui du savoir. Et plus il agira en ce sens, moins il laissera de place au client pour faire.

Alors, acquérir encore plus de savoir, que ce soit en posant des questions de contenu afin de nous rassurer sur le fait que nous comprenons, ou mettre en avant du savoir, pour nous rassurer à propos de notre statut de professionnels, sont une même démarche: craindre de ne pas savoir quoi faire, de ne pas savoir qui être en séance. Vouloir légitimer sa présence, sa prestation ou exprimer un désir de briller? La peur du silence? La crainte de ne pas exister? La méconnaissance de sa position ? Ceci serait la posture stratégique : savoir, analyser, diagnostiquer, anticiper, intervenir pour.

La posture collaborative sera d'acquérir des savoirs nécessaires pour pouvoir s'en retirer, générant ainsi un espace au client.

> « Comment être en même temps tout à la fois l'entourage qui appelle le mouvement et le mouvement qui informe le vivant ? Il n'y a qu'une réponse : être aveugle et ignorant, aveugle pour voir sans bouger dans toutes les directions et ignorant pour que tout puisse venir à l'esprit et au corps. » (François Roustang)

Le Pouvoir

Le savoir procure du pouvoir. C'est un danger certain. Sommes-nous ici pour prendre du pouvoir sur le client ? Certainement pas, beaucoup de professionnels en sont convaincus.

Michael White évoquait ainsi le pouvoir dans les métiers de la relation d'aide :

> « Nous devons travailler à identifier le contexte des idées dans lesquelles nos pratiques se situent et à explorer l'histoire de ces idées. Cela nous permettra d'identifier les effets, les dangers et les limites de ces idées et de nos propres pratiques. Et, au lieu de croire que l'accompagnement n'a rien à voir avec le contrôle social, nous devrions supposer que ça a toujours été une forte possibilité. Nous devons donc travailler à repérer et à critiquer les aspects de notre travail qui pourraient s'apparenter à des techniques de contrôle social. »

Puisque le point important, c'est le pouvoir du client, c'est-à-dire qu'il puisse à nouveau, soyons attentifs au pouvoir qui met l'autre en déficit, et au savoir qui, issu d'une soumission inconsciente au contrôle social, risque d'influencer nos séances dans un sens que n'a pas souhaité le client. Soyons attentif, le coaching a une dimension politique. Soit de conformité, soit d'autonomie : de conformité aux normes économiques, sociales ? D'autonomie du client qui va retrouver sa puissance, se sentira plus responsable, plus à même de choisir dans sa vie professionnelle ce qui lui convient.

Alors, la question que nous pourrions nous poser pourrait être : Que fais-je quand j'interviens en séance ? Au service de qui, de quoi ?

Le Non-Savoir

Partons de la dynamique suivante. Si le coach se retire de son savoir, alors le client va pouvoir retrouver le sien. Si le coach se retire du pouvoir, alors le client va retrouver le sien.

Qu'est-ce que cela veut dire ? Plus le coach montrera son savoir, utilisera son savoir, plus le client se retirera. C'est très visible en séance et, dans ce cas, nous pouvons souvent voir le corps du client se reposer sur le dos de sa chaise. Il attend la suite : Et après ? Le risque est que le coach continue à fournir, fuie en avant. Ou donne des consignes, des impératifs. Alors quand il voudra reprendre la position, redonner la main au client, celui-ci, poussé en position passive par l'incongruité du coach, attendra une nouvelle réponse, sera démobilisé, et le coach pourra en conclure que le client résiste. Or résistance et pouvoir sont un couple indissociable.

Que faire d'informations qui ont amené le client à se noyer dans sa recherche d'informations ? Peu de chose. Les informations que relève le coach sont celles concernant la relation entre le client et lui, bien plus que celles de la situation problématique.

Le non-savoir, c'est se retirer de son savoir, ce qui est différent du « pas savoir » qui est une attitude non professionnelle (celle de ceux qui croient savoir). Le non-savoir va permettre au coach d'avoir des nouvelles de la relation, de repérer le processus.

Ce qui légitime le coach, ce n'est ni Le Savoir, ni Le Pouvoir, ce sont deux autres notions : non-savoir et pouvoir. Pouvoir, comme un verbe à l'infinitif. Si je désire que le client puisse arriver à faire ce qu'il souhaite, un bon moyen d'y arriver est de lui montrer que c'est possible, et donc d'être capable de le faire moi aussi – et surtout moi, en premier. Que je sois exemplaire, démonstratif de ce que le client souhaite. C'est parce que je vais prendre le risque d'oser, que le client, voyant que je peux le faire, que j'ose le faire, osera à son tour.

L'exemplarité, c'est oser traverser le thème du client. Si je reste tranquille, sans prendre de risque, sans être démonstratif, utilisant mes outils, typologies, etc., pourquoi le client se bougerait-il ? J'ai à être à la hauteur du challenge du client, à la hauteur de sa prise de risque nécessaire.

Traverser le thème

Traverser le thème du client passe par l'ici et maintenant. C'est mettre en acte ce que le client est en train de nous montrer de son processus (ou ce qu'il nous dit). Et ça fait souvent peur, parce que c'est prendre un risque, celui de percuter le processus, donc de provoquer une rupture.

C'est, par exemple, couper la parole au client en disant : « Le temps court, bientôt il sera trop tard », quand celui-ci depuis le début de la séance, répond en termes abstraits aux questions de contenu concrètes. Bien sûr, en agissant comme cela, le client ne faisait qu'acter sa problématique (« Je n'arrive pas à passer à l'acte »). Résultat, il s'est levé de sa chaise en disant : « Je vais vous montrer ».

C'est aussi dire : « Nous tournons en rond, je ne sais pas si nous pouvons continuer à travailler ensemble, je ne sais pas si je suis la bonne personne pour vous accompagner », au moment où la conversation s'enlise et que le coach se dit : « Nous tournons en rond, il n'ose pas plonger, je ne sais pas quoi faire, on va dans l'impasse ».

Évidemment, cette impasse était la mise en acte de la problématique du client : dévalorisé par son hiérarchique, il avait perdu son autorité et en était arrivé à se demander s'il était vraiment fait pour être manager (suis-je la bonne personne ?) Comment retrouver son autorité tout en gardant le relationnel ? Résultat, il bouge sur sa chaise, son visage se transforme et il dit : « Je souhaite que nous travaillions ensemble, j'ai bien compris qu'il me fallait y aller ».

Mais attention, ce n'est pas calculé, ce n'est pas stratégique, ce n'est pas la position basse, ou la position méta-complémentaire de Palo Alto. C'est une position co-élaborative, sans intention cachée, une position de fragilité, de vulnérabilité. Parce que la fragilité est une force saine.

Traverser le thème du client fait encore plus peur lorsque ce thème est en résonance avec le nôtre. Il s'agit alors non seulement de prendre le risque relationnel, mais en plus d'oser se confronter soi-même, traverser une zone sensible chez soi. Double appréhension. Un lieu de thérapie et de supervision s'avère nécessaire.

Le coaching est un co-apprentissage. Là est le métier de coach : oser grandir aussi.

ABCdaire – respect

Entré dans la langue française en 1671, le respect est la prise en considération, le sentiment qui porte à traiter quelqu'un avec les égards dus à son âge, son rang, son mérite. C'est aussi l'attitude qui consiste à ne pas porter atteinte à une chose jugée bonne, dont on doit tenir compte.

Le/la coach considère l'autre à parité avec lui/elle-même : nous sommes deux êtres humains, différents, vivants et pairs de l'espèce. Le/la praticien(ne) crée entre le client et lui/elle un espace fait d'accueil, d'acceptation. Il/elle reconnaît en face de lui/d'elle une personne qui a traversé le temps jusqu'à aujourd'hui et qui a donc eu suffisamment de qualités et de compétences de vie pour surmonter nombre d'épreuves et faire face à l'adversité jusqu'à ce jour.

Quand il se présente, le client n'est pas en porcelaine (ce n'est d'ailleurs aucunement un objet), il ne réclame pas avant toute chose de la précaution, ni du soin. Il cherche d'abord un lieu où il sera reconnu comme être humain, adulte et responsable, courageux, acteur de sa vie. Alors, respect.

Le/la praticien(ne) accepte la confrontation, voire la conflictualisation, prix de la complexité moderne. En effet, le client est bien souvent à la tête de plusieurs rôles, comme nous tous, et il se situe donc dans des obligations de compromis, d'allégeances, d'engagements du fait d'appartenances multiples. Il est donc aussi contraint à des choix nécessaires, à des ambivalences voire à des ambiguïtés. Ici ne doit pas être le lieu d'un nouveau compromis pour lui.

Le/la praticien(ne) accueille le client en position décentrée, ouverte à l'autre tel qu'il est, dans son entièreté, avec ses humeurs, ses événements, ses expertises, ses règles et ses normes. En position de curiosité, en restant vigilant(e) au respect qu'il/elle lui doit, le/la coach permet au client de devenir visible et d'exprimer ce qu'il souhaite.

ABCdaire – estime de soi

Indépendamment de l'idée que l'on se fait du concept de Soi, il semble difficilement contestable que l'estime de ce soi puisse être le produit de l'évaluation que l'on en fait. Josiane de Saint-Paul parlait de réputation que l'on entretient auprès de soi-même.

La valeur que l'on se donne à soi-même dépend du regard que l'on retourne sur soi après la rencontre avec autrui dans un contexte. Ainsi, soi, l'autre et le contexte seraient les constituants d'une trilogie à partir de laquelle des combinaisons de critères nous feraient nous donner plus ou moins de valeur.

Si nous concevons l'estime de soi comme le produit d'une auto-évaluation de notre aptitude à faire des choix et à agir intentionnellement, notre travail de coach s'en trouvera grandement facilité. En effet, nous pourrons écarter comme irréalistes toutes ces demandes répétées d'augmentation de l'estime de soi : « Il faut que je travaille mon estime de soi », « Il a besoin de développer sa confiance en soi », « Aidez-moi à avoir une bonne affirmation de soi », etc.

Et nous pourrons nous consacrer au travail pour lequel on nous paye, à savoir : aider nos clients à améliorer les conditions qui vont produire une meilleure efficacité active, ce qui aura pour résultat immédiat l'augmentation de la valeur qu'ils se donnent à eux-mêmes et, avec un peu de chance, la reconnaissance d'autrui comme catalyseur de l'estime de soi. « Pas de soi sans un autre qui le convoque à la responsabilité » dit Paul Ricœur.

Ainsi nos clients deviennent agents contributeurs de leur entreprise : « Le soi et l'estime qu'on lui porte se modifie au gré des rencontres dans le fourmillement de nos participations sociales[28] ».

---

28 Bruner, J. (1991). *Car la culture donne forme à l'esprit.* Éditions Eshel.

Chapitre 9

L'intelligence du client

Le coaching se situe aux confins d'intérêts et d'enjeux partagés par plusieurs parties. Durant les entretiens préalables et la réunion tri-partite, la certitude que le client est le meilleur expert et l'acteur central permet d'explorer le contexte et les frontières, et de dissoudre doutes et soupçons.

Premier Sourire du Printemps

Théophile Gautier

Tandis qu'à leurs œuvres perverses
Les hommes courent haletants,
Mars qui rit, malgré les averses,
Prépare en secret le printemps.
Pour les petites pâquerettes,
Sournoisement, lorsque tout dort,
Il repasse les collerettes
Et cisèle les boutons d'or.
Dans le verger et dans la vigne,
Il s'en va furtif perruquier,
Avec une houppe de cygne,
Poudrer à frimas l'amandier.
La nature au lit se repose,
Lui, descend au jardin désert
Et lace les boutons de rose
Dans leur corset de velours vert.
Puis, lorsque sa besogne est faite,
Et que son règne va finir,
Au seuil d'avril, tournant la tête,
Il dit: «printemps, tu peux venir».

(Émaux et Camées)

Notre nouveauté, à nous, consiste dans l'inédit des questions elles-mêmes et non-point des solutions ; dans les énoncés, et non dans les réponses.

Paul Valéry

Le récit

L'histoire : Une femme complète

Cette demande parvenue au coach émane d'un représentant d'une grande organisation parée de prestige et de réussite. La personne qui le sollicite laisse entendre qu'il se passe quelque chose dans un service. Une des salariées se sent mal, quelque chose ne va pas. Il a entendu les différentes parties et se demande si un consultant qui a des compétences de coach pourrait aller voir ce qui se passe. Le coach propose :

— Prenons rendez-vous et consacrons un moment à évoquer cette situation. Cela vous convient-il ?

Est-ce une demande de coaching ? Le coach s'interroge. Dans le même temps la personne concernée, Julie S. qui, elle, est demandeuse d'un coaching appelle aussi le coach. Ils prennent alors rendez-vous.

Leur première rencontre

Venant de province, Julie S. le rejoint à son bureau, après quatre heures de transport. Lui ayant laissé le temps de s'installer, le coach l'incite à lui exposer la situation. Elle commence par cette phrase :

— Ce coaching, c'est moi qui l'ai demandé. J'ai besoin d'aide, d'écoute, sortez-moi de là. Ma difficulté ? Je m'investis trop dans mon travail.

Et Julie S. poursuit son récit. Elle a construit son identité par ses études et son travail. Elle pilote de grands projets dans une industrie de haute technologie. C'est un métier à acteurs multiples et projets longs. Elle hésite dans ses formulations, bredouille et butte parfois sur les mots :

— Je suis confrontée à mes propres limites. On me confie souvent des missions impossibles, du fait de l'intervention d'un grand nombre d'acteurs difficiles à coordonner. De là émerge une certaine confusion. J'ai beaucoup de mal à les refuser, ces missions impossibles. Parfois, la situation est tellement confuse que je ne trouve pas les mots pour verbaliser ce qui me dérange.

Elle ajoute que sa hiérarchie lui met la pression à coups de délais intenables, de réunions où elle doit monter au créneau mais où il lui manque des éléments.

Il arrive aussi qu'elle ait à remplacer au pied levé des intervenants déficients, sans avoir les tenants et aboutissants :

— Parfois, j'en perds le nord, s'exclame-t-elle, comme soulagée d'être parvenue à le dire.

Cette situation génère chez elle trop de tension et n'est pas sans conséquence. Julie S. a fini par se retrouver en arrêt maladie et a passé un mois en relation avec un service psychiatrique. On lui a prescrit des médicaments forts, sans doute efficaces, et au bout d'un mois d'arrêt, elle se retrouve à son poste, en mi-temps thérapeutique :

— Je me révolte régulièrement, dit-elle.

En relation avec le psychiatre d'un service hospitalier d'une part, Julie S. est, d'autre part, suivie par un psychothérapeute, qu'elle consulte en ville près de chez elle.

Le coach l'écoute attentivement et se demande sincèrement quelle peut être la place d'un coaching dans ce dispositif. D'ailleurs est-ce que le coaching peut y avoir une place ? Plutôt que de décider *a priori*, mieux vaut poser la question à Julie :

— Seriez-vous d'accord pour me dire comment, de votre point de vue, positionner ce programme de coaching par rapport au dispositif thérapeutique que vous venez de décrire ? Tant du point de vue de votre emploi du temps que de la nécessité de relier ce qui est de l'ordre des soins et ce qui est de l'ordre de votre activité professionnelle.

Julie S. lui répond que c'est clair pour elle. Le coaching lui permettra de commencer à retrouver son indépendance et à desserrer l'étau dans lequel elle se trouve. Dans le même temps le coach se rappelle la première phrase de Julie S., sa cliente : « Ce coaching, c'est moi qui l'ai demandé ». Il la décide compétente sur le sujet et, respectant son point de vue, accepte sa demande. Ensemble, ils entreprennent sans plus tarder de formuler ce que pourrait être son objectif de coaching, tel que leur premier échange lui permet, à elle, de le formuler.

Pour Julie S., plusieurs points ressortent assez rapidement : fonder son action sur un équilibre entre champ professionnel et vie privée, apprendre à refuser l'impossible, et éclaircir la notion de motivation et la distinguer de ce qui relève de l'affectif.

Le coach lui demande alors :

— Avez-vous l'impression que quelque chose vous manque dans votre environnement professionnel ?

— Oh oui. Je voudrais sentir de la reconnaissance pour le travail que j'effectue.

— À quoi accordez-vous plus particulièrement de l'importance ?

— Je voudrais trouver un climat de confiance dans le service où je travaille. Car s'il n'y a pas de confiance, je me sens écœurée.

Julie S. devient alors plus volubile, plus expressive. Dans son travail, en fait, ses contacts avec l'extérieur sont bons, c'est de là qu'elle retire son plaisir. Elle s'implique également dans la vie associative. Mais la charge de travail est inégale et elle dit être positionnée au niveau hiérarchique où se manifestent les tensions les plus fortes :

— Les responsables hiérarchiques des niveaux supérieurs mettent une forte pression, mais ils ne se soucient pas de nous aider. Ils exigent mais ne contribuent pas, ou peu.

Le coach saisit cet instant pour encourager sa cliente à préciser encore ses attentes à l'égard du coaching et du coach :

— Si vous souhaitez que nous travaillions ensemble, qu'attendez-vous de moi ?

— Il faut que vous m'aidiez à progresser sur un point précis, être capable de refuser le plus tôt possible une mission confuse, et ceci dans le calme. M'aider aussi à comprendre pourquoi refuser m'est si difficile.

— Et si à un moment donné nous découvrions que c'est facile, est-ce que ce serait difficile pour vous ?

— Non, d'ailleurs je viens de divorcer, avec deux enfants dont un ado, il y a trois mois, et je pensais que c'était impossible. Et j'y suis très bien arrivée.

Oups ! Si le coach avait eu le moindre *a priori* sur la fragilité de sa cliente, il était temps pour lui de le rempocher.

L'engagement

Dans un entretien préalable, la phase d'engagement est de toute évidence, une des plus importantes. La cliente est-elle prête à travailler activement et sans réserve avec le coach ? Le coach pose alors deux questions dites d'engagement afin de valider la possibilité de travailler ensemble.

La première question a pour objectif de connaître les limites de ce que la cliente peut supporter avant de décider de quitter la séance. Verbaliser ses limites, son seuil de tolérance. Ceci par analogie de la limite de ce qui serait supportable dans l'organisation :

— Qu'est-ce qui vous ferait mettre fin à ce coaching ?

Julie répond du tac au tac :

— Que vous me disiez que c'est du ressort d'un psychiatre et pas d'un coach ou que c'est de l'ordre de l'affectif.

— Qu'entendez-vous par : de l'ordre de l'affectif ?

— Mon supérieur me dit trop sensible, affirme que j'ai trop d'émotions, bref que je suis affectivement fragile. J'en ai assez que mes difficultés actuelles soient vues sous cet angle unique.

Au cours de leurs échanges, la cliente signale clairement au coach qu'elle sait ce qu'est le coaching, d'ailleurs c'est elle qui l'a demandé à sa hiérarchie, ses attentes sont professionnelles. Le problème est bien d'ordre professionnel. Même si certaines conséquences extrêmes l'amènent à consulter un psychiatre, les pleurs qu'elle manifeste sont une conséquence d'une plainte de la hiérarchie et non d'un état émotionnel personnel, voire pathologique, puisqu'un spécialiste a trouvé nécessaire de lui donner un traitement. Elle est en capacité de bien différencier les trois prestations d'accompagnement qui lui sont utiles (psychiatre d'hôpital, psychothérapeute en ville, coach).

De toute évidence, Julie S. sait faire les différences de contextes : contexte de soins, contexte de projet, contexte de séances psy (vie privée) et contexte de séances de coaching (vie professionnelle). Le coach peut donc accepter cette collaboration et se co-engager avec sa cliente.

La seconde question a pour but de vérifier avec la cliente si elle est d'accord pour que, s'il y a des moments où le coaching traîne, voire n'avance pas (ce qui est normal dans une démarche d'évolution) elle n'attribue pas ce phénomène à l'incapacité du coach, mais bien à l'inhérence du processus de changement. Elle accepte qu'ils soient tous deux, elle et son coach, co-acteurs, co-responsables du cheminement. Cette question qui est proposée ici est longue, voire interminable, c'est exprès :

— Comment réagirez-vous lorsque le coaching vous paraîtra aller trop lentement, ou deviendra ennuyeux, répétitif, si vous avez le sentiment de tourner en rond, voire que tout cela vous paraît inutile ?

— Je me dirais qu'il y a un autre niveau auquel je ne pense pas.

Cette remarque précise signale aussi au coach que la cliente réfléchit à différents niveaux possibles comme moyen de percevoir la réalité ; qu'elle ne se cantonne pas dans la plainte ou la déresponsabilisation. Elle a pour objectif de vérifier la co-responsabilité de la cliente quant à l'avancée du coaching.

Cette question présuppose que la progression, le changement, ne se font pas de façon régulière mais, avec des hauts et des bas. Elle demande aussi à la cliente : « Que ferez-vous ? Prendrez-vous votre part de responsabilité dans cette affaire ? »

Les clients répondent souvent qu'ils se demanderont ce qui fait qu'ils n'avancent pas et en parleront avec le coach. Mais si la réponse du client est qu'il aura envie de partir, elle signale qu'il fera porter tout le poids de la responsabilité sur le coach. Dans ce cas, le coach refusera le client potentiel.

Les indicateurs

Le coach peut alors passer à l'étape importante des marqueurs :

— Quels seraient des indicateurs concrets qui vous feraient dire que les objectifs que vous m'avez signalés plus haut sont atteints ?

— J'aurais des horaires de travail réguliers. De 9h30 à 19 h. Et je pourrais faire une pause à mi-journée. En ce qui concerne mes conditions de travail, j'aurais une définition de poste précise afin de savoir ce qui est de mon ressort et ce qui ne l'est pas. Je parviendrais à préciser ce qui est de l'ordre de ma motivation et ce qui est de l'ordre de l'affectif.

Le coach, suite à cet échange et après les vérifications ci-dessus, décide d'accepter d'accompagner Julie S. vers ses objectifs. Il lui demande alors :

— Vous nous verriez travailler ensemble pendant combien de séances ?

— Je ne sais pas, cinq ou six séances ? Mais c'est vous qui savez.

— Six séances d'une heure trente vous irait-il ?

— C'est un format qui me convient bien.

Julie et le coach se séparent et conviennent de se retrouver lors d'une réunion tripartite.

La réunion tri-partite

Une réunion tripartite du coach avec Julie (cliente) et son directeur (N+1) est rapidement organisée. Lors de celle-ci, c'est le directeur qui prend la parole et introduit la rencontre :

— Nous sommes ici tous les trois pour formaliser une demande de coaching émanant de Julie précise-t-il d'emblée, lui qui est son responsable hiérarchique direct.

Après les formules de politesse d'usage, le coach propose qu'ils entrent aussitôt dans le vif du sujet. S'adressant au directeur, il lui demande donc :

— Quel est pour vous l'objectif de ce coaching ?

— Julie m'a fait part de sa discussion avec plusieurs personnes de son entourage professionnel. Cela a permis d'identifier les missions à mener, les questions à se poser, les priorités à prendre en compte et l'investissement consécutif nécessaire dans son travail.

Et cela amène le directeur de Julie S. à prononcer cette formule inattendue :

— Pour réussir dans notre organisation, il faut avoir une capacité à faire face à l'impossible. Pour moi, on « reste debout ».

Le coach, après un temps d'étonnement, poursuit le questionnement avec le N+1 :

— Quels sont les indicateurs de résultat qui vous montreront que le coaching de Julie a porté ses fruits ?

— Nous allons être amenés à revoir la fiche de poste de Julie. C'est un poste fourre-tout, dans ce service fourre-tout. Julie a ses missions, un peu plus foisonnantes que d'autres, mais pas tant que ça.

Le directeur précise par ailleurs :

— Il est peut-être important que vous sachiez également que je n'ai pas de recul par rapport au coaching.

Le coach insiste, poussant le directeur à prendre sa part de responsabilité dans cette démarche :

— Qu'est-ce qui vous amène à favoriser cette démarche ?

— L'essentiel des missions de Julie se concentre sur des consultations, rencontres techniques avec les pilotes des grands projets et certains opérateurs qui y contribuent de manière plus occasionnelle. Comme je vous l'ai dit, nous devons définir sa nouvelle fiche de poste. Il est nécessaire que Julie soit capable de s'intégrer dans cette organisation, qu'elle soit capable de gérer ses priorités, d'être autonome, de cibler la nature des besoins. Il est nécessaire que je n'aie pas à suivre ses missions par le menu et que je puisse me contenter de ce qu'elle m'en dit, et qu'elle ne retombe pas dans l'arrêt thérapeutique.

— Est-ce que ce que vous venez d'exprimer est la liste des objectifs qui vous semblent importants ?

— En quelque sorte.

Le coach poursuit aussi à l'égard du directeur un objectif d'engagement :

— Que comptez-vous faire pour contribuer à la réussite du coaching de Julie ?

Le directeur, interpellé ainsi directement, se lance dans une déclaration :

— Si quelqu'un se noie, tout le monde n'est pas obligé de couler. L'adversité peut souder, ça crée du collectif. Mais quand quelqu'un est en grande difficulté, ça crée des difficultés pour tous. Donc chacun doit savoir se gérer. Pour répondre plus précisément à votre question, je dirais qu'il faut établir une relation de confiance. En management, le respect de l'autre et la confiance passent par la reconnaissance des actes accomplis.

Le coach constate que le discours du N+1 manque singulièrement de précision et en même temps, il a entendu ce qu'il voulait entendre de sa part. Il peut constater que certaines attentes de la cliente sont exprimées clairement par son hiérarchique. Autrement dit la plainte de la cliente, qui souhaitait des relations de confiance, de l'autonomie et de la reconnaissance pour son travail, étant également évoquée par le directeur, le coach peut légitimement penser que ces trois points sont bien des demandes d'ordre professionnel dans un contexte précis. Celui de cette cliente en relation avec ce directeur, dans ce service, situé dans cette même organisation.

Le coach fait sa proposition :

— Je propose pour cet accompagnement six séances d'une heure trente. Qu'en pensez-vous, tous deux ?

Le directeur acquiesce et poursuit :

— C'est mon premier poste à responsabilité. Nous avons une pression importante. Je suis rassuré par six séances, c'est raisonnable. Il faut nous caler l'un et l'autre. Il y a une partie qui repose sur ma propre initiative. Ma priorité c'est d'établir sa fiche de poste. Il y a une part où Julie a besoin d'avoir un regard extérieur. Apprendre à prendre du plaisir dans son travail et fixer la limite de l'affectif. Elle se retrouve trop souvent accaparée, débordée et il y a un risque de reporter ses difficultés sur les autres. Pour votre information, la nouvelle organisation sera mise en place début septembre. Et on a déjà parlé de façon informelle des définitions du périmètre des missions de Julie. Quant à la confiance, de nouvelles personnes entrent dans le service. Il nous faut donc nourrir ce cercle vertueux.

À son tour, Julie S. valide les six séances et la durée de ces séances.

Le coach alors résume les indicateurs tels que le directeur les propose :

- que Julie S. soit capable de s'intégrer dans cette organisation,
- qu'elle soit capable d'être autonome, de cibler la nature des besoins,
- que vous (en position N+1) n'ayez pas à suivre ses missions et que vous puissiez vous contenter de ce qu'elle vous en dit,
- qu'elle ne retombe pas dans l'arrêt thérapeutique,
- qu'elle apprenne à prendre du plaisir dans son travail et à fixer la limite de l'affectif.

— Pourriez-vous me donner des indicateurs plus précis ?

Le directeur reprend :

— Il faut que Julie me fournisse des rapports synthétiques et réguliers à son initiative, qu'elle puisse expliciter ses choix de priorité et d'organisation, et son rôle, qu'elle analyse précisément ses besoins plutôt que d'exprimer le fait qu'elle est débordée, qu'elle retrouve des relations professionnelles sans que les émotions l'empêchent de travailler, et qu'elle anime et soutienne son équipe.

Devant la multiplicité des attentes (objectifs, indicateurs) du directeur, le coach considère utile de cibler avec lui des priorités :

— Dans tout ce que vous avez évoqué, qu'est-ce qui vous apparaît prioritaire ?

Le directeur précise :

— J'attends de Julie : qu'elle retrouve sa place dans l'organisation, qu'elle gère ses priorités, qu'elle ne retombe pas dans l'arrêt thérapeutique, qu'elle apprenne la limite de l'affectif dans la relation.

Le coach se tourne alors vers Julie et lui demande si ces priorités lui conviennent.

— Oui, et je rajouterai celles-ci : trouver un équilibre pour moi-même entre domaine professionnel et vie privée, et apprendre à refuser l'impossible, à dire non.

Sur ces entrefaites, les protagonistes de la relation tripartite se séparent.

Extraits de la première séance de coaching

La veille du rendez-vous prévu, le coach reçoit un appel téléphonique de Julie S. :

— Je ne sais pas si je vais pouvoir venir, je ne me sens pas très bien, j'ai des problèmes personnels. C'est difficile pour moi de venir. Qu'en pensez-vous ?

Après un temps de silence, le coach décide de lui répondre ceci :

— Je ne sais pas. Il est possible que cela vous soit utile, et c'est vous seule qui pouvez le savoir. Pour ma part, je ferai ce qui sera utile pour vous.

Julie S. ne réagit pas immédiatement. Puis, suite à un silence, elle prend la décision de confirmer sa venue.

Elle arrive donc le lendemain. Un échange est initié pour reprendre contact. Le coach n'a bien-sûr rien préparé, il tient à accueillir le présent sans être encombré :

— Que souhaitez-vous évoquer aujourd'hui ?

Elle se lance alors dans des explications précises. Elle exprime un problème de confiance. Elle a le sentiment qu'elle n'arrive pas à entrer en relation avec les autres dans son travail, qu'il lui faut mettre en place un aller et retour logique avec son N+1. Elle précise qu'elle considère qu'elle se doit d'être force de proposition et elle poursuit ses observations dans ce registre :

— Je sais maintenant ce qui est a priori de mon ressort et ce qui ne l'est pas. Je peux réagir. Je dois donc poser les bonnes questions et solliciter les services qui peuvent être concernés.

Et Julie S. ajoute alors que le ton de sa voix fléchit :

— Et je me sens écrasée, immobilisée. Je ne me sens pas capable de réagir.

Le coach constate que la cliente est cependant capable d'exprimer ce qu'elle devrait faire et qu'elle est aussi en situation de parler de ses états d'âme. Elle évoque notamment la complexité à laquelle elle se confronte et se dit en capacité de l'accueillir (acceptation des contraires) et de prendre sa part de responsabilité dans cette situation.

Le coach la relance du côté de l'action :

— Qu'avez-vous entrepris, même de petites actions ?

Julie S. explique alors qu'elle n'a pas de projet à court terme, pas de projet au-delà d'un an. Elle fait des micro-actions parce qu'elle ne peut pas faire plus. Mais elle s'engage à en faire plusieurs par jour. C'est difficile et elle n'y parvient pas pour son projet à moyen terme. Elle précise :

— J'ai l'impression que ma vie professionnelle ne m'appartient pas.

Le coach lui propose de formuler ces micro-actions. Attentif à la dimension de désarroi qui perdure, le coach la questionne sur l'attention qu'elle se porte à elle-même :

— Qu'est-ce que vous faites pour vous faire du bien ?

Soudain, Julie S. réagit avec plus de vigueur, se redresse, prend de l'assurance et sa voix se renforce :

— Bonne question ! s'exclame-t-elle.

Et la voici qui s'engage dans une série de propositions qui lui font envie.

— J'ai envie de m'intéresser à d'autres domaines, j'ai envie de sortir, de me cultiver, j'ai envie de voir du pays.

Son énumération est spontanée, fournie, sans hésitation.

Le coach l'encourage à s'exprimer sur ce registre :

— De quoi concrètement avez-vous envie ?

— J'ai envie d'éprouver du plaisir. Mais ce que je ressens actuellement s'apparente au contraire à une peur, un vide, et ça n'a pas de sens. Je me sens prisonnière d'une vie professionnelle que je ne maîtrise pas. Je trouve cela insupportable. J'ai parfois envie d'en finir.

Le coach, devant ces mots lourds, graves, décide de donner corps à leur échange. Il l'informe sur les quatre peurs existentielles telles qu'Irvin Yalom[29] les a formalisées : la peur de construire sa vie, la peur d'être seul, la peur que l'existence n'ait pas de sens et la peur de l'aspect inéluctable de la mort.

---

29 Yalom I. (2008). *Thérapie existentielle*. Galaade.

Il l'incite à prendre position :

— Et qu'est-ce que cela évoque pour vous que je vous donne cette information ?

— Ça me ré-inclut dans le monde.

Après un silence très court, Julie a répondu sans hésiter. Lui-même touché, le coach poursuit aussitôt :

— Quand vous avez peur, qu'est-ce que cela vous dit de vous-même ?

— Ça m'empêche de prendre des décisions, de passer à l'action. Ce qui me freine, c'est mon goût pour la perfection, c'est important, ne pas tricher. J'ai toujours été perfectionniste.

Julie prononce ces derniers mots comme si elle se sentait soudain capable de reprendre de la distance, voix plus posée, regard direct.

Le coach saisit au bond son constat de perfectionnisme :

— Quelles seraient les compétences nécessaires pour ne pas être parfaite ? Pour gagner en imperfection ?

— Je sais, la paralysie. Ça m'arrive aussi parfois quand je suis près du but.

Le coach poursuit sa tentative de la ramener vers l'action, vers ce qui aurait du sens à ses yeux, et de l'inclure dans le monde (ce sont les propres mots de Julie) :

— Et nous sommes deux personnes imparfaites qui coproduisons dans cette séance.

Julie S. reprend pied et son discours se raffermit. Questionnée par le coach, elle se remémore deux épisodes de vie qui n'étaient pas parfaits dont l'un pendant qu'elle faisait ses études, au cours duquel elle s'est même permis la création. Son visage s'est éclairé, sa voix s'est affermie, elle accompagne ses mots de gestes vifs et semble évoquer ces souvenirs-là avec plaisir. Le coach l'encourage à les relier à des personnes appréciées d'elle :

— Qui serait le moins surpris de vous entendre raconter cet événement ?

— Mon oncle Pierre.

Le coach s'engage plus avant dans un questionnement :

— D'après vous en quoi votre oncle Pierre a-t-il contribué à votre évolution ?

— Il avait confiance en moi, dans mon talent de raconter des histoires, dans mes capacités créatives.

— Qu'est-ce qu'il appréciait chez vous ?

— Il aimait ma spontanéité, mon élan, mon désir d'être moi-même.

Julie S. semble retrouver confiance en elle-même et s'engage dans cet échange avec spontanéité. Un sourire éclaire à présent ses traits. Le regard animé, elle paraît rajeunie. Elle ajoute que son oncle aimait qu'elle s'autorise à être une personne différente, qu'elle se permette de ne pas être la reproduction des femmes de sa génération (sa tante) qui lui disait qu'avoir un métier n'est pas essentiel dans la vie d'une femme, qu'il y a des contributions plus importantes, comme prendre soin de sa famille, de son mari.

Le coach souligne ce point :

— Et vous, comment avez-vous contribué à sa vie ?

— Oh ! J'ai cassé mon mariage. Une fois que j'ai eu décidé de ne plus subir, c'était simple. Et trois mois après mon divorce, ils se sont séparés eux aussi.

— Si votre oncle Pierre pouvait se voir à travers vos yeux, qu'est-ce qu'il apprécierait de lui-même ?

— Je ne sais pas, je ne vois pas (profond, long silence) ; il apprécierait de se libérer d'une emprise affective lourde.

— Et qu'est-ce que cela dit de ce pourquoi vous êtes ici ?

— Cela prouve que je peux me sentir libre, légère.

Le coach fait alors un résumé à sa façon pour que Julie S. puisse l'entendre à son tour avant de lui poser une question-tâche :

— Vous savez être présente ET votre vie ne vous appartient pas, vous savez être libre ET en prison, être en relation ET pas en relation, être légère ET grave. Vous pouvez aussi être créative ET perfectionniste. Quelle autre possibilité avez-vous que de casser ou subir ? Car nous sommes des êtres ambigus, des êtres de complexité.

— Oui, bien sûr, je peux aussi choisir, s'exclame soudain Julie, comme touchée par l'évidence.

Le coach poursuit :

— Parfois on peut subir sa vie et que les choses s'améliorent. Alors, que faudrait-il qu'il se passe pour que vous n'ayez plus besoin de venir ici ?

Temps de réflexion (trois minutes de silence, c'est long) :

— Ce n'est plus tout l'un ou tout l'autre. Je reviens à ce que vous me disiez : « Parfois on peut subir sa vie et que les choses s'améliorent ».

— C'est un aller-retour, pas forcément tout l'un ou tout l'autre. Peut-on faire un lien avec aller-retour à partir du tout début de cette séance ?

— Oui, je peux y arriver petit à petit.

Le coach décide à ce moment-là de se mettre lui-même en position de fragilité :

— Je veux partager une observation avec vous. Je vous ai incitée à faire un détour par votre vie privée, à propos de votre oncle et j'ai donc quitté le cadre formel du coaching. Ai-je triché par rapport au métier que je me dois de pratiquer avec vous ?

Deux longues minutes de silence :

— Non, pas du tout. Comme ça, ça nous a permis d'avancer, s'exclame Julie qui de perplexe et silencieuse retrouve de l'ardeur.

— Alors, qu'est-ce que cela nous dit de ce que vous pouvez faire ?

— Je peux aller chercher dans ma vie les ressources qu'il me faut.

— Et c'est facile ?

— Non.

— Et vous l'avez déjà fait ?

— Oui.

Le coach poursuit :

— Je dois vous avouer que j'ai eu très peur tout à l'heure quand je vous ai posé ma question. Et je ne pouvais pas passer ce détour sous silence. J'ai donc dû aller chercher la réponse chez vous. Est-ce que cela vous ouvre des possibilités ?

— Je peux m'autoriser une incursion, prendre un chemin dérivé, explorer ailleurs alors que ce n'est pas le chemin tendu, direct, mais ça y a participé.

La séance se terminant, le coach pose les trois questions de fin :

— Qu'est-ce que vous ressentez ?

— Là maintenant, à cette minute, j'ai vu que pendant cette séance vous tâtonniez, vous construisiez pas à pas. Vous avez montré, vous avez été un exemple vivant, concret de comment faire avec le problème que je me pose. Je suis bluffée.

— Qu'est-ce qui vous a fait le plus avancer ?

— M'aventurer sur des chemins que je n'estimais pas a priori comme pouvant être porteurs, et m'orienter vers des endroits qui a priori sont à laisser de côté, en fait ne pas les rejeter, mais plutôt les privilégier.

— Quel est le prochain petit pas que vous ferez ?

— Celui que je ferai pour me faire plaisir ?

Un silence interrompt leur échange. Julie S. se déclare étonnée de sa propre réponse et énonce ce dont elle est toute surprise et ravie :

— Je vais prendre ce soir une chambre d'hôtel à Paris et demain j'irai visiter une expo que j'ai envie de voir depuis longtemps au quai Branly.

— Qu'est-ce qui s'ouvre pour vous alors ?

— Je suis légère, j'ai moins peur d'entrer en relation avec les autres.

— Qui êtes-vous quand vous entrez en relation avec les autres ?

— Je me sens entière. Je n'ai plus cette gravité, cette pesanteur. Je me sens présente.

Le point de vue du coach

Quand un coaching est financé par un tiers, entreprise, institution, le coach doit prendre en compte les trois parties à égalité, le donneur d'ordre, le client coaché et lui-même, dans un contrat comportant nombre de séances, coût, intitulé officiel du coaching. Ce contrat est à valider par le prescripteur et le client coaché. Enfin l'objectif et les indicateurs de résultat du client sont également à valider par tous trois. Il arrive qu'en fin de programme de coaching, une seconde réunion tripartite soit organisée afin de vérifier que les indicateurs de résultats ont bien été atteints.

À l'égard d'une cliente entraînée dans une solution thérapeutique, la question est délicate. Quand le coach reçoit une plainte tant de la part de la cliente que du responsable hiérarchique, ou du prescripteur, il doit être particulièrement vigilant. Il lui faudra freiner le mouvement et ne pas tirer de conclusion hâtive. Le risque serait de faire une coalition de deux contre un. Soit avec le client coaché, coalition révolutionnaire parce que celui-ci serait harcelé par exemple. Soit avec le prescripteur, coalition conservatrice parce qu'il serait abusé par exemple. Soit que le coach laisse s'installer une coalition entre le client et le prescripteur, dite coalition illégitime.

Cette proposition a été développée par le MRI (Mental Research Institute de Palo Alto). Le coach prendra le temps de faire les vérifications nécessaires, afin de ne pas risquer d'établir une coalition, là où il doit au contraire négocier une alliance inclusive, donc à trois.

Ici, en l'occurrence, le responsable hiérarchique qui n'est pas compétent pour évaluer une pathologie chez sa salariée, ne se prive pas de la qualifier de dépressive. Serait-elle un bouc émissaire ? Ou harcelée par sa hiérarchie ? Ou autre chose ? Le coach avance avec prudence. C'est à lui de vérifier avec la cliente ce qui se passe, au-delà des impressions, soupçons, étiquette pathologique et autres sous-entendus et rumeurs.

En ce qui concerne le nombre de séances, le coach doit être capable ici de faire un choix judicieux dans la réunion tripartite. En effet, si le nombre de séances est important (de l'ordre de dix séances), il risque de faire croire que c'est très grave et donc peut-être impossible à régler. Si au contraire, il décide d'en faire peu (deux ou trois), il risque de ne pas honorer la demande de la cliente et du N+1 en donnant l'impression qu'il ne croit pas à la gravité du problème. Il demande donc à la cliente en entretien préalable combien elle verrait de séances, gardant ici pour lui un chiffre entre six et sept. La cliente propose cinq/six, ils se mettent d'accord pour six. En réunion tripartite le N+1 trouve que six séances, c'est raisonnable. En plus des indicateurs mutuellement validés, la validation du nombre de séances est acquise.

Repères et questions

Le coach se trouve sollicité à différents niveaux au fil du récit. En tant que coach tout d'abord. Julie S. est-elle vraiment en mesure de distinguer les contextes dans lesquelles elle interagit ? Ce n'est que dans cette situation qui garantit son initiative que le coach pourra lui apporter son soutien. Ce récit met clairement en lumière l'attitude du coach dans la relation qui s'établit entre lui et sa cliente d'une part, et entre lui et l'institution au sein de laquelle agit la cliente d'autre part. Enfin il met l'accent sur l'une des attitudes fondatrices de la posture du coach, le maintien.

La nécessaire distinction des contextes

La capacité à différencier les contextes de vie est un indicateur de capacité à prendre des initiatives adaptées. Gregory Bateson propose le concept de contexte comme essentiel pour envisager et circonscrire un réel. Le contexte est délimité et délimite. Le contexte est ce qui permet de circonscrire un espace de travail. Une interaction n'existe qu'à l'intérieur d'un espace. « Les actes et leurs contextes caractérisent la partie observable de la socialisation », « Sans contexte, les mots, les actes n'ont aucun sens[30] ». Donc l'initiative personnelle passe par la capacité d'identifier le contexte pour agir.

Dans cette situation de coaching, il s'agit de s'assurer que la cliente est en mesure d'identifier le contexte de l'action qu'elle vit et d'y situer le problème spécifique qui sera traité. Dans le cas où la cliente aurait présenté une tendance à mélanger les contextes, il aurait pu s'avérer nécessaire de travailler à leur distinction, poser des limites entre situations de la vie privée et situations de la vie professionnelle, par exemple.

L'attitude du coach dans la relation tripartite

Suite aux différentes déclarations riches de sens possibles du directeur, le coach pourrait les considérer comme importantes et s'embarquer vers des analyses et interprétations. Or, en coaching, il ne serait pas pertinent d'examiner ces voies au lieu d'examiner la demande de la cliente, prépondérante ici.

Par exemple, faire la critique du directeur et de l'organisation, voire tenter de vérifier un possible harcèlement. Ou, celui-ci déclarant que c'est son premier poste, en déduire des carences en savoir-faire managérial. De même, creuser la phrase : « qu'elle ne retombe pas dans l'arrêt thérapeutique » ou approfondir le fait qu'il faut qu'elle prenne du plaisir, etc. Emprunter ces voies orienterait le coaching, en renforçant et justifiant la plainte de la cliente vers sa propre impuissance,

30 Bateson, G. (1996). *Une unité sacrée.* Seuil.

vers une impasse, puisque ce serait la faute d'autrui, au lieu de s'orienter vers les initiatives possibles de la cliente.

Nous pourrions en effet analyser tous ces propos certainement intéressants. Mais ce n'est pas le coaching d'un binôme qui intégrerait le responsable hiérarchique, il ne s'agit pas de redresser des torts, ni de décortiquer, ni de creuser. L'objectif est d'aider la cliente à atteindre son propre but, en lien avec les caractéristiques et objectifs de l'organisation. Il est ici question de garantir la sécurité de la cliente, de respecter ses espoirs. Quant au directeur, le coaching prendra vraiment en compte ses attentes, ses indicateurs.

Le maintien de la posture du coach

Dans un accompagnement de type coaching, il est important pour le coach de maintenir le cadre du coaching: le maintien du territoire de compétence du directeur (et non ses hypothèses, étiquettes, etc.), le maintien en respectant la demande de la cliente, le maintien de l'éthique enfin, au cœur de l'institution et dans la relation tripartite puis de coaching, en un mot le maintien de la vie: «La seule raison d'être d'un être, c'est d'être. C'est-à-dire, de maintenir sa structure. C'est de se maintenir en vie. Sans cela, il n'y aurait pas d'être», affirme le professeur Henri Laborit[31].

Le coach doit donc se maintenir entre le client (coaché) et le prescripteur institutionnel, entre la demande et l'éthique professionnelle. Maintenir une relation de parité, maintenir une relation d'adultat en veillant à l'éthique mutuelle. On voit bien que l'acte de se maintenir est un processus actif, car c'est se maintenir à chaque instant. Maintien de l'esprit, maintien du cadre, maintien de l'éthique, maintien du regard, maintien du choix des mots, maintien d'un silence, etc. Tout ceci est de l'ordre de la décision. La démarche de coaching repose toute entière sur ces différents maintiens. Ce sont ces maintiens qui sont des points d'appui pour le changement.

Il reste à ajouter une réflexion sur le maintien d'un troisième point de vue, l'alternative inclusive. Un peu partout dans notre société, nous entendons, voire nous cautionnons les termes de développement. On parle de développement économique, de développement voire de dépassement de soi, de la croissance, de la recherche de performance, de grandir, etc. Ces termes traduisent un mode de pensée relié à la rentabilité, à l'efficacité, à la réussite sociale et personnelle de l'individu. En pensant ainsi on ne parle que d'un côté de l'alternative. L'autre partie c'est le maintien, la stabilité. Quand on parle de changement, ce n'est acceptable ou utile que si l'on accepte en même temps la stabilité, le maintien. C'est l'inclusion des contraires dont parle Edgar Morin et d'autres.

31 Laborit, H. (1976). *Éloge de la fuite*. Laffont.

Éléments de méthode

Dans ce récit la question du contexte est omniprésente. Elle pose évidemment celle des frontières, des limites perçues par la cliente. Elle interroge aussi à propos de ce que le coach décide lui-même d'englober, ou pas, dans ce qu'il a perçu de la situation telle qu'elle se présente à lui, dès l'origine de la demande. Tous ces éléments auront des conséquences directes sur la production d'identité à laquelle pourra accéder la cliente. C'est dire l'imbrication étroite entre chaque attitude du coach et chaque pas que pourra faire, ou non, la cliente.

Contexte

Le coaching respecte la parité, l'autonomie, la compétence de la cliente et il se situe dans un contexte précis. Le coach s'engage à annoncer le nombre de séances, il est porteur d'un co-engagement vers le résultat. Donc, l'une des particularités du coaching est que ce travail n'est possible que parce qu'il est inscrit dans un contexte précis, et grâce à un contexte précis.

Virginia Satir[32] dit qu'une situation est constituée de «*Moi, l'Autre et le Contexte*». Quant à l'intéressé, il met à l'épreuve «sa capacité à faire des choix et prendre des décisions à partir de perceptions précises qu'il a de lui-même, des autres, et du contexte». Le coach travaille avec la cliente à identifier, délimiter le contexte qui pose difficulté. Ce travail de contextualisation, de délimitation, de territorialisation est en soi déjà un travail. Le contexte s'inscrit dans un espace, système, et dans une ligne de temps, histoire.

Revenons aux mots de Gregory Bateson[33] :

> «Les rêves, les objets perçus, les histoires sont comme les irrégularités, les craquelures d'un moule uniforme, intemporel ; ce qui nous amène à réintégrer le temps et à poser la notion de structure dans le temps, donc à prendre en compte la notion de contexte. Rien n'a de sens en dehors d'un contexte (...) Ceci est vrai de toute communication, de tout processus mental, de tout esprit (...) Toute communication nécessite un contexte ; sans contexte, il n'y a pas de sens. Les contextes confèrent le sens parce qu'il y a une classification des contextes.»

Frontières

Avec toutes les réserves nécessaires, nous pourrions dire que nombre des problèmes présentés en relation d'aide viennent des difficultés d'adaptation du client à un contexte précis. Autrement dit, la difficulté se manifesterait par le fait que le

32 *In* Elkaïm, M. (1995). *Panorama des thérapies familiales*. Seuil.

33 Bateson, G. (1996). *Une unité sacrée*. Seuil.

client aurait un comportement, un mal être en de multiples contextes. Et que le comportement envahirait différents contextes. Est-ce à dire que la seule frontière serait le monde ? Cela introduit l'idée de fusion, ou d'un mélange du professionnel et du privé, la tentation d'un tout est dans tout. Le problème serait multi-contextuel.

De ce fait, une amélioration possible serait d'aider l'autre à trouver le comportement qui lui permette de ressentir davantage de confort, qui soit plus adapté, donc en lien avec un contexte précis, délimité. Nous nous demandons, même si nous le vérifions bien souvent, si le fait d'aider le client à apprendre à différencier les contextes, à en délimiter un et à identifier les personnes présentes, n'est pas déjà un chemin pour quitter la confusion, la mise en abyme personnelle.

Revenons au coaching. En délimitant dans ce récit avec la cliente le contexte, les protagonistes et l'action avec précision, le coach l'aide à qualifier précisément ce qu'elle vit et à quitter la déclaration générale, englobante, la confusion exprimée par : « Ça va mal », « Je ne suis plus capable ».

La cliente ayant appris à identifier, circonscrire une frontière de contexte, saura modéliser et ainsi le faire à nouveau par elle-même. Savoir poser des frontières de contexte, c'est décider d'entrer dans un contexte, choisir de négocier le mode de relations et son propre comportement. Pour Jerome Bruner[34], « *le Self est situé, distribué, négocié* ».

Traiter le soupçon de harcèlement

Comment le coach parvient-il à donner la priorité au client plutôt que de se laisser impressionner, détourner par des prescriptions psychologiques voire médicales ? Dès les premiers contacts, la plainte est clairement affichée, c'est un appel à l'aide : « J'ai besoin d'aide, d'écoute. Sortez-moi de là. » Prise entre deux médecins, la cliente va chercher ailleurs. Elle se sent en danger. Le coach le perçoit aussitôt. Il décide de temporiser, écouter, faire confiance à la cliente, plutôt que de se dire tout de suite : « C'est sûr, ce n'est pas un cas de coaching ».

Ici, il y aurait de fait deux coachings :

- un coaching à l'initiative de la personne demandeuse, accordé par l'institution,
- un coaching institutionnalisé d'emblée, porté par l'institution, représentée ici par le responsable hiérarchique. L'appel exprimé par chacune des deux demandes est peut-être différent, même si les deux visent une solution apportée à la cliente. Pour le coach, il est nécessaire de travailler l'approche. Refuser le propos urgent initié par l'institution et proposer de fixer un

34 Bruner, J. (2001). *Language, Culture and Self*, Sage publications Ltd - Self ou soi, selon les traductions.

rendez-vous proche. «Prenons rendez-vous et consacrons un moment à évoquer cette situation, cela vous convient-il ?»

Le coach ne donne pas prise à ce sous-entendu de harcèlement, à ce qui semble inavouable dans les premières démarches d'approche. «Il se passe quelque chose dans un service.» Il prend les choses pour ce qu'elles sont et décide de les traiter comme telles.

Limites du coaching et vulnérabilité du coach

Cette séance illustre la vulnérabilité du coach, son exemplarité, sa capacité à prendre le risque de la faute. Le coach évoque dans la séance son imperfection. Il demande alors à la cliente de se remémorer un moment où elle n'était pas – et n'avait pas voulu être – parfaite. Celle-ci trouve comme personnage en lien avec la situation, son oncle Pierre. Le coach, s'il continue plus avant, risque d'entrer rapidement dans la vie privée de la cliente. En même temps, il réfléchit à la conséquence de franchir ainsi le Rubicon. Il se demande quel effet cela pourrait avoir et prend le risque de la voie étroite. Il décide de questionner la cliente plus avant. Puis, il souligne le fait qu'il a franchi la limite du coaching et se confronte directement avec la cliente sur le cadre.

Ceci est une intervention en position de vulnérabilité. Le premier effet est, se dit le praticien, que la cliente devrait résonner à propos d'une incursion rapide sur sa vie privée. Et le deuxième effet de l'intervention est de demander à la cliente s'il est possible d'agir de façon pertinente et imparfaite. C'est ce que le coach vient de faire.

Tenter un apport du coach au client, c'est encore ce dernier qui décide

Il est parfois utile de prendre un chemin de traverse, couper court, ne pas réinventer l'eau tiède. Bref de générer un positionnement rapide, de la cliente ici. Pour cela, le coach fait un apport ponctuel à propos des quatre peurs proposées par plusieurs thérapeutes dont Irvin Yalom. Et de lui demander ce qu'elle en pense. Cela lui permet de se situer éventuellement par rapport à ce référentiel qu'il lui propose à l'instant.

Faire un apport en coaching est parfois utile. Alors, il faut signaler l'ouverture de l'apport et la fermeture de cette séquence. On peut remarquer dans ce récit la manière remarquable dont la cliente s'en empare pour se ré-inclure dans le monde.

Textes à réfléchir

Les limites d'intervention du coach

Ce qui caractérise le coaching c'est que la demande se situe dans un contexte identifié, et que le coach mène la conversation de telle sorte que le client désigne un objectif précis, accompagné d'indicateurs de résultat, accessibles en un temps court, de une à huit séances. La contextualisation, la précision et le cadre sont les facteurs importants qui vont permettre à la relation coach-client de fonctionner et d'obtenir rapidement des résultats concrets.

Beaucoup de personnes se posent la question de savoir clairement quelles sont les zones d'intervention du manager qui fait une intervention de coaching, d'un coach interne, d'un coach externe, et enfin d'un thérapeute ou *counselor*. Pour pouvoir établir clairement des limites, nous allons poser différents paramètres.

Les domaines de l'action

Le domaine public qui relève de la vie extérieure, directement observable par tous. Par exemple, un espace de travail, un comportement, une compétence appliquée. Le domaine privé qui relève de la vie intérieure, non directement observable, tels les principes, les valeurs, ce à quoi l'on croit, l'identité personnelle et les idéaux.

La double loyauté

L'approche contextuelle, initiée par Ivan Boszormenyi-Nagy, met en lumière la notion de double loyauté. Il prenait l'exemple suivant : un homme est dans une barque, avec sa femme et sa mère. Le bateau chavire et il ne peut sauver qu'une personne, qui va-t-il sauver ? Dans chacun des cas il risque de se sentir coupable. Ce concept est maintenant très largement répandu sous le nom de triangulation, coach, coaché, entreprise. Comment être loyal à la fois envers le client et envers le prescripteur ? Comment gérer cette double loyauté ?

La confidentialité

La personne qui mène une conversation de coaching doit pouvoir garder la confidentialité de ce qui s'est dit. Alors, jusqu'où peut-on entendre des confidences ou des secrets ? Et où commence le risque de conflit de loyauté donc le risque de trahison ? Maintenant que les paramètres sont posés, examinons chaque cas.

Les cas de pratiques qui posent les différences

Un manager qui pratique des conversations de coaching aura une difficulté à être loyal envers son collaborateur, loyal envers l'entreprise et garder la confidentialité. Il ne peut y arriver qu'en restant, lors de l'intervention, dans les limites du domaine public, visible par tous, c'est-à-dire dans les champs de l'environnement, du comportement et des compétences appliquées. Il ne peut, en aucun cas, devenir dépositaire d'une confidence car il risquerait d'handicaper le bon fonctionnement de l'équipe, voire de l'entreprise, en entrant dans un conflit de loyauté. Ne confondons pas cela avec la double loyauté, situation ambiguë et fréquente (loyal à la hiérarchie et aux membres de mon équipe ou loyal au prescripteur et au coaché). Tout ce qui sera de l'ordre du domaine privé risque de mettre le manager non pas en double loyauté, mais en conflit de loyauté.

Jusqu'où un coach interne peut-il garder la confidentialité sans se retrouver en conflit de loyauté ? Il peut intervenir dans les champs du comportement et des compétences (professionnalisme) et dans les champs des valeurs et principes du client, atteignant là sa limite. Au-delà, si le client souhaite parler de son rôle, d'une remise en cause d'un individu, d'un poste, le coach interne est-il encore en double loyauté ou se trouve-t-il déjà dans un conflit de loyauté ?

Un coach externe doit gérer la confidentialité et la double loyauté. Pour cela il identifie avec le prescripteur et le client un objectif public et avec le client, dans la conversation de coaching, ils identifieront les besoins émergents ou objectifs privés. Ceux-ci devront, afin que le coach puisse honorer les deux parties, aller dans la même direction que l'objectif public.

Maintenant, qu'est-ce qui différencie le coaching de la thérapie ou du *counseling* ? Quelle est la limite entre les deux ? Comment savoir dire stop ? Notre proposition est que le coaching sera utile quand le client vient avec une difficulté contextualisée, un besoin identifié. Il parle du milieu où spécifiquement il a une difficulté. Ou bien il a une envie de progresser dans un domaine précis. C'est une demande conjoncturelle. Elle est due à une difficulté relationnelle, une prise de poste, une saturation, un besoin de développement.

La thérapie, ou *counseling*, sera nécessaire quand la demande est généralisée à plusieurs contextes. Par exemple lorsque le client a du mal à faire valoir ses opinions dans l'entreprise, avec ses amis, et à la maison. C'est une difficulté de vie, une difficulté par rapport au monde en général, non par rapport à une personne ou un groupe de personnes identifiées. En d'autres termes si, en tant que coach, j'entends mon client parler de sa vie privée, de problèmes récurrents dans différents contextes, je vais rapidement lui demander si l'on peut s'en tenir au contexte évoqué initialement. Il est libre de parler de lui et de sa vie privée au cours de la conversation, et je suis libre de n'accepter d'intervenir qu'au niveau identifié lors de la réunion préalable et par rapport aux éléments du contrat signé ensemble.

Si le client a la capacité de recentrer son discours sur le contexte initial, montrant ainsi qu'il est capable de se gérer, de différencier les contextes, alors le coaching peut avoir lieu. Toutefois, si le client continue à évoquer d'autres contextes publics et privés concernant la difficulté qu'il a énoncée initialement, s'il ne cesse de naviguer d'une situation à l'autre, d'un contexte à l'autre, d'un domaine à l'autre, il semble alors que sa difficulté concerne bien sa relation au monde. S'il ne peut la ré-inscrire précisément dans un contexte, s'il n'est pas capable de se situer, il revient alors au coach de lui conseiller un accompagnement thérapeutique.

ABCdaire – frontières

Quand il n'y a plus de frontières, on ne peut plus fuir nulle part.

Alain Finkielkraut

Depuis notre entrée dans l'âge de l'illimitation et la glorification de la mondialisation, une des grandes difficultés – non identifiée comme telle par nos clients, néanmoins – est l'absence de frontières. Où finit la vie professionnelle et où commence la vie privée lorsque les courriels arrivent à minuit et que les téléphones mobiles sonnent le dimanche ? Qu'en est-il des hiérarchies dans les organisations matricielles ? Comment survit-on en *open space* ? Il y a encore peu de temps, les zones de flou se résumaient aux pots d'entreprises, aux grand-messes et à quelques *incentives* de temps en temps. Aujourd'hui, les cadres fonctionnent en 7/24 ; leurs périmètres professionnels sont aussi flous que leurs profils de poste et les mots d'ordre auxquels ils doivent librement consentir sont de se dépasser en permanence. Le management de soi a été remplacé par le dépassement de soi.

Les abonnements doivent être illimités (téléphone, salle de gym, TGV, musique, etc.) et stop n'est plus un mot en option, dans les différents domaines de la vie, notamment la vie professionnelle. Toujours plus et toujours plus loin. Il est vrai que le concept de finitude a toujours été un peu effrayant pour les êtres humains, surtout maintenant qu'il n'est plus autorisé de vieillir ni, pis encore, de mourir.

> « Lorsque la finitude de la condition humaine est perçue comme aliénation et non comme source de sens, on perd quelque chose d'infiniment précieux en échange de la poursuite d'un rêve puéril ». Jean-Pierre Dupuy

Pourtant, les frontières sont drôlement utiles quand on prend la peine d'y penser. Elles permettent d'établir des distinctions entre les systèmes : entre ce qui est moi et ce qui est l'autre (sinon risque d'autisme quand nos frontières sont des murs ou risque de fusion quand elles s'effacent). Préciser aussi des écarts entre différents contextes (d'où les bévues gênantes qui surviennent lorsqu'on se trompe de territoire) et entre le monde intérieur et le monde extérieur, sans parler de la distinction fondamentale entre le virtuel et l'incarné, très estompée de nos jours.

Les frontières nous sont donc indispensables pour évoluer en société de manière adéquate. Elles nous permettent de conserver notre identité sans nous perdre, elles nous aident à penser et à rester humains en établissant les limites morales.

Nombreux sont les clients qui travaillent trop, beaucoup trop. En fait, ils ne font pas de séparation, le travail envahit tout et ils se trouvent, du fait de cette absence de limites, en état de confusion. Or, dans chaque contexte délimité, les règles, les attentes et les comportements sont différents.

Pour aider nos clients à régler la plupart de leurs problèmes, il conviendra de les aider à établir des frontières suffisamment séparatives et suffisamment perméables. Donc, les aider à :

- Se délimiter, négocier dans un groupe.
- S'envisager comme un soi en tant que processus évolutif, système vivant, dynamique inscrit dans le temps.
- Remarquer les différences et les similitudes entre soi et les autres, appréhender en même temps les informations semblables et différentes.
- Mener une autoréflexion, avoir conscience de soi.
- Accepter le point de vue des autres, modifier éventuellement le sien, (empathie).

> « Pour appréhender l'illimitation moderne afin d'y remédier, il faut décrire et en analyser les différentes facettes : limites géographiques, limites politiques, limites culturelles, limites physiques et écologiques, limites économiques, limites de la connaissance, limites morales. On pourrait en énumérer d'autres, les limites entre le réel et le virtuel, l'humain et le non-humain, entre moi et l'autre, entre justice et injustice, droit et non-droit, entre civilisation et barbarie, entre guerre et paix ».
> Serge Latouche

Chapitre 10

Pré-coaching avant coaching

La demande urgente de coaching comme LA solution pour résoudre une crise interpelle le coach qui s'interroge sur ce qui est vraiment attendu de lui : est-il sollicité comme consultant, comme médiateur, comme coach ou autre chose ? Afin de donner à la complexité de la situation toute la place de s'exprimer, le coach propose un dispositif qu'il ne nomme pas coaching mais « pré-coaching ».

Les Hiboux

Charles Baudelaire

Sous les ifs noirs qui les abritent,
Les hiboux se tiennent rangés,
Ainsi que des dieux étrangers,
Dardant leur œil rouge. Ils méditent.
Sans remuer ils se tiendront
Jusqu'à l'heure mélancolique
Où, poussant le soleil oblique,
Les ténèbres s'établiront.
Leur attitude au sage enseigne
Qu'il faut en ce monde qu'il craigne
Le tumulte et le mouvement;
L'homme ivre d'une ombre qui passe
Porte toujours le châtiment
D'avoir voulu changer de place.

(Les Fleurs du Mal)

Le classement, le vouloir classer, la possibilité de classer,
est une activité fortement socialisante.

Roland Barthes

Le récit

L'histoire : dissoudre la crise

C'est un message laissé sur son répondeur que le coach trouve ce matin-là. Un message empreint de gravité, un message qui ressemble à un appel à l'aide, mais qui n'oserait pas interpeller le coach de manière directe :

— Je voudrais savoir si vous connaîtriez des coaches pour traiter une situation de tension extrême ? C'est très urgent.

Le coach, du fait de la tonalité grave du message et de cette demande multiple commence par poser un temps. Il décide d'adopter la position de consultant, prend à son tour le téléphone et rappelle son interlocuteur. Celui-ci est DRH. Homme réservé et concis, il réitère sa demande. Dans ses propos, elle se présente encore sous la forme d'une solution qui serait apparue d'emblée :

— Je voudrais savoir si vous connaissez et pourriez nous recommander deux coaches ?

Ici le consultant fait intervenir un concept important, la problémation. La première étape de cette démarche est l'exploration de la situation, introduire la dimension du temps. Donc freiner, ralentir, investiguer, contenir l'envie de partir sans réflexion vers les solutions. Plutôt que de répondre à l'urgence de la demande de solution *ex abrupto*, le coach, en position de consultant, va donner un premier soutien. Pour cela, il fixe avec le client un rendez-vous afin de préciser la demande et poser le temps :

— Vu l'importance de votre message, seriez-vous d'accord pour fixer un rendez-vous au plus tôt ?

Au vu des agendas, le rendez-vous formel est pris pour la fin de la semaine suivante.

Lors de ce rendez-vous, le coach-consultant pose une question indispensable puisqu'il lui est demandé d'appliquer une solution. Il souhaite entendre la situation à travers l'évocation du problème de manière à apporter une contribution pertinente. Il ne peut pas, en effet, se fier à la proposition de solution faite par le DRH de mettre en œuvre un coaching. Il ne peut s'agir simplement de communiquer des coordonnées de collègues. Il lui faut en entendre davantage pour orienter utilement son interlocuteur :

— Cette solution (de coaching), à quel problème répond-t-elle ?

Le client entreprend alors de lui donner des informations. Sur le contexte professionnel, une entreprise de services en voie d'internationalisation, aux résultats enviables. Il ajoute quelques explications à propos d'événements récents qui l'ont amené à intervenir :

— La personne concernée est un dirigeant expérimenté qui travaille depuis quelque temps déjà dans l'entreprise. Il est directeur Europe et encadre des managers de différentes nationalités. Il pratique un management qu'on peut qualifier de directif. Disons qu'il a son franc-parler et de là quelques problèmes relationnels notamment avec ceux qui se sentent heurtés par son style parfois abrupt.

Ces premiers mots posés, le DRH ralentit le rythme de sa parole et commence à prendre le temps d'expliquer cette situation. Il en vient à confier ses préoccupations, devenant tout à la fois volubile et précis. Il se lance dans un état des lieux détaillé. Depuis quelques mois, des reproches mutuels entre ce directeur et la responsable qui lui est directement rattachée prennent de l'ampleur, en parole comme par écrit. Cette dernière a en charge les équipes mobiles, celles qui répondent en direct aux clients :

— Ils ne cessent de se faire des croche-pieds et il arrive que le ton monte, finit-il par déclarer après une hésitation.

Quand le directeur refuse de signer un document cadre pour affirmer son désaccord, cette responsable des équipes mobiles trouve toujours le moyen d'y parer pour pouvoir mener les choses comme elle l'entend. Depuis quelques mois, cela prend des proportions qui nuisent au climat du service. C'est même remonté jusqu'à la Direction Générale qui s'en est inquiété. Ce sont aujourd'hui les dirigeants de l'entreprise qui s'apprêtent à provoquer des réunions pour tenter de désamorcer le conflit :

— C'est sérieux, on touche à la relation aux clients. Une telle discorde peut être destructrice pour l'image de l'entreprise, surtout si elle devient perceptible de l'extérieur.

Et il poursuit. D'autres services commencent à s'en mêler, le service juridique entre autres car cela met en effet en jeu des questions de responsabilité qui pourraient avoir des conséquences sur le crédit de l'entreprise elle-même. Malgré des tentatives de collègues pour aplanir les discussions, les deux personnes directement concernées campent sur leurs positions et la tension monte. Le DRH conclut en baissant la voix. Comme s'il craignait d'être entendu, il lâche le mot qui dérange :

— Le mot harcèlement a été prononcé, et cela fait réagir de toutes parts. Ce n'est pas un soupçon anodin, je ne peux pas laisser passer ça.

Le consultant attend la suite. Le DRH ajoute que des critères qui qualifient le harcèlement ont été identifiés et que, depuis, une autre réunion a été organisée avec l'équipe de Droit Social pour tenter d'y voir plus clair. Le seul fait d'avoir qualifié les événements de harcèlement, d'avoir prononcé ce mot à la triste renommée, a suscité d'autres témoignages, a fait surgir d'autres cas qui se seraient déroulés auparavant. Il devient difficile de faire la part des choses et de démêler les faits de la rumeur et des sous-entendus :

— Et cela s'amplifie. Les syndicats pourraient s'en emparer car le mot commence à prendre sens dans l'entreprise.

Toutes ces informations confortent le DRH dans sa demande. En réponse à des questions du consultant, il ajoute :

— On reproche à ce directeur un management à l'ancienne et, alors que sa N-1 est tenue de collaborer avec lui, celle-ci proteste et déclare avoir raison de faire ce qu'elle pense pertinent. Elle soutient que le directeur Europe cherche à mettre systématiquement des entraves, à empêcher. Bref, ils en arrivent à une situation très tendue où ils refusent de travailler ensemble. Pourtant, il nous faut retrouver très rapidement un management efficace dans ce secteur clef pour manager nos partenariats européens. Il s'agit d'un secteur fondé sur la constitution d'accords viables dans la durée. Vous imaginez les conséquences.

— Qu'avez-vous déjà entrepris ? S'enquiert le consultant.

Le DRH énonce alors une série de rencontres destinées à tirer les choses au clair. Il est prévu une réunion entre le directeur Europe et sa N-1, organisée par le directeur juridique, pour une confrontation incontournable des deux protagonistes. Puis, il y aura une réunion entre le DRH et le service juridique car il faut tirer les choses au clair du point de vue des dispositions légales et réglementaires. De plus cela pourrait introduire un autre regard sur les faits incriminés. En début de semaine une rencontre devrait permettre des explications entre le PDG, le DRH et le directeur Europe mis en cause, dans le cadre d'un Comité de Direction restreint. Le DRH poursuit :

— Il nous faut retrouver des relations normales entre les personnes concernées et nous voulons sortir par le haut.

C'est à ce moment de l'entretien que le DRH reformule la demande qu'il avait adressée au consultant. Il lui demande s'il serait en mesure soit d'intervenir lui-même, soit de le mettre en relation avec un autre coach qui aurait les compétences requises pour cette situation complexe et délicate. C'est le moment où le coach choisit, pour avancer d'un pas, de proposer un autre dispositif : une médiation suivie de deux coachings. Il ajoute qu'un coaching serait peu utile s'il n'y avait d'abord une médiation qui, si elle aboutit, permettra des coachings volontaires.

Il continue en expliquant que pour pouvoir mettre en place ce dispositif, il lui semble opportun de lancer assez vite des entretiens préalables à la médiation.

Ces entretiens auront pour objectif d'impliquer dans la démarche et de co-responsabiliser chacune des parties. Il sera alors possible de mettre en place la médiation proprement dite avec sa dimension de négociation. L'éventualité d'un coaching pourra être envisagée dans un troisième temps. Le consultant-médiateur-coach répond ainsi à la demande et, suite à l'urgence, introduit du temps.

Après accord à deux sur la démarche (DRH et consultant-médiateur), l'urgence implique de valider ce processus auprès de l'entreprise. Rendez-vous est pris à trois avec le PDG. Après un temps d'exposé, d'échanges, d'élaboration d'un objectif partagé et d'indicateurs précis de résultats, le PDG approuve et valide la démarche. Il donne au DRH l'ordre d'enclencher le processus de rencontre, les entretiens préalables préparatoires et la médiation, pour autant que les deux parties soient d'accord pour s'engager et qu'elles s'entendent quant aux conditions. Du point de vue du consultant-médiateur-coach, il est maintenant possible de répondre à l'urgence. Ils n'ont pas perdu de temps, le tout a pris moins de dix jours. C'est ainsi qu'ils ont gagné du temps, en freinant.

La fin de l'histoire ?

1. Une concertation initiale avec les dirigeants, une séance individuelle pour chacun précédant la médiation puis la médiation, démarche potentiellement préalable au coaching. Nous avons appelé cela un pré-coaching. Ce dispositif semble avoir été la combinaison gagnante.
2. Le harcèlement en fait n'en était pas un. Les protagonistes étaient tout simplement dans une relation rigidifiée que chacun nommait à sa façon. L'une parlait de harcèlement de la part de son N+1 et avait alerté le syndicat parce qu'elle se sentait violemment agressée, entravée. L'autre qualifiait de désinvolture et rébellion à l'autorité, l'attitude de sa collaboratrice, parce qu'elle persévérait à mettre en œuvre la méthode qui, de son point de vue à elle, lui réussit. La direction avait pris peur tout simplement.

Après explication mutuelle dans cette démarche combinée, les deux parties ont eu loisir d'exprimer leurs positions respectives. Ceci fait, après avoir identifié ensemble les modes de fonctionnement, ils ont renoué un dialogue professionnel.

3. Le coaching de chacune des parties, quatrième temps éventuel du dispositif, n'a pas eu lieu car il était devenu inutile.

Le coach, en professionnel averti de l'accompagnement, est bien sûr d'abord un consultant capable d'être à l'écoute d'une situation d'entreprise sans l'avoir qualifiée voire cernée d'emblée, suspendant l'idée que le coaching était la réponse adaptée.

Le point de vue du coach

Quand un professionnel de l'accompagnement[35] est mis sous pression, quand la solution lui est servie sur un plateau, quand on fait appel à lui parce qu'il posséderait l'outil *ad hoc*, le meilleur conseil qui puisse lui être donné est de se mettre en démarche de Problémation. Investigation calme et prolongée du problème, en position de curiosité tournée vers le client, et en y ajoutant la dimension temporelle, c'est-à-dire en ralentissant, en freinant, en introduisant des séquences non prévues comme des réunions intermédiaires, un pré-coaching. Faire détailler le territoire du problème et introduire le temps agit comme un amortisseur de pression, voire d'urgence, cette dernière invoquée de manière souvent illégitime. Si urgence il y a, c'est qu'il est temps de ralentir pour respecter l'importance de la plainte.

Une autre façon de le dire : si le coaching est urgent, déplacez votre esprit, pensez ailleurs.

Si la gravité de la situation génère une urgence, introduire du temps et de la description, repoussant au loin des solutions toutes déjà formulées, ou toutes faites, etc. Il est majeur de ne pas se retrouver happé par la dynamique (dynamite ?) imposée.

Ici, les étapes que nous pourrions envisager, avec toutes les précautions nécessaires, seraient de commencer par la mise en place de rendez-vous à deux, puis d'organiser une réunion téléphonique avec la direction et le coach. Puis, s'il faut agir, il conviendrait d'envisager des rencontres de préparation. Le coach répondrait à l'urgence sans être précipité dans le volcan en éruption.

En fait, après réflexion, le coach décide d'introduire davantage de temps encore, envisager déjà un programme de coaching n'est pas pertinent. Il décide de mettre d'abord en place deux entretiens préparatoires, avant médiation. Cette étape préparatoire consiste donc à s'entretenir avec les deux protagonistes séparément afin de vérifier avec chacun d'eux les possibilités d'entendre l'autre et les attentes à l'égard de l'autre, ce que l'autre devra faire, ou ne pas faire, pour que le dialogue puisse avoir lieu. Les deux entretiens préalables ayant eu lieu, les demandes notées, une prise de rendez-vous est opportune et possible avec les deux personnes. Le temps de la médiation est venu.

Le parcours s'est déroulé selon plusieurs étapes :

1. plusieurs rendez-vous pour valider une démarche dont un avec le PDG ;
2. prise de contact avec les deux personnes concernées par l'action, séparément ;

35 Consultant-formateur-médiateur et coach, voire plus.

3. entretiens préalables, préparatoires à une rencontre à trois (médiation) ; mise en place de modalités de fonctionnement en vue d'une interaction sécurisée ;
4. entretien de médiation ;
5. la suite consistera en un ou deux coachings si les protagonistes sont d'accord pour aller plus avant.

Nous souhaitons rappeler qu'une démarche de médiation n'a pas pour objectif obligatoire de réussir. Cela peut aussi entériner un désaccord. Et dans ce cas, le professionnel de l'accompagnement avisera, en concertation avec toutes les parties concernées. Ce qui compte c'est de se poser la question du pas suivant, pas celle de la stratégie, du déroulé complet. Il faut se maintenir dans l'expectative, rester complexe, suspendre son jugement, différer (cf. la différ*a*nce, selon Jacques Derrida).

Les grandes étapes possibles de tels entretiens préalables peuvent être d'évoquer avec la personne en position de victime les actes qui ont été constatés et ceux qu'elle a posés, de lui demander de les reformuler vu de sa fenêtre, puis de lui proposer une surface réfléchissante (lui rapporter une partie choisie de son discours) et enfin, de lui demander comment il/elle nommerait une telle succession d'actes, comment elle qualifierait ce genre de comportement.

Il s'agit en effet de passer d'une demande toute ficelée à l'ouverture d'un espace pour réfléchir ensemble, tout en reconnaissant *a priori* les concepts prononcés. On pose à nouveau les éléments les uns à côté des autres. Ils arrivaient tout agglomérés, il faut les détricoter.

Repères et questions

Ce qui dans ce récit attire l'attention du professionnel, c'est la nécessité de redonner, et de se donner, du temps. Le temps de la réflexion de celui qui se met en position d'analyse, le temps confié aux acteurs pour prendre du champ, le temps pour les responsables de dépasser des apparences peut-être trompeuses. Ensuite on pourra en tirer quelques leçons, fuir les formulations définitives, les fausses solutions qui enferment, se défier des approches en apparence identificatrices, se garder de toute simplification hâtive, de qualification abrupte, d'étiquette, de symptôme. Car la mise en question est sans doute l'apport premier attendu de l'intervenant extérieur. Quelques points sont ici retenus en appui de la démarche du coach sollicité, tels que l'apport d'une approche complexe en réponse à une situation complexe, l'opportunité d'ouvrir systématiquement la vision des événements, la sienne et celle des protagonistes, la pertinence de se questionner aussi soi-même sur la position professionnelle adaptée pour répondre à la thématique à l'œuvre.

L'approche complexe

Il est inscrit dans les tendances actuelles de la culture de vouloir ordonner, classifier, généraliser pour simplifier et trouver la solution rapidement, afin de pouvoir passer à autre chose. À la place de cette démarche simplificatrice, privilégiant la similitude, il s'agit de faire en sorte que, par des questions, le client puisse enrichir la situation par de petits détails, petits événements, petites distinctions, petites différences. À la place du grand unificateur on met en place le petit différent. On trace ainsi un cheminement du détail, on donne de la chair au multiple, à la complexité, on agit en accord avec la Problémation.

La demande toute ficelée d'un ou plusieurs coachings ici, ne doit pas tromper le professionnel. Son premier réflexe est de se poser l'une de ces questions : « Est-ce vraiment ce qui est pertinent ici ? » ou encore « Cette solution est une réponse à quel problème ? »

Qu'appeler pré-coaching ?

Le pré-coaching serait une démarche recommandée quand le coaching n'est pas immédiatement admissible pour l'un des acteurs (coach, client ou prescripteur). C'est une étape intermédiaire entre l'entretien de demande et le coaching possible en réponse. Il s'agit d'introduire différents temps préalables à la demande initiale. En tout cas, le pré-coaching permet aux acteurs d'en goûter l'effet et, ainsi informés, de décider de cette démarche, d'une autre, ou d'une suite.

Voici un autre exemple de pré-coaching :

Un dirigeant contacte un coach et lui demande de coacher un de ses salariés qui pose problème, etc. Le coach propose un entretien quadri-partite (PDG, DRH, salarié et lui-même). Le coaching est proposé lors de cette réunion. Le salarié refuse le constat de la direction et dit que tout ce qui lui est reproché est faux. Le consultant-médiateur-coach attend, laisse les interactions se poursuivre. Puis demande à prendre la parole et dit que cette démarche de coaching est bien prématurée. Il propose de mettre en place deux séances afin de vérifier avec le salarié s'il peut être d'accord avec un programme de coaching. C'était la bonne proposition, elle fut validée par chacun, le salarié inclus. Il y eut un pré-coaching de deux séances qui fut suffisant pour améliorer la situation. Le coaching ne fut pas utile cette fois-là. En fait, il avait eu lieu d'une autre façon.

Il est urgent d'ouvrir sa vision du monde

D'après Patrick Lagadec[36], il convient :

- D'ouvrir sa vision du monde sur le temps : « Ne vous laissez pas enfermer dans des visions du monde trop vite figées. Allumez votre écran radar et balayez en permanence. Quand on vous parle de tout de suite, pensez à demain ; on vous parle de demain, pensez à tout de suite et à après-demain ».
- D'ouvrir sa vision sur les espaces, sur l'environnement au sens le plus large : « On vous parle de services techniques, questionnez sur la communication externe. On vous parle des médias, questionnez sur les victimes, sur l'information interne. On vous parle du gouvernement, pensez au préfet et au maire. On vous parle du maire, pensez à l'association de défense et au responsable de région. On vous parle de l'Académie des Sciences, pensez à l'irruption d'acteurs totalement inconnus et hors champ. »

Le prescripteur se retrouvait ici face à une crise, ou dans la crise, un membre d'un comité de direction était nommé harceleur. Or, la crise doit se définir au niveau de la subjectivité. La crise « comporte toujours un élément subjectif[37], elle ne peut apparaître que chez un être pourvu de conscience ». Quand le diagnostic est posé, la situation est prétendument objectivée et devient statique. Le coach, en remettant en question l'objet, a réintroduit de la subjectivité, de la curiosité, donc de l'espoir. Son rôle, à ce moment-là, était d'aider les acteurs à différer l'inéluctable, à dépasser le surdéterminé auquel avait abouti le mot objectivé de harceleur.

Éléments de méthode

Consultant, médiateur, coach : identifier le problème

D'emblée, la position du professionnel est celle de consultant, pas encore celle de médiateur ou de coach. Le premier rendez-vous formel qualifie l'importance et la gravité de la situation évoquée. Il reste à remonter de la solution au problème posé pour choisir un mode d'intervention approprié.

Si tous les acteurs entrent sans réticence dans la solution proposée, cette dernière risque d'occuper tout l'espace, si le consultant n'y prend pas garde. En effet, diagnostic et solution sont servis sur un plateau par le prescripteur. Si le professionnel les accepte comme tels, fait-il son travail, remplit-il sa mission ?

---

36 Lagadec, P. (1997). *Pilotage des situations de crise.* Guide de réflexion – Dirigeants, École Polytechnique.

37 Thom, R. (1976). *Crise et catastrophe. In* Revue *Communication*, N°25.

Après les quelques questions de civilité qui créent la relation, et l'écoute de la situation exposée par le client, la question pertinente à ce stade devrait être : « Votre solution, à quel problème répond-t-elle ? »

Le mot harcèlement pourrait enfermer les intervenants, sans d'autre issue que de fournir les outils d'intervention répondant à la solution proposée par le client. Il est préférable de remettre un peu d'air, de liberté, dans cet espace.

Créer de l'espace et du temps

« Penser le temps, c'est ratisser la mer » dit le physicien Étienne Klein. Suspendre le jugement introduit du temps pour soulager l'urgence, telle est donc l'urgence juste. Ouvrir une page blanche. Remettre du mouvement là où c'est statique, immobile car très (trop ?) vite nommé. Rappelons-nous avec Gustave Flaubert que : « L'ineptie est de vouloir conclure ». L'erreur est souvent de nommer trop tôt.

Et il est bien trop tôt. Le chemin choisi par le coach a été ici d'installer des étapes pour ralentir, retarder la conclusion souvent hâtive. Vérifier, vérifier encore, vérifier avant de conclure. Et valider l'urgence en mettant immédiatement des étapes en place afin de pouvoir se hâter vers chacune au lieu de se précipiter vers la solution prétendue (le coaching). Quand le nom donné par le client est suffisamment grave pour créer l'urgence, alors il peut débloquer un budget, déclencher et orienter une demande vers un interlocuteur externe. Et il faudrait aller vite, à l'instigation du client.

Le professionnel, lui, tout au contraire, doit se garder de se précipiter. L'urgence n'est souvent qu'un déclencheur, elle ne qualifie pas la réponse à donner.

Bâtir un soutien pas à pas

Pour le professionnel, il ne s'agit pas de donner une réponse à la demande, mais bien de bâtir un soutien. Écouter plutôt que répondre, valider plutôt que chercher, puis orienter la demande afin qu'elle soit acceptable pour tous. Valider à tous les niveaux, avec tous les acteurs afin d'aller finalement vite. Bref, faire ce qu'il faut pour que la solution ne soit pas seulement imposée. Il s'agit de substituer à la solution toute faite une édification collective, pas à pas, afin d'emmener tous les protagonistes et qu'aucun obstacle n'empêche le déroulé ultérieur.

Avec ce seul mot de harcèlement, le paysage est dessiné et les jeux d'acteurs fixés. Tout est ficelé à l'avance, sans aucune marge de manœuvre. Il est temps pour le professionnel de retarder activement le processus. C'est cette remise en question au sens propre du terme qui est ici un véritable soutien, non pas de répondre de façon automatique, attendue, convenue à une demande déjà bouclée. Le professionnel devient alors médiateur, et il convient de travailler avec chacune des parties.

La proposition de médiation permet d'abord d'accueillir et de reconnaître la souffrance d'où qu'elle vienne, de vérifier ensemble le malaise qui marque l'interaction problématique. Il s'agit de créer des conditions pour permettre de qualifier la relation avec chacune des parties, puis d'inciter à nommer avec précision le mot qui représente ce malaise. Cela pourra être harcèlement ou toute autre chose.

Ensuite, la médiation laisse une chance à chacun des acteurs concernés directement, suivie d'une chance aux deux protagonistes ensemble, de dissoudre ce problème, ou de dépasser la situation ou de la surmonter, quelle que soit la métaphore préférée. Retarder le moment de nommer le coupable et la victime, voire trouver d'autres qualificatifs.

Le consultant avance donc d'un pas, sachant que nulle situation n'est dénuée d'ambiguïté.

Vers un déroulé pour sortir du diagnostic

Une intervention, dans un second temps, sera d'autant plus acceptable, et donc efficace, qu'elle sera en mesure de tenir compte des impressions de chacun des acteurs qui se seront exprimés. Le coach y parviendra en son temps, et d'autant mieux qu'il aura su rouvrir le diagnostic. Il aura aussi à cœur de déceler des nuances, des différences entre les solutions précitées, de recadrer, de définir, de requalifier avec justesse. Alors, et alors seulement, intervention il y aura.

Retrouver la liberté de choix

Il est difficile pour le consultant de retrouver de la liberté de choix, alors que le concept de harcèlement est posé et qu'une victime est déjà supposée. Il lui faut trouver l'allié qui peut encore entendre, qui a encore de la liberté de mouvement et de décision.

Un moyen pour le coach de retrouver de la liberté alors qu'il lui est proposé une situation étiquetée harcèlement, est tout d'abord de poser un silence, puis des questions afin d'avoir une description fine de la situation résumée en quelques mots : « Que se passe-t-il ? Qui fait quoi à qui ? Qui dit quoi ? Qui dit cela ? Voulez-vous bien m'en dire plus ? »

La liberté de choix du coach peut être aussi de demander à la personne qui dit avoir vécu un moment douloureux répété, après une description, de donner un nom à la situation qu'elle vit. Après avoir déplié la situation figée dans un diagnostic, il donne l'autorisation de la nommer d'un terme qui colle à l'expérience vécue. Le terme harcèlement est alors réinterrogé.

Faire la distinction entre bouc émissaire et harcèlement

Avant de nommer la personne, de la pointer du doigt, il est nécessaire de vérifier les propos de l'entreprise. Vérifier s'il s'agit de harcèlement, ou si l'on cherche à nommer un bouc émissaire. «Les sociétés qui réussissent sont celles qui ont réussi à se donner des boucs émissaires sans le savoir (...) Le bouc émissaire est souvent l'étranger, celui qui bouscule des règles, un boiteux, celui qui est différent.[38]» Alors, cette personne avait-elle un management bien différent de celui qui était habituel dans l'entreprise? Ou autre chose?

Dès lors s'impose un conseil au professionnel, il doit mettre la situation en problème, la problématiser. Savoir attendre, vérifier, investiguer, retarder la conclusion née de l'urgence déclarée.

Bien positionner l'urgence et susciter des émergences

Cette urgence invoquée avec force sera tout d'abord explorée. Le coach cherchera non seulement à identifier le problème en deçà de la solution annoncée, mais il en recherchera toutes les caractéristiques, discontinuités, irréversibilité, montée aux extrêmes, basculement, cristallisation, résonance. Puis il se gardera de nier l'urgence à agir. Tout en prenant en compte l'importance de la demande, il n'aura de cesse de valider la démarche auprès de tous, et il prendra le temps de respecter chacun des acteurs, sinon, à force de vouloir gagner du temps, il n'en restera plus du tout.

Textes à réfléchir

L'addiction aux solutions

L'homme occidental moderne, dès qu'il entend une personne parler d'une difficulté se prend soit à se demander d'où cela peut bien venir, soit, quelle réponse, quelle solution il pourrait bien lui apporter.

Le premier cherche la cause, une façon de comprendre et l'autre une façon d'aider. Quant au plaignant, il cherche alors soit à justifier là où il en est, soit à trouver un lieu autre. Soit il cherche l'origine soit il veut résoudre le problème.

C'est comme s'il n'y avait que deux possibles addictions face à une difficulté, l'addiction aux causes, ou l'addiction aux solutions. Les uns allant vers l'origine pourraient ainsi nommer le responsable, voire le coupable, les autres allant vers les solutions le sauver de l'enfer. Beaucoup, comme ce rabbin qui arpente les rues, clament: «J'ai des questions pour vos réponses».

38 Girard, R. (2006). DVD. Éditions du Montparnasse.

Et si nous nous posions un instant, ne cherchant ni à trouver les bonnes raisons qui font que nous en sommes là, ni la solution pour en sortir, mais à décrire en détail le lieu où nous sommes, ici, maintenant ? Apprécier ce lieu (ici) et ce moment (maintenant) ?

Dans une interview de Philosophie Magazine, Yves Michaud lui-aussi se déclare dans cette voie :

> « Décrivons le mieux possible les situations : comment ça fonctionne, comment ça se passe, dans quelle direction ça va, substituer les détails à la profondeur. Car on a tendance à prendre les vérités en gros telles qu'elles nous sont transmises. Or, quand on commence à les analyser et à en défaire la complexité, on s'aperçoit que ce n'est pas exactement ce qu'on nous avait dit. Et que "le diable est dans les détails"[39]. On n'avait pas vu telle chose qui invalide tout ce qu'on pensait de la situation. »

Déplions ce qui est devant nous. Remplaçons les fondations par les détails. Faisons décrire, déplier, au lieu d'être des prescripteurs.

ABCdaire – compliqué *vs* complexe

On confond souvent les termes compliqué et complexe. Il n'est d'ailleurs pas rare de retrouver ces deux mots comme équivalents dans les dictionnaires de synonymes, et chez nombre d'auteurs ou d'intervenants.

Faisons une première distinction[40]

« Un système est dit compliqué lorsqu'il est constitué d'un grand nombre d'éléments différents. Sa compréhension exige que l'on étudie les propriétés de chacun d'eux ainsi que leurs interactions. En principe, son intelligibilité n'est qu'une affaire de temps et/ou de moyens ». Par exemple : un programme d'ordinateur, un tableau de bord d'avion.

« Un système est dit complexe lorsqu'il échappe à toute investigation exhaustive. Le système ne peut être décrit complètement et on ne peut pas faire de prévisions certaines sur son évolution. Il n'y a pas d'exhaustivité. » Exemple : une société d'êtres humains (la qualité de chacun des êtres humains et la qualité de chacune des relations dans les différents contextes de vie sont bien trop nombreux pour envisager d'en faire un quelconque inventaire).

39 Phrase attribuée tantôt à David Hume, tantôt à Friedrich Nietzsche.

40 Définitions de Michel Saucet.

Le compliqué se simplifie, le complexe se réduit

Si, pour appréhender un système compliqué, nous utiliserons la simplification afin de ne garder que l'essentiel et d'écarter l'accessoire, pour appréhender un système complexe nous utiliserons la réduction, c'est-à-dire que nous sélectionnerons les éléments pertinents qui nous permettront d'évoquer et de modéliser ce système. Et, les éléments pertinents ne sont pas les éléments essentiels, ni accessoires. Ce sont ceux qui seront utiles au bon fonctionnement du nouveau système.

On voit la contradiction qui se profile à l'horizon épistémologique. Soit nous avons la maîtrise des éléments de l'univers sur lequel nous voulons intervenir et l'attitude habituelle se justifie, soit la complexité de celui-ci disqualifie en partie nos outils traditionnels.

Relions ces informations au coaching

Un être humain est complexe ainsi que ses relations au monde dans ses différents contextes de vie. La relation de coaching, entre deux personnes, est d'autant plus complexe donc. Ni la situation, ni la relation ne sont compliquées, elles sont complexes. Cela implique que nous ne pourrons pas les simplifier. Nous ne pourrons qu'accepter de ne pas tout appréhender, de ne pas tout comprendre, compte tenu de l'impossibilité de catégoriser c'est-à-dire de simplifier, d'appauvrir. Le mieux sera de poser des questions plutôt que de mettre le client dans une case (profils de personnalité, typologies, etc.). Par exemple en Systémique où la relation prime sur l'individu, celui-ci étant complexe, ses relations diverses étant différentes suivant l'autre, et ses comportements dans chacun des contextes en relation étant également différents, que faire d'autre que de l'accueillir dans son immense complexité ?

Alors, au lieu de tenter de cerner notre client, nous le positionnerons au centre, nous pourrons lui demander : « Quel est votre point de vue par rapport à cette situation ? Quelle est votre position par rapport à cela ? Comment nous voyez-vous travailler ensemble ? » L'ayant questionné auparavant sur la situation et les acteurs.

Mais certains peuvent céder à la facilité et décider que certains de leurs clients sont compliqués, pas complexes et donc tenter de les simplifier, classifier, catégoriser. C'est dommage.

En résumé

Si nous décidons que notre client ou sa situation est compliqué, nous voudrons capter le sens et utiliserons des simplificateurs afin de mieux cerner le client et maîtriser la relation coach/coaché, garder le pouvoir et le savoir, couple bien décrit par Michel Foucault. Nous déploierons alors nos outils et préparerons une stratégie et rechercherons des savoirs utiles. Ceci au risque de faire des projections, de tirer des conclusions alors que c'est au client de projeter son avenir et de tirer des conclusions.

Si nous décidons que notre client est complexe, nous entrerons dans le non-savoir et la perplexité, accueillant ce que dit le client, car nous sommes persuadés que seul le client sait et doit comprendre. En veillant à maintenir un cadre de confort et de sécurité, nous nous demanderons ce que nous coproduisons en ce moment dans cette relation client/coach. Et nous installerons une relation de coopération paritaire ou égalitaire avec le client. Et nous quitterons le pouvoir du savoir au profit du client.

Le compliqué, on le simplifie et il est possible de comparer, de trouver des similitudes avec d'autres personnes ou cas.

Le complexe, se réduit et ne se compare pas, nous recherchons les différences, les particularités.

Chapitre 11

Un coaching collectif

Le coaching de groupe est compris comme une intervention visant à produire une identité collective. Des méthodes spécifiques à la mobilisation d'un collectif y sont proposées (outil de diagnostic, jeux pédagogiques, etc.). Toutefois, le succès de l'intervention est largement imputable au travail d'amont, durant la préparation.

Si tous les gars du monde

Paul Fort

(...)

Si toutes les filles du monde voulaient s'donner la main
Tout autour de la mer, elles pourraient faire une ronde
Si tous les gars du monde voulaient bien êtr'marins

(...)

(Ballades Françaises)

Ce n'est pas la règle qui nous garde, c'est nous qui gardons la règle.

Georges Bernanos

C'est que l'esprit vit de différences, l'écart l'excite ;
le défaut l'illumine ; la plénitude le laisse inerte.

Paul Valéry

Le récit

L'histoire : préalables nécessaires pour un coaching collectif facile

Tout commence par un appel de Gilles M., responsable du service production chez un équipementier dont l'offre est particulièrement diversifiée. Il vient d'être nommé à ce poste et souhaite entreprendre un coaching. Rendez-vous est pris pour le 3 février à 15 h. À peine entré dans le bureau du coach, il s'assied, soupire et se déclare à bout de souffle, épuisé. Il dit avoir récupéré une équipe exsangue, sous-valorisée, déprimée, frustrée, brimée. Les compétences de l'équipe sont pourtant bien reconnues par la direction.

Une grande mutation se prépare dans l'entreprise qui va devoir doubler le nombre de ses références. Gilles M. se demande comment il va se préparer et faire face à ce défi, vu l'état dans lequel il se trouve. Il dit avoir tout essayé, et surtout il pense qu'il en fait trop, qu'il prend tout sur ses épaules.

Le coach lui demande :

— Qu'est-ce qui vous fait envisager un coaching aujourd'hui ?

— L'équipe est dans un état d'esprit négatif. Il me faut ouvrir un nouveau chapitre. En plus, j'ai deux clans qui ont du mal à travailler ensemble. Il y a un noyau dur de six personnes, et puis les autres, ceux qui sont venus après. J'aimerais des relations plus sereines. En plus il y a trop d'états d'âme. Il y en a un qui exprime beaucoup de plaintes, un autre qui se sent exclu, un troisième qui trouve qu'il fait tout, un autre qui trouve qu'on ne reconnaît pas son travail, un autre qui dit qu'il est comme ça et qu'on ne peut pas se changer, etc.

— Je souhaite qu'on travaille mieux ensemble et qu'on exprime ce qui ne va pas. J'ai fait tout ce que j'ai pu, je suis épuisé. Et pourtant je dois me préparer à ce changement. Je veux avancer, pour cela il faut que je sois prêt. J'ai besoin d'un regard extérieur.

Rappelons ici que le coach est d'abord un consultant. Quand il entend qu'on lui demande un coaching, il ne s'engouffre pas dans la proposition de solution qui lui est faite, surtout dans ce cas précis où le manager, qui se plaint de tout porter sur ses épaules, se propose de continuer en prenant toute la charge sous forme de coaching individuel. Aussi forte que soit la tentation du : « Oui bien sûr, on commence quand ? » il suspend son esprit (technique de l'épochè) car il n'est pas un opérateur technique qui répondrait du tac-au-tac à une demande de coaching, comme on vend un produit ménager en magasin.

Il se place, pour écouter, dans un état d'esprit de non-savoir et de perplexité. Il s'abstient autant que faire se peut de préjuger, il suspend le flot, la rivière continue d'idées ou d'images de ce que William James nomme le courant de conscience. Puis il pose des questions sur la situation et les interactions et, après ce début d'état des lieux, va se demander si la situation relève à son avis plutôt du conseil, plutôt de la formation, plutôt du coaching individuel, voire du coaching de groupe. À ce moment de la conversation et compte tenu de la souffrance exprimée (fatigue, stress, tout essayé, demande de regard extérieur, meilleures relations entre les membres de l'équipe, etc.), il commence à avoir une idée du type d'intervention vers laquelle se diriger. Il demande alors à Gilles M. quels sont ses objectifs :

> — En fait, j'en ai deux. D'abord, faire un diagnostic, un état des lieux. Puis, dans un deuxième temps, trouver les bonnes façons de faire face à certaines réactions. Travailler afin que chacun prenne en compte les contraintes de l'autre et construire un esprit d'équipe.

Lorsque le coach lui demande quels indicateurs montreraient que ce coaching a été réussi, il répond :

> — Que chacun parle moins fort. Considérer l'autre. Avoir une communication saine. La délégation je sais faire. Que chacun puisse se sentir important et reconnu par les autres.

Le coach note le savoir-faire annoncé en matière de délégation et le rapproche, intérieurement et non sans humour, de la description qui lui est faite d'un problème dont les raisons sont multiples et les nombreux acteurs coresponsables mais non coordonnés. Le manager demande à bénéficier d'une prestation individuelle car il pense pouvoir, s'il est suffisamment préparé par un coaching réussi, avancer tout seul vers l'atteinte du changement demandé, en construisant seul un esprit d'équipe, sans collaboration.

Le coach, qui ne souhaite pas rentrer dans la contrainte du super-héros dans laquelle son client souffre d'être, entame la stratégie d'apaisement, de baisse de pression, en soulignant au manager que les indicateurs qu'il a listés lui font estimer qu'il ne pourra pas aider Gilles M. dans un coaching individuel sans que l'équipe entre d'une façon ou d'une autre dans la boucle d'intervention, de régulation. Il considère que la porte d'entrée pertinente pour atteindre les indicateurs énoncés n'est ni de l'ordre du conseil (les difficultés relationnelles, les émotions non canalisées, l'individualisme), ni de l'ordre de la formation (formation à la communication, apprentissage des relations interpersonnelles, gestion du stress, réorganisation, etc.). C'est un coaching d'équipe qui permettra d'aider les personnes à mieux travailler ensemble. Le manager sera requalifié et repositionné. Remis en selle, il retrouvera suffisamment de légitimité auprès de son équipe pour les guider dans le défi qu'ils ont à relever collectivement.

Après un temps de silence, le coach partage son point de vue :

— Afin d'assurer l'atteinte de vos objectifs et au vu de votre récit, les difficultés que vous me décrivez concernent tout le monde, vous et l'équipe. Un coaching collectif me semble pertinent.

Et il lui explique son point de vue, en insistant sur le fait que l'interaction entre un manager et son équipe ne se résout que rarement grâce à un coaching individuel, ce qui est plutôt un argument stratégique qu'une règle vérifiée. Rendez-vous est pris pour le 12 mars entre le DRH, le N+2, le manager et le coach afin d'évoquer l'intervention proposée.

Réunion du 12 mars

Le coach se propose d'animer la réunion. Après les présentations de chacun, le DRH et le N+2 prennent la parole de concert, complètement sur la même longueur d'ondes :

— Nous voulons dynamiser son équipe. Il faut qu'ils changent de cap, qu'ils changent leur manière de fonctionner. Ça a pris des années pour les extraire d'un passé négatif, il faut maintenant qu'ils se tournent vers un avenir positif. Nous mesurons le degré de fatigue atteint par cette équipe et le découragement que peut ressentir Gilles. Il faut que cette équipe ait une nouvelle posture adaptée à la nouvelle situation. Les résultats sont là, mais il va y avoir encore plus de travail, alors il faut qu'ils soient au top. Il est vrai que leur local est trop étroit, qu'il y a beaucoup de promiscuité, ça va être difficile pour eux. Il va falloir que Gilles gère les priorités et qu'il soit capable de dire non à certains projets. Il faut qu'il se demande à chaque fois : « Ai-je les moyens ? »

Le coach propose d'engager un coaching collectif plutôt qu'individuel. C'est immédiatement accordé. Il propose que l'accompagnement dure une journée et demi, c'est accordé également, sans discussion. La pression qui pèse sur les personnes présentes est tellement lourde, qu'ils accueillent les propositions du coach avec un soulagement visible. Le coach continue alors de les rassurer en restant dans la position consultant-je-sais-faire, et leur décrit une démarche qui lui paraît possible et qui se ferait en quatre grandes étapes :

— Tout d'abord, il est évident qu'il faut faire un état des lieux de la situation vécue par cette équipe, une sorte de diagnostic. Avec des règles de fonctionnement bien posées, on devrait obtenir la confiance assez rapidement et amorcer aussi une purge[41].

— Dans une deuxième grande étape, il faut mettre à jour comment ils voient cette équipe demain, sa finalité, sa mission, ses valeurs fortes, ses compétences et donner du corps à cette vision, la consolider suffisamment pour qu'ils se sentent motivés à la mettre en place, qu'ils en aient envie.

— Dans une troisième étape, qui doit être un peu ludique, probablement un jeu pédagogique, on pourra les amener à confronter et aplanir les obstacles qui pourraient les empêcher d'aller vers cette vision.

— Enfin, la quatrième étape sera, très concrètement, comment chacun va contribuer à l'amélioration visible souhaitée : plan d'action, indicateurs de résultats concrets, engagements. Et aussi, les moyens de la stabilisation.

— Qu'en pensez-vous ?

Rassurés par la posture assertive du coach et sa stabilité, ils donnent leur accord. De manière à consolider leur engagement, le coach leur demande comment ils comptent contribuer à la réussite de cette intervention. À la suite de leurs réflexions, et pour répondre au sentiment d'urgence, il propose une nouvelle rencontre au cours du temps avec N+2 et N+1 (Gilles M.) dans le but officiel de préparer l'intervention de coaching collectif. Le rendez-vous est fixé pour le 12 avril. Le DRH n'y sera pas car il n'a plus de raison d'être dans la boucle. L'intervention, quant à elle, est prévue pour les 15 et 16 juin.

Enfin, pour les rendre encore plus partie prenante, co-engagés sur le résultat, le coach demande à N+2 et à N+1 que, d'ici la prochaine réunion, ils réfléchissent et notent :

- Les objectifs de l'intervention d'après chacun d'eux.
- Des indicateurs qui leur ferait dire à chacun que l'objectif est atteint.
- Réfléchir à ce qui est fondamental pour chacun d'eux, ce à quoi ils ne veulent absolument pas déroger.

Comme le lecteur s'en doute, le travail de changement concernant ce chantier est largement commencé. Le coaching avant le coaching est une hypothèse particulièrement opératoire et le coach, satisfait de la tournure des événements, peut lever la séance.

Réunion du 12 avril

— Regardez, on a bien travaillé, disent-ils d'une seule voix au démarrage de cette nouvelle rencontre, brandissant fièrement leurs feuilles A4 bien remplies.

41 Cadre sécurisé dans lequel chacun est entraîné à se laisser s'exprimer en oubliant le politiquement correct.

Le coach accueille leur commentaire impassible, sans montrer son étonnement, tout en notant leur implication. Puis, ils enchaînent :

— Il y a une apprentie depuis deux ans en CDD et pour encore six mois. Est-ce qu'on l'inclut ou l'exclut du processus, à votre avis ?

En réponse au premier message le coach reste silencieux et observateur attentif de la suite. Quant au deuxième message, qu'il trouve interpellant, il propose stratégiquement d'évoquer cela à un autre moment :

— Quand j'en saurai plus peut-être pourrons-nous décider.

La confiance et le respect sont suffisamment bien établis sur une base mutuelle pour que les deux hommes n'aient plus besoin de demander au coach s'il allait interviewer les membres de l'équipe individuellement, ce qui aurait été probablement une mauvaise idée dans ce cas, car cela aurait risqué d'étoffer la difficulté. Le coach peut donc continuer son travail rassurant en les interrogeant à propos des tâches demandées :

Les déclarations de N+2 :

Mes objectifs pour l'équipe

- Maintenir un travail de qualité et performant.
- Un climat où on peut dire non et faire des arbitrages.
- L'équipe (service production) passe de travailler en silo à travailler en équipe où chacun a sa place dans un service qui travaille avec d'autres services.
- Partager les enjeux stratégiques de l'établissement en se sentant acteurs.

Indicateurs de N+2 vis-à-vis de N+1

- Un visage détendu. Pas d'épuisement moral et physique.
- Positionnement de manager où son rôle n'est pas de faire remonter mais de se positionner. Il saura dire oui et dire non sans se sentir envahi.
- Face aux imprévus, difficultés, avoir une démarche collective. Pas se sentir écrasé par la contrainte ou subir la contrainte.
- Face à la demande des équipes, décider de ce qui est légitime et recevable et le dire.

Mes fondamentaux

- Faire œuvre collective, chacun a sa place et on doit lui permettre d'avoir sa place et qu'il puisse contribuer à l'œuvre collective.
- La clarté, l'intégrité dans les actes et les paroles. Ne pas mentir ni accuser l'autre.

- Faire émerger les valeurs de chacun.

Les déclarations de Gilles M. ou N+1 : Cette journée de coaching de groupe est une nécessité. Ce doit être un temps de pause, d'arrêt sur image, de reconstruction.

Mes objectifs

- Purger les mécontentements.
- Travailler ensemble.
- Avoir un esprit d'équipe, bien se parler.
- Prendre du recul pour voir comment l'équipe fonctionne.
- Canaliser l'expression du ressenti.
- Appréhender objectivement les contraintes.
- Prendre en compte les deux cultures d'origine des gens.
- Il y a une manière de demander.
- Apprendre à gérer la surcharge de travail (les pics d'activité).
- Apprendre à gérer le stress.
- Dépasser les incompatibilités personnelles.
- Qu'ils soient porteurs de projet, mènent le projet dans une dynamique positive et qu'ils arrêtent de ressasser leurs plaintes perpétuelles, la souffrance au travail, et qu'on ne tient pas compte de leurs contraintes.

Indicateurs

- Avoir l'esprit d'équipe : on n'accuse pas l'autre, on l'estime. Droit à la différence.
- En surcroît d'activité on se parle calmement, on n'élève pas le ton.
- Si on fait des revendications salariales, on les appuie sur des faits concrets pas pour la souffrance au travail.

Mes fondamentaux

- Le professionnalisme, de la qualité produit.
- Exigence de qualité.
- Le partage, l'écoute mutuelle, le respect de chacun.
- Le bien être.
- Souvent on dit « on y va » et puis on se plaint. Pour moi c'est lourd.

Gilles M., le N+1 de l'équipe, informe le coach que l'annonce de la journée a été faite fin mars. Le coach au lieu de demander quelles ont été les réactions préfère une autre question. Il demande au manager :

— Avant que nous ne fassions ce coaching de groupe, qu'est-ce qui a déjà changé ?

Le manager interpellé, réfléchit puis :

— Ils sont un peu plus adultes. Ils sont moins à subir et à se plaindre. Ils sont porteurs de projets alors je peux davantage déléguer. Ils sont particulièrement sereins. Ils expriment leurs désaccords. Quand ils ne sont pas d'accord, ils le disent et m'acceptent.

Le coach pousse alors la réflexion du manager :

— Alors, quelles réflexions vous viennent à ce sujet ?

— Qu'ils continuent et qu'ils ne tombent plus dans des attitudes infantiles. Qu'ils soient dynamiques et responsables. Je me suis débrouillé comme j'ai pu, et la lutte n'est jamais gagnée.

Les trois s'attablent au programme de cette journée et demie.

Fil Rouge composé avec le manager : le coaching sera co-animé par deux coaches.

1/ Purge

Règles données : pas de censure, dire vrai, respecter l'autre en tant qu'être humain, pas d'interaction, pas de débriefing.

Méthode : dessin projectif individuel. Représentez par un dessin (personnel) ce qui à votre avis reste à régler. La production sera suivie d'une phase de présentation de chacun au reste du groupe. Le manager ne dessinera pas, il écoutera et ne restituera rien.

2/ Règles de fonctionnement

Faire produire des règles de conduite pour cette session. Elles pourront devenir aussi des règles de fonctionnement valables pour l'équipe ultérieurement. Le manager participera à cette élaboration.

3/ État des Lieux

Méthode : utilisation de l'outil Amibe en version collective quantifiable. Le manager n'y participera pas. Il sera ensuite interrogé pour la synthèse en discussion avec les membres de l'équipe. Puis il donnera un retour où il déclinera sa vision, sa direction et ses intentions.

4/ Jeu pédagogique : Confrontation et aplanissement des obstacles

Deux jeux sont retenus selon les résultats de l'évaluation :

a/ « Les rouges et les verts », inventé par Alain Cardon[42], si ce qui domine est qu'ils travaillent en concurrence au lieu de travailler ensemble.

b/ Ou « Planète bleue, planète verte », inventé par Judith Delozier[43], si l'effort doit porter sur le développement du respect, du droit à chacun de s'exprimer et d'être entendu, et de l'écoute et de l'aide.

5/ Rassemblement des compétences de l'équipe : Mission

Vision d'équipe par photolangage et sélection des compétences à retenir pour la mise en place de cette vision. Le manager ne participera pas à la sélection, mais amendera, re-phrasera et validera la mission, dans sa position d'arbitre.

Fin de la première journée.

6/ Cadre ouvert

Le cadre ouvert sera conduit par le manager, qui demandera à chacun ses réflexions suite à la journée vécue la veille. Il recueillera l'information en écoutant sans discuter. Un des coaches fera le scribe au tableau.

7/ Plan d'action

Le plan d'action sera élaboré en réunion. Après un apport théorique sur la conduite de réunion, les règles, les rôles et les procédures de décision, la réunion débutera. Elle durera 30 minutes et traitera de la question posée par l'équipe en cette fin de coaching. Elle se terminera par les prises de décision. Elle sera suivie de quelques minutes de méta-commentaires par un des participants, en rôle de « conscience ».

---

42 Cardon, A. (1981). *Jeux Pédagogiques et Analyse Transactionnelle.* Les Éditions d'Organisation.

43 Delozier, J. Enseignante de PNL, co-fondatrice avec R. Dilts de NLP University à Santa Cruz, Californie. Jeu de rencontre interculturelle proposé lors de ses séminaires.

Le débriefing portera sur le vécu de cette réunion. Les coaches donneront leurs observations et délivreront leurs hypothèses. Ils proposeront aussi quelques fondamentaux de la délégation réussie.

Les engagements individuels seront ensuite produits par chacun, sous l'animation de l'un des membres de l'équipe :

- Vous avez une charte de fonctionnement.
- Vous avez une mission commune validée par votre manager.
- Vous partagez des règles de réunion.
- Vous avez identifié des zones de délégation.
- Vous connaissez les engagements nécessaires.
- Vous avez élaboré des décisions.

Alors à quoi vous engagez-vous maintenant pour fonctionner ensemble dans l'efficacité, le confort et la sécurité ?

Production d'un rapport et publication du plan d'action.

Fin de l'intervention en fin de matinée du 2e jour.

L'intervention des 15 et 16 juin au matin

Toutes les étapes de ce coaching se sont déroulées comme prévu. L'ossature en était suffisamment solide pour établir confiance et sécurité et laisser place à toute la spontanéité nécessaire. L'équipe a repositionné son manager, s'est dotée d'une mission et de règles de fonctionnement. Chacun a clarifié son rôle, trouvé sa place et énoncé ses engagements. Ils se sont donné les moyens de savoir fonctionner ensemble.

Le point de vue du coach

Améliorer le mode de fonctionnement

L'objectif de tout coaching de groupe ou d'équipe concerne le fonctionnement collectif. La question qui se pose à eux est « Comment mieux fonctionner ensemble ? » L'amélioration de leur travail ne sera qu'une conséquence de l'amélioration de leur fonctionnement. Il existe le même rapport entre fonctionnement et travail qu'entre compétence et confiance. La confiance en soi découle de la compétence reconnue, comme le travail de qualité découle d'un fonctionnement partagé. Poser la question « Comment mieux travailler ensemble ? » serait prendre les choses à l'envers, comme un client qui demanderait à développer sa confiance en soi.

Le gros de ce travail de coaching a été fait en amont de la rencontre plénière, lors des réunions dites préparatoires. C'est lors de ces rencontres avec les responsables que les principaux mécanismes de fonctionnement ont été décryptés : un N+1 qui prend bien volontiers toute la charge ; une coalition pesante de la hiérarchie sur ses épaules, « il faut qu'ils soient au top » ; le paradoxe de l'obéissance à une injonction de refus, « il va falloir que Gilles soit capable de dire non » ; un modèle de réussite particulièrement scolaire, « Regardez, on a bien travaillé » ; et, en analogie avec l'esprit de clan dénoncé, l'infantilisation des collaborateurs.

C'est volontairement qu'il n'y a eu aucune interview individuelle des membres de l'équipe. À chaque intervention avec un collectif, la question doit se poser de savoir si un recueil préalable de visions, de façons de comprendre, de réactions, de plaintes, d'envies, d'objectifs fournira de l'information pertinente ou brouillera la/les vue(s). Le N+1 est un individu et l'équipe ou le groupe est une équipe ou un groupe dont le manager constitue le noyau central, la frontière interne. Dans ce cas précis, avec clanisme annoncé, culture de la plainte et de la souffrance et incompatibilités notoires, il semblait préférable de ne pas risquer d'ouvrir des espaces de confessionnal, mais au contraire d'offrir un espace de communication collective à la co-découverte du groupe et au positionnement de Gilles M. dans son rôle de chef. Et puis, Guy Ausloos[44], thérapeute familial expert de la théorie du chaos, ne nous prévient-il pas contre l'encyclopédisme : « Ne cherchez pas à recueillir toutes les informations : ils tiendront d'autant plus à vous les donner ; faites circuler l'information qui est pertinente : celle qui vient du système et y retourne. »

Enfin, lors des rendez-vous préparatoires d'avant ce coaching, la plainte de la hiérarchie était suffisamment appuyée pour donner envie d'alléger les contraintes et de mettre en place un lieu d'échange et d'apprentissage qui permettrait de soulager le manager des difficultés qui pleuvaient sur lui.

Repères et questions

Orientation Solutions

Un des pré-supposés de l'approche orientée vers les solutions est de considérer que le changement se met en mouvement dès la demande d'aide, et peut-être même serait-ce le démarrage du changement qui déclenche la demande d'aide. Autrement dit, la dynamique étant lancée, l'effort du coach doit se centrer sur le fait de prendre le train en marche. Ainsi, durant la dernière réunion de préparation, lorsque Gilles M. informe le coach que l'annonce de la journée a été faite, le coach consolide le changement dont il sait qu'il est déjà amorcé : « Avant que nous ne fassions ce coaching de groupe, qu'est-ce qui a déjà changé ? »

44 Ausloos G. (2000). *La Compétence des Familles.* Erès.

En demandant au N+1 de poser des mots sur une tendance qui risquerait sinon de passer inaperçue, il lui permet de commencer à modifier sa compréhension et à redistribuer les places sans même en être conscient : « Ils sont un peu plus adultes. Ils sont moins à subir et à se plaindre. Ils sont porteurs de projets alors je peux davantage déléguer. Ils sont particulièrement sereins. Ils expriment leurs désaccords. Quand ils ne sont pas d'accord, ils le disent et m'acceptent. »

Dans un coaching individuel, le coach aurait pu continuer avec ces questions comme : « qu'est-ce que ça vous fait de vous rendre compte de cela ? », « vous vous y attendiez ou c'est une surprise ? » pour amplifier et consolider le changement mis au jour. Dans cette préparation de coaching collectif il dirige plutôt une réflexion générale en évitant que le manager avance tout seul.

L'intervention collective comme cérémonie

Le recueil d'informations a été conduit de manière très poussée auprès des instances plaignantes, N+1, N+2 et DRH, de manière à les amener à considérer les membres de l'équipe comme des acteurs dotés d'initiative et non plus comme des êtres réactifs, dans une dichotomie infantilisante de type nous et eux, parents/enfants, analogique d'une division clanique, avec un manager en mauvaise posture entre le marteau et l'enclume.

Les voix qui devaient se faire entendre étaient bien celles des personnes de l'équipe. Et c'est par leurs pairs et leur manager qu'elles devaient être entendues, d'où la nécessité de fabriquer un collectif qui n'existait pas encore. Le coaching devenait alors une sorte de cérémonie au cours de laquelle chacun pourrait s'exprimer devant les autres et être écouté. Et c'est lorsque chacun aurait eu la chance de se montrer et d'être vu, de produire son identité comme un acteur sur la scène, que l'équipe pourrait commencer à définir sa propre identité, et le manager y trouver sa place. Cette identité collective, systémique, est bien sûr d'une autre nature que la somme des individualités. Elle est faite d'une vision plus ou moins partagée, d'une mission élaborée en commun, de valeurs choisies, de compétences mutuellement reconnues et d'actions étayées. On pourrait en quelque sorte appeler ce genre de coaching une *cérémonie définitionnelle*, c'est-à-dire définitionnelle de l'identité du groupe, pour reprendre une expression assez solennelle inventée par Michael White.

Co-intervention

Un groupe d'individus amenés à fonctionner ensemble fabrique un ensemble particulièrement complexe, car un système vivant ne se comporte pas comme un sac de billes ou n'importe quel autre amas d'objets inertes. Comment garantir à l'équipe ou au groupe en consultation une conduite de l'intervention à de multiples niveaux : contenu, processus, analogie ? Ce qu'un coach seul peut effectuer dans un tête-à-tête de coaching individuel, comme ressentir, vivre la relation, prendre du champ, s'extraire, observer, voir les *patterns*, faire des hypothèses, commenter le processus, se mettre en vulnérabilité, questionner, confronter, etc., peut s'avérer ingérable dans une situation multi-personnelle. La multiplicité des interactions groupales augmente le risque de se faire absorber dans les *patterns* et de ne plus savoir s'en sortir, car un groupe en dynamique est un attracteur puissant. Alors, pour pouvoir appréhender l'assemblage des personnes comme un tout, une seule entité, le coach a choisi de co-animer avec un collègue. Tandis que l'un des deux est dans le flux, au corps à corps, l'autre peut prendre de la distance. La compétence de navigation dedans-dehors se trouve répartie entre les deux coaches qui alternent leurs mouvements, avec spontanéité.

Un deuxième avantage de la co-animation est son exemplarité. En montrant leur capacité à se comporter comme un collectif, les deux coaches offrent une évocation de l'objectif de l'équipe. Ils ont des façons de faire différentes, ils sont uniques et complémentaires, non rivaux, et c'est de leur couplage à l'équipe que de nouvelles émergences se font, qui vont dissoudre les automatismes et permettre à chacun d'être situé dans son irremplaçabilité.

Un ensemble d'hypothèses fondatrices

Le coaching des collectifs nécessite de se doter d'un ensemble de valeurs et de croyances qui vont permettre d'établir des règles de fonctionnement. L'une de ces croyances fortes a été énoncée par Desmond Tutu[45] : «*A person is a person through other persons*», que l'on peut traduire par : il nous faut d'autres personnes pour devenir une personne. L'identité humaine a besoin d'autres humains pour se forger. C'est le contact d'autrui qui nous fait advenir. Cette éthique solidariste du : «Je suis ce que je suis grâce à ce que nous sommes tous», au fondement de la philosophie Ubuntu, rejoint la vision constructiviste qui nous est plus familière dans notre partie du monde. Je construis le monde qui me construit, dans une boucle réflexive.

D'autres convictions étayées par le constructivisme soutiendront le coaching, comme par exemple : le groupe a une identité à part des identités individuelles ; le groupe se réorganise tout le temps, qu'on le voie ou non ; le coach fait partie du coaching ; le groupe possède plus d'expérience en lui pour résoudre le problème que tout autre personne, et en particulier le coach.

45 Tutu D., Président de la Commission Vérité et Réconciliation en Afrique du Sud, a reçu le prix Nobel de la paix en 1984.

Éléments de méthode

Les jeux pédagogiques

Le niveau de complexité d'un groupe ou d'une équipe étant élevé, il n'est pas possible d'utiliser à son égard les mêmes façons de procéder qu'avec un individu. Et notamment le questionnement, ce va-et-vient de questions-réponses qui s'échangent entre un client et un coach dans une progression en échafaudage, ne peut être reproduit comme tel. Il faudra mettre le groupe dans une situation interactive qui permettra d'observer leurs échanges et les débriefer ensuite méthodiquement pour atteindre le même résultat. C'est la raison pour laquelle des jeux pédagogiques sont mis en œuvre. Ils vont permettre de voir les personnes se comporter entre elles de manière indiscutable.

Le *débriefing* permettra de distinguer et énoncer quatre niveaux de l'expérience :

- Le vécu : les faits, les enchaînements, les ressentis, les résultats.
- La réflexion : les pensées qui surgissent à la suite de cette description.
- Le sens : ce que cela signifie de penser cela de ce vécu-là et pourquoi. Mise à jour des valeurs.
- L'apprentissage : ce que cela implique pour les actions à venir que ce soit ces conclusions-là qui ont été tirées.

L'outil de diagnostic Amibe en utilisation collective

Lucy Gill[46], consultante formée au Mental Research Institute (MRI) et pionnière dans l'application du modèle dit de Palo Alto au monde de l'entreprise, a élaboré un outil de diagnostic de fonctionnement des équipes basé sur la métaphore de l'amibe. Ces êtres unicellulaires ont plusieurs caractéristiques. Ils ont à la fois besoin d'eau pour vivre et la détestent (image de l'attirance-répulsion que les membres d'un système vivant peuvent entretenir les uns vis-à-vis des autres). On peut les figurer comme des êtres plastiques qui vont se déformer et se reformer à chaque impact, comme les systèmes humains. Enfin, ce sont des unicellulaires et, comme tels, nous invitent à considérer le groupe comme une seule entité, un seul système reconfigurable.

---

46 Gill L. (2006). *Comment réussir à travailler avec presque tout le monde.* Retz.

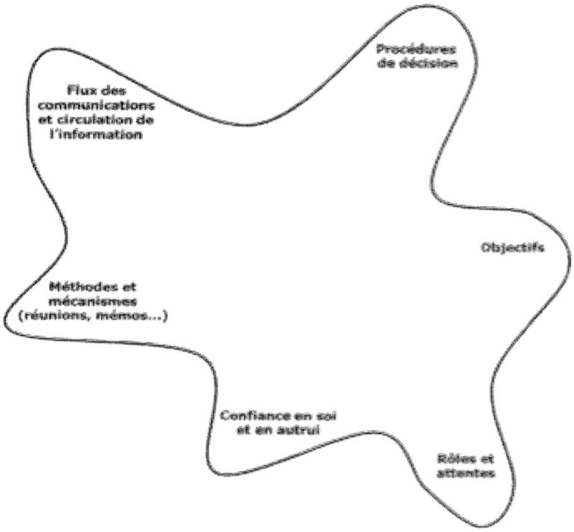

Il y aurait six thèmes à questionner lorsque l'on explore le fonctionnement des organisations. Ces thèmes seraient nécessaires et suffisants, il n'y en aurait pas un à enlever ou à retrancher. Lucy Gill représente son modèle comme ceci :

L'exploration porte uniquement sur la clarté de chacun des pseudopodes pour la personne en consultation, par exemple : les méthodes et mécanismes dans cette équipe sont-ils clairs ? À cette suite, le coach attend que le client explore à son rythme et en détails le thème en question, sans interagir ni dialoguer avec lui, et réponde par une évaluation de type oui/non/partiellement. Après avoir exploré les six pôles, il suffira de travailler ou de modifier un seul des six points pour reconfigurer le tout. La dernière question sera : Lequel de ces six thèmes représentera la porte d'entrée la plus facile pour entrer dans ce système ? Pas la plus efficace, mais la plus facile ? De toute évidence, la plus efficace a déjà été essayée, comme toutes les interventions de bon sens, car les clients sont intelligents et compétents, et n'a souvent pas abouti au résultat car trop difficile à mettre en œuvre. La plus facile, en revanche, risque de n'avoir pas encore été prise en considération car perçue *a priori* comme paresseuse, ne nécessitant pas d'effort, sans valeur ajoutée. Et pourtant, c'est parce que cette dernière est aisée, qu'elle a une chance d'être applicable.

En collectif, il faut trouver un moyen d'obtenir une réponse à chacune des six questions sans que les personnes ne parlent, sinon elles entreront en discussion. Pour ce faire, on tracera une longue ligne en papier autocollant sur le sol et on la graduera comme une échelle de zéro à 10. Le consultant demandera à tous les membres de l'équipe de se positionner chacun sur les barreaux de l'échelle au sol par rapport à l'évaluation que chacun fait du pôle considéré. Un coach guide l'exercice, l'autre note anonymement les positions au tableau de papier de manière visuelle. Chaque pôle est représenté et identifié par une barre verticale graduée de un à 10. Quand l'équipe s'est positionnée, celui qui note situe par un point sur la barre chaque membre de l'équipe. Les six traits seront sur la même feuille du tableau de papier. Lorsque les six explorations sont finies, sans un mot, le coach montre le document et les personnes sont amenées à débriefer les résultats. Puis le collectif est invité à se prononcer sur ce qui semblerait la piste de travail la plus facile à suivre.

Textes à réfléchir

L'irremplaçabilité du sujet

L'homme doit s'attacher à découvrir et surveiller cette petite lumière qui erre et serpente à travers son esprit bien plus qu'à découvrir et observer les astres du firmament des bardes et des sages.

Ralph Waldo Emerson

Le concept d'irremplaçabilité, développé par Cynthia Fleury[47], ne cherche pas à renforcer l'illusion enfantine que nous serions tout-puissants, extraordinaires ou indispensables aux autres mais veut nous rappeler à notre caractère unique, notre capacité à penser et à agir par nous-mêmes sans le truchement de la soumission à quelque influence. Devenir irremplaçable, c'est devenir adulte, c'est-à-dire un individu majeur, arrivé à maturation, un individu individué et pas individualiste. Cet être humain est capable d'endosser complètement ses responsabilités, il s'est ressaisi de son sens de l'initiative personnelle qu'il exerce en se fondant sur son propre jugement, sa propre subjectivité.

Entre donc en jeu ici une notion centrale, celle de sujet. Faire sujet, c'est accepter d'être une personne inscrite dans un processus de présence au monde, consciente. C'est difficile dans notre partie du monde où l'entreprise et la société modernes essaient de faire de nous des objets remplaçables, interchangeables, jetables. Avez-vous déjà entendu cet air chanté de tous bords : « Nul n'est irremplaçable ? » Ce slogan ne peut se comprendre que lorsque les personnes sont considérées comme des objets. Lorsque qu'on voit la fonction au lieu de la personne, l'électeur au lieu du citoyen, le consommateur au lieu de l'utilisateur, etc.

Encore un point de vigilance à avoir. Que penser d'un coach qui, au lieu d'aller à la rencontre de son client en explorant sa conjoncture, se targuerait de mettre à jour sa structure ? Qui, par exemple, au lieu de s'intéresser vraiment[48] au point

47 Philosophe et psychanalyste. *Les Irremplaçables*, Gallimard 2015.

48 « *Vraiment vraiment* », comme disait Milton Erickson, célèbre hypnothérapeute américain, décédé en 1980.

de vue particulier de l'autre sur la situation dont il est question, le déduirait lui-même d'un test de personnalité généraliste et totalisant, déniant ainsi au client sa qualité de sujet.

Notre mission d'accompagner nos clients sur le chemin de leurs responsabilités, donc leur permettre de se vivre dans le réel, passe par l'établissement d'une relation éthique aux autres. Il en faut du courage, à eux comme à nous, pour refuser d'être de simples exécutants démis de leur conscience, petits rouages d'une machine souvent nommée le système et ne pas devenir fous. Mais ce courage d'être irremplaçables nous le trouverons en développant notre capacité imaginative. C'est grâce à l'imagination que nous pouvons nous mettre à la place d'autrui (capacité d'empathie) et voir dans la personne en face de nous un être humain et non pas une chose. L'identité se produit dans un processus ; un matricule, non, il est donné une fois pour toute.

ABCdaire – classer

Nous regrouperons ici plusieurs termes : classer, différence, distinction et ambiguïté.

Vouloir classer les individus en quatre, en sept, en huit, voire en 12 cases[49] est une envie qui se pare de légitimité pour toute personne qui, abordant un système vivant, voudrait pouvoir l'appréhender ou, mieux encore, le maîtriser. Si je vous mets dans la bonne case, non seulement je pourrai vous comprendre, mais je pourrai vous prévoir. Vœu pieux ? Rêve de toute-puissance ? Cauchemar de domination ? Détresse de l'inconnu ?

Le test, le profil, le diagnostic en début de coaching est devenu monnaie courante. Toute personne est complexe et un système coach-client l'est encore plus. Toute démarche ou outil qui chercherait à simplifier ce qui est complexe, tendrait à l'objectiver, le chosifier, l'instrumenter. Un être humain catégorisé est un être volontairement appauvri, réduit à une ou quelques caractéristiques.

Pour naviguer en toute opérationnalité dans une situation complexe, mieux vaut encore la complexifier autant qu'il se peut. Car :

- Aucune situation n'en vaut une autre, elles sont toutes distinctes du fait du temps, du lieu et de qui est présent ou absent.
- Aucune situation n'est dénuée d'ambiguïté : entièrement mauvaise ou bonne, noire ou rouge, ou rose, ou bleue, ou etc.
- Toutes les personnes sont uniques, distinctes, différentes les unes des autres. Toutes les personnes auront des comportements différents dans

49 MBTI, Ennéagramme, Process Com, Insight, profils sociaux, astrologie, etc.

des situations similaires (deux situations ne peuvent être les mêmes, c'est proprement impossible, tout au plus seront-elles similaires) ou des comportements similaires dans des situations différentes.

D'accord avec Roland Barthes, nous soutenons que : «Le classement, le vouloir classer, la possibilité de classer, est une activité fortement socialisante». C'est pourquoi ce genre d'activités est éventuellement admissible en coaching de groupe puisqu'elle fera apparaître que tous les membres d'un groupe ou d'une équipe sont distincts et que le premier objectif d'un coaching collectif est d'accepter les différences et de socialiser. Ceci fait, alors on pourra commencer à travailler. On peut aussi faire l'économie de la classification.

Mais, en coaching individuel, de grâce, ne commençons pas par un test ou un inventaire (bien souvent préalable aux entretiens) qui va classer le client, lui qui a déjà tendance à s'étiqueter, à s'appauvrir tout seul et à présenter une histoire généralisante, réduite à sa plus simple expression : «je ne sais pas manager», ou bien «mes collaborateurs ne savent pas travailler ensemble», ou encore «celui-ci est un électron libre», etc. suivi de «j'ai tout essayé, je ne sais plus quoi faire», etc.

Comment s'abstenir de classer, alors que classer rassure ? Comment faire bon accueil à l'inconnu, la surprise, l'imprévu alors que l'inconnu, la surprise et l'imprévu sont terriblement déstabilisants ? Comment le coach peut-il avoir le courage de tenir bon alors que tout valse autour de lui ?

- Une réponse systémique : en augmentant sa variété (c'est-à-dire son nombre d'états stables)[50].
- Une réponse collaborative : en demandant au client, en toute confiance.
- Une réponse narrative : en faisant étoffer l'histoire.
- Une réponse constructiviste : en interrogeant la relation coach-client.
- Une réponse analogiste : en repérant les airs de famille.
- Une réponse orientée solutions : en questionnant le miracle.

50 Voir W. R. Ashby.

Chapitre 12

Mettre le point final

La supervision vise à soutenir le coach dans la production de son éthique professionnelle. À l'intérieur d'un cadre rigoureux, dans un contexte clarifié, la supervision permet de situer l'une par rapport à l'autre, la morale, la déontologie et l'éthique et ouvre une voie majeure pour découvrir ce qui se passe en coaching.

Paul Claudel

Entre ce qui commence
Et ce qui finit
L'œil du poète a saisi
Cet imperceptible point
Où quelque chose pique.

(Cent Phrases pour Éventails)

L'intelligence ne se définit pas comme une faculté de résoudre un problème, mais comme de pénétrer un monde partagé.

Francisco Varela

Le récit

L'histoire : supervision pour accéder à l'éthique

Pierre-Jean se rend comme d'habitude à sa séance de supervision. Il dira en y arrivant qu'il se sent tendu, l'esprit perturbé, empêtré dans une interrogation sur sa pratique. Il en est arrivé à douter de ce qu'il fait ou de ce qu'il ne fait pas. Et quand c'est fait, l'a-t-il bien fait ? Et a-t-il bien fait de ne pas ? A-t-il bien terminé sa série de conversations ?

À la fin de chaque séance, alors que le client le quitte et qu'il n'y a plus de conversations à venir, il se demande s'il est allé suffisamment loin avec lui, si on n'a pas terminé trop tôt, et même si on a vraiment terminé, d'ailleurs. Il se demande comment être sûr d'avoir fait au mieux, et comment être sûr que le client va vraiment mieux et de façon durable. Ses interrogations ne le lâchent pas. De fait, il serait plus juste de dire qu'elles l'assaillent sans répit. Tout cela le harasse. Chacun de ses mots renforce le doute : la fin de quoi ? Aller assez loin en se référant à quoi ? Trop tôt par rapport à quoi ? Par rapport à qui, à soi, à l'autre ? Que veut dire terminer ? D'ailleurs, doit-on terminer ?

Il repasse en boucle dans sa tête les principes qui lui ont été enseignés lors de sa formation au métier de coach. Un coach sait et accepte qu'il lui faut, à un moment donné, arrêter d'accompagner une personne, que le coaching a une fin. Cette conception invite le coach à prendre une position décentrée qui, mettant la personne en consultation au centre de la conversation, présage de son autonomie et annonce, qu'à terme, il faudra s'effacer devant cette personne. Coach et client se quitteront.

Voilà, il dit tout cela à son superviseur dans l'espoir de s'extraire de ce doute qui tourne à l'obsession et le fait souffrir.

La première étape qui apparaît nécessaire au superviseur envers ce coach, est de caractériser ce dont celui-ci lui parle. Quand il lui parle de fin d'un coaching, de quoi lui parle-t-il ?

— La fin pour vous, c'est, quoi ? Quand ?

— La fin ? (un silence) Eh bien, c'est ce qui a été atteint en ce qui concerne les espoirs du client ou même au-delà. En fait, il y a des personnes que je revois et qui me disent que tout va bien. Et il y a celles que je ne revois pas. Celles que je revois, je peux constater qu'elles vont bien et qu'elles ont changé. Elles me disent que ça leur a été bénéfique et cela me rassure vraiment.

— Et à propos de celles que vous ne revoyez pas, vous vous posez des questions ? Relance le superviseur.

— Oui, je me demande ce qu'elles sont devenues. Si cela leur a été utile. Si je leur ai moi-même été utile, n'ayant pas de retour (un silence).

— N'ayant pas de retour ? Le superviseur soutient sa réflexion par un silence.

— Eh bien, je pourrais considérer que ce n'était pas terminé, ou que cela n'a pas été efficace.

— Qu'est-ce que vous vous dites quand vous savez que cela va finir ?

— Quand nous arrivons à la fin, je propose un questionnaire d'évaluation. Et j'ai la sensation parfois que le travail n'est pas terminé. Et je me dis que c'est dommage.

— Vous ressentez quoi alors ?

Ses épaules s'affaissent légèrement puis, après un silence :

— De la frustration, murmure-t-il.

— Et que se passe-t-il à propos des personnes que vous n'avez pas revues, qui ne vous ont plus donné signe de vie ?

— Je pense à tout ce que j'aurais pu faire en plus. Alors je ressens de la frustration également.

— À votre avis, qu'est-ce qui fait que vous ressentez ce que vous ressentez ?

— Parce que la rechute d'un client est toujours possible. Et si elle a lieu, c'est parce que le travail n'est qu'à moitié fait, parce que j'aurais pu faire encore quelque chose, parce que j'ai laissé partir quelqu'un qui n'a pas tous les atouts pour y aller. En fait je m'aperçois que j'aime me sentir utile, aller jusqu'au bout des choses.

— Et tout ceci, est-ce positif, négatif, ou les deux ?

Une lueur de perplexité passe sur son visage. Après un silence, sa voix se raffermit et ses mains s'animent appuyant son propos :

— Les deux. En fait je suis, oh ! Je suis plus client que le client.

— Et quel sens important donnez-vous à cela ?

— Que je veux travailler jusqu'au bout, que je veux respecter le contrat. Il en va en fait de ma crédibilité, de mon éthique.

— Et quels effets se font sentir si vous avez fait tout ce qui est nécessaire

— La série de conversations s'est bien terminée, il n'y aura pas de rechute de mon client en vue.

— Comment savez-vous qu'il n'y aura pas de rechute ?

— Après un silence, parce que le client ne me rappellera pas.

À ce stade de la conversation, Pierre-Jean, grâce au questionnement du superviseur, s'est retourné sur lui-même. Il a entamé sa réflexion. Il n'est plus en train de se juger. Une première boucle a été bouclée. Il vient de se rendre compte que sa satisfaction du travail bien fait pouvait être évaluée par le client aussi, qu'il a besoin d'avoir des nouvelles de ses clients et que le fait qu'il n'en ait pas peut aussi être considéré comme une bonne nouvelle. Il a donné, au cours de cet échange, de l'espace à la complexité et à l'ambiguïté.

À cette étape de la supervision, le superviseur avait pour objectif de restituer à la situation sa complexité. Il n'existe, en effet, aucune situation dénuée de complexité, et bien souvent l'ambiguïté est niée au profit d'une simplification issue d'un jugement normatif. Le superviseur a donc exploré, étoffé, détaillé, la situation permettant au coach en supervision de se dépayser afin de sortir d'une loi générale qu'il avait lui-même édictée et qui l'amenait à tirer sur lui-même et sur son travail des conclusions identitaires simplifiées et négatives.

Puis, souhaitant inciter le coach à mieux éclairer son territoire personnel et à étoffer encore plus son paysage professionnel, le superviseur l'encourage à mettre à jour des événements de sa vie professionnelle, qui pourraient commencer à raconter une autre histoire. Le thème de cette histoire alternative serait plus proche de sa réalité que celui présenté au début de séance, qui tournait autour de : silence égale mauvaise prestation.

— Pouvez-vous me raconter une histoire d'un client qui serait parti, dont vous auriez pu penser qu'il aurait pu rechuter, que vous avez revu et pour lequel ça se passait bien ?

— Oui, en effet, j'en ai rencontré aussi, c'est vrai.

Et Pierre-Jean évoque une première anecdote.

— Et auriez-vous d'autres exemples plus anciens ?

Il raconte alors en détails trois histoires. Ces histoires permettent de faire émerger des contre-exemples isolés. Le superviseur aide Pierre-Jean à les relier dans une chronologie, et lui demande si un nouveau thème se dégage et si oui, lequel :

— Le silence signifie aussi bien que l'évolution du client se poursuit.

Le superviseur l'invite alors à réfléchir sur ce qu'il vient de dire. Son but, à ce moment-là, est de lui permettre de se donner un avis qui pourrait être distinct de l'avis qu'il a l'habitude de se donner à lui-même et qui alimente son inquiétude :

— Que pourriez-vous vous dire, après avoir raconté ces différentes histoires ?

— Eh bien, c'est peut-être une relation entre moi et moi. Il est possible que je me raconte des choses. En tous les cas, il y a des liens entre ces histoires. J'ai une position persistante et elle n'est peut-être pas partagée.

— Voyez-vous un lien entre le fait d'avoir laissé partir quelqu'un et le fait que cela se passe bien, ou… ?

Pierre-Jean garde le silence.

Cela fait deux fois maintenant que le coach en supervision formule une auto-réflexivité. La première fois quand il a dit : « En fait je suis plus client que le client », et maintenant en disant : « Eh bien, c'est peut-être une relation entre moi et moi ». Le superviseur se demande s'il doit faire quelque chose de cette remarque. Il décide de ne pas souligner ce qu'il vient de constater et de rester en position de curiosité :

— Qu'est-ce qui vous fait penser cela ?

— Eh bien, ce que j'ai identifié comme des éléments à travailler, cela s'est fait sans moi.

Et c'est en souriant que Pierre-Jean constate que l'autonomie de son client se manifeste indépendamment même de lui. À cet instant précis, le superviseur se dit à lui-même qu'il a bien fait de se taire.

— Pourriez-vous me parler d'une histoire où vous n'auriez pas eu de retour d'une personne pour qui cela ne se serait pas bien passé ?

— Eh bien je vais vous répondre autrement. Quand j'ai des retours, c'est que c'est positif. Je revois les gens venant vers moi, avec le sourire et me donnant de leurs nouvelles.

Le superviseur ose alors une question alambiquée, compliquée, qui va forcer le coach à penser :

— Mais alors, qu'est-ce que cela vous dit de la manière dont vous vivez avec cette frustration, et de comment ça se passe bien, et en quoi est-ce en lien avec ce que vous souhaitez pour votre vie et pour celle des autres ?

— Je me dis, soyons humble, j'ai fait ce que j'ai fait, le mieux possible et c'est bien.

— Alors, pourquoi clore ?

— Pour lâcher.

— Et si vous prenez cette position de lâcher, pourquoi clore alors ? Et que pensez-vous que les autres vont répondre ?

Son visage exprime à nouveau une certaine perplexité :

— Eh bien cela ne changera rien à ce qui se passe. Ce sont des tourments inutiles qui ont une emprise sur moi. Il y a de l'orgueil là-dedans.

Le coach en supervision vient d'exprimer, pour la première fois, que le problème est à l'extérieur de lui : « Ce sont des tourments inutiles qui ont une emprise sur moi ». Le problème ce n'était pas lui, le problème c'était le problème et il avait une emprise sur lui. La liberté que ce genre de constat lui a procurée lui permet de continuer son voyage vers ses valeurs et ce qui est important pour lui :

— Et cela ne m'empêchera pas de respecter mes clients et de penser qu'on a avancé ensemble. Humilité et orgueil.

Il réfléchit, comme s'il s'écoutait lui-même prononcer ces mots forts, et, se redressant, il affirme :

— Humilité et ambition, je préfère ambition. Je serai plus serein ainsi, avec le souhait de respecter l'autre dans son chemin et à son rythme.

Le superviseur souligne l'avancée du coach :

— Donc, respecter l'autre dans son chemin et à son rythme plutôt que clore et augmenter le rythme pour être sûr d'avoir fait le maximum avant d'en sortir ?

— Oui, c'est ça, chacun est dans un continuum. De quoi sort-on d'ailleurs ? Oui, un continuum.

En prononçant cette phrase, le coach en supervision fait encore un nouvel apprentissage. Il vient de découvrir que la vie est un continuum. Son désir que les clients s'en sortent s'assortit maintenant de la question : sortir de quoi ? On peut concevoir qu'on ne sorte pas d'un problème mais que celui-ci n'en soit soudainement plus un. C'est-à-dire que le problème s'est dissous au lieu de se résoudre.

Le coach en supervision qui s'imaginait qu'il n'avait pas terminé sa série de conversations et que s'il avait eu plus de temps, il aurait pu mener son client plus loin, au bout (au bout de quoi ?), ce même coach vient de réaliser qu'il n'y a rien à terminer. Il suffit de finir :

— Et vous, auriez-vous, vous aussi, des rechutes ?

— Oui, il me faut moi aussi lutter contre ma nature.

— Ah ! Et quand les rechutes se produisent, vous arrive-t-il aussi de progresser ?

— Oui, évidemment.

Nous arrivons en fin de séance. Le superviseur pose une analogie contextuelle :

— Alors j'ai une question de fin : comment terminons-nous ?

— Mon tourment s'est dissout : j'ai fini.

— Vous avez fini. Et vous, en tant que coach, pouvez-vous demander à vos clients s'ils ont fini ?

— Ben oui.

En répondant à une succession de questions qui font vraiment réfléchir, des questions-tâche, le coach en supervision a pu quitter l'attitude familière de doute pour entrer dans un espace de réflexion, que certains nomment le paysage de la conscience. Ici, il s'affirme capable de respecter l'autre et de le laisser travailler à son rythme, puisque chacun est dans un continuum. Cette conscience ouverte, à son tour, pourra se mettre en œuvre dans des actions nouvelles, comme par exemple inviter ses clients à prendre part à la fin.

Le point de vue du superviseur

Le superviseur a été particulièrement touché par le processus de retournement du coach au cours de la séance. On doit prendre en considération le rôle des trois histoires différentes qu'à la demande du superviseur il est allé rechercher dans sa mémoire. Ces histoires font le récit d'événements qu'il a vécus par le passé et qui jouent le rôle de contre-exemples, lui permettant de tirer des conclusions différentes de celles qui perturbent aujourd'hui sa pratique.

Jerome Bruner[51] nous enseigne que les histoires sont exclusivement composées de deux paysages : un paysage de l'action et un paysage de la conscience. Le paysage de l'action contient la matière de l'histoire, et se compose d'événements qui constituent l'intrigue. Le paysage de la conscience se compose de ce que « ceux qui participent à l'action savent, pensent, ressentent, ou bien ne savent pas, ne pensent pas, ne ressentent pas ». Ce paysage expose la conscience des protagonistes de l'histoire. Il contient leurs réflexions à propos des événements et la signification qu'ils attribuent à ces événements. Il rassemble leurs déductions à propos des intentions et des buts vers lesquels ces événements tendent, et leur permet de tirer des conclusions au sujet du caractère et de l'identité des protagonistes. Tout comme le développement de l'intrigue, le développement des conclusions et significations fait surgir le thème de l'histoire. C'est ainsi que l'autonomie arrive. L'histoire ouvre la conscience qui à son tour entraîne l'action.

Repères et questions

La supervision nécessite de la part du superviseur d'avoir la capacité à garder une posture paritaire. Ici, le superviseur préfère mettre davantage l'accent sur la posture que sur l'outillage. La séance est guidée par un concept général de progression pas à pas, comme sur un échafaudage. Il s'agit d'amener la personne à réfléchir à ce qu'elle vient de dire et de l'aider à s'élever dans les niveaux d'abstraction. Partant de son expérience qui lui est connue et familière, elle est progressivement guidée vers ses valeurs fortes et ses engagements.

51 Bruner, J. (2000). *Culture et mode de pensée.* Retz. Il s'inspire ici de Greimas et Courtes (1976), théoriciens de la littérature.

On peut aussi regarder ce rôle du superviseur dans l'esprit de Paul Ricœur[52], nous invitant à nous questionner sur l'utilité du regard sur ce qui est complexe. «Compliquons, compliquons tout; brouillons leurs cartes; le manichéisme en histoire est bête et méchant». Donner la voie au complexe, c'est accepter de prendre en compte cette «ambiguïté nécessaire». On ne peut pas faire l'impasse du rapprochement singulier-général. On ne peut pas éluder effets antagonistes et mouvements paradoxaux, ils sont le vivant.

Mais à quel titre le superviseur pose-t-il le cadre? Comment guide-t-il le coach? Il se doit d'utiliser des mots précis. De même que par paresse on ne fait parfois pas l'effort de faire la différence entre complexe et compliqué, de la même façon, on peut penser se faciliter la vie en utilisant indifféremment les termes morale, déontologie ou éthique.

Et si on cherchait à définir morale, déontologie, éthique

Qu'en est-il de la déontologie? Est-ce une éthique? Est-ce une morale? Seraient-ce trois synonymes?

Étymologiquement en effet éthique et morale sont issues du même mot, les mœurs, l'un en grec (*ethos*), l'autre en latin (*mores*). Cependant la morale s'adresserait à la société et l'éthique se rapporterait à la personne. En effet si éthique et morale renvoient toutes deux à l'idée intuitive de bonnes mœurs, elles distinguent ce qui est estimé bon (éthique) de ce qui s'impose comme obligatoire (morale). «Par convention je réserverai le terme d'éthique pour la visée d'une vie accomplie et celui de morale, pour l'articulation de cette visée dans des normes caractérisée à la fois par la prétention à l'universalité et par un effet de contrainte[53]».

À cette balance du particulier par rapport à l'universel, s'en ajoutent bien d'autres. Comme le dit Jacques Benoit, l'éthique trouverait sa source à l'intérieur de nous-mêmes alors que la morale viendrait de l'extérieur; l'éthique serait du discernement, la morale serait une référence; l'éthique serait du je et du nous et la morale serait du tu ou du vous. En bref, la morale nous interpellerait quand l'éthique nous responsabiliserait. Paul Ricœur[54] le formule à sa manière, l'éthique est ce qu'il appelle la vie bonne: «Estime de soi, sollicitude à l'autre, dans des institutions justes» et la question éthique est celle de: «La conduite et le contrôle de soi», une analyse de l'attention à l'autre, du commerce avec l'autre. Pour Montaigne, l'éthique: «C'est le moi stable face à la précarité, au moi instable». Selon Habermas la morale touche à l'élaboration et à l'examen critique des normes, les conditions d'une vie bonne pour

52 Ricœur, P. (1985). *Temps et récits*. Seuil.

53 Ricoeur, P. (1990). *Soi-même comme un autre*. Seuil.

54 Ricœur, P. (1985). *Temps et récits*. Seuil.

tous. L'éthique touche à l'élaboration et à l'examen des valeurs, les conditions d'une vie bonne pour soi ou pour le groupe auquel on s'identifie.

Et à les positionner l'une par rapport à l'autre

Michel Foucault distingue clairement morale et éthique. La morale est un ensemble de valeurs et de règles d'action proposées par des prescripteurs telles la famille, les institutions éducatives, l'Église. L'éthique décrit comment chacun se constitue comme sujet moral. « Il y a différentes manières de se conduire moralement, différentes manières pour l'individu agissant d'opérer, non seulement comme agent, mais comme sujet moral de cette action[55]. »

Comment les situer alors l'une envers l'autre ? Pour Foucault, la morale ne propose pas de mode de vie et est universalisable, tandis que l'éthique propose un mode de vie et renvoie essentiellement à une identité. Quant à Paul Ricœur, il se prononce pour la primauté de l'éthique sur la morale.

Chaque professionnel a des références internes qu'il compare avec des règles universelles et des applications particulières au cours de la séance. Décidons d'appeler cela l'éthique du coach. La séance vit dans le mouvement, elle accueille l'éventuel et l'imprévu, et c'est plutôt à son éthique que se réfère le coach. Il recherche « le juste entre le légal et le bon ». Ce faisant, en édifiant son éthique, le coach produit son identité de coach.

Avec Olivier Abel, on reconnaîtra dans la distinction entre visée éthique et norme l'opposition entre deux héritages. « Un héritage aristotélicien où l'éthique est caractérisée par sa perspective téléologique et un héritage kantien où la morale est définie par le caractère d'obligation de la norme, donc par un point de vue déontologique ». La morale, dont il souligne la dimension déontologique, c'est-à-dire d'obligation : Ne fais pas à ton prochain ce que tu détesterais qu'il te soit fait, n'est pas écrite.

Pour découvrir ce qui se passe en coaching

Un détour par l'étymologie nous éclairera à nouveau. Déontologie vient de *deon*, ce qu'il convient de faire, et de *logos*, doctrine, parole, discours. Ce mot est traduit d'un texte du philosophe utilitariste Jeremy Bentham, qui emploie ce terme pour la première fois en 1825 : « *Ethics has received the more expressive name of deontology* ». Ce mot se rapporte à une théorie des devoirs. Ainsi la déontologie désigne-t-elle l'ensemble des règles morales qui régissent l'exercice d'une profession, et elle est écrite.

55 Foucault, M. (1994). *Dits et écrits II*. Gallimard.

Le coach doit pouvoir s'interroger et interroger une morale spécifique. De même que la loi est conjuguée par des juges, la déontologie est conjuguée par un coach d'une façon particulière que nous pourrions appeler son éthique. «La morale traite du sens moral alors que l'éthique traite de l'action» énonce Antoine Compagnon. Prenons le parti de créer de la différence, des distinctions pour créer du sens. Parlons à nouveau ici de la différ*a*nce à la manière de Jacques Derrida, dans le sens de différer, retarder. Cela permet de faire un pas de côté et prendre le temps d'un retour sur soi, une pause nécessaire avant d'initier l'action. C'est là que l'éthique est dans le mouvement, dans l'action. En séance le coach crée de la différ*a*nce en élaborant son propre rapprochement éthique-déontologie.

L'investigation est ici nécessaire. Ne serait-ce que pour être conscient et cela participe à la construction de l'éthique. Faute de cet investissement, seule la déontologie serait appelée à répondre à toutes les questions, à pallier l'absence de réflexion personnelle-professionnelle éthique et de réflexion morale. Tout se passe comme si le coach élaborait sa propre interprétation des lois en séance. Sinon il ne pourrait pas naviguer entre dedans et dehors. Le coach est seul avec son éthique.

S'il n'était que dehors, il appliquerait des lois en dehors d'un contexte. Et s'il n'était que dedans, il négligerait le monde et ses lois. Il y a nécessité d'une interprétation personnelle et d'un aller et retour avec l'extérieur. C'est un aller et retour entre le dehors (la déontologie et la société) et le dedans (l'éthique du coach dans la séance). Il y a confrontation entre le contexte social et le contexte singulier. Et restons conscients du danger révélé dans la question posée par Simon Leys[56]: «les valeurs morales sont-elles autre chose que de l'idéologie masquée?»

Éléments de méthode

La supervision est l'accompagnement d'un coach dans sa pratique professionnelle, dans le cadre d'une situation qu'il vit à ce moment-là. Elle vise le développement professionnel et éthique des coaches ou, comme pourrait le dire Michel Foucault, elle vise à soutenir le coach dans sa constitution de soi en tant que sujet moral. La supervision est un des lieux de production de soi comme professionnel du coaching, dans son efficacité aidante.

La co-responsabilité du coach et du superviseur désigne d'emblée la parité. Le coach s'engage à apporter un cas explicité, le superviseur s'engage à ce que le coach reparte avec des pistes de travail, de solution, de dissolution. Le superviseur veille à satisfaire les attendus du coach, celui-ci veille à apporter une situation susceptible d'être travaillée, c'est-à-dire qu'il est prêt à accueillir ce qui ressortira de l'échange. Donc le superviseur invite le coach en supervision à réfléchir à partir des expériences qu'il vient de vivre durant le coaching.

56 Leys, S. (2008). *Le Bonheur des petits poissons*. Éditions Jean Claude Lattès.

La proposition méthodologique de la supervision

L'exploration de la relation avec le métier même de coach est typique de la supervision. Cette exploration peut se faire entre le coach professionnel et un aspect de son métier, entre le coach professionnel et une situation issue du répertoire de son métier, entre le coach professionnel et la vision qu'il a de son métier. Et ce peut être aussi une résonance, une souffrance, un sentiment d'incompétence, ou toute autre chose.

Dans la pratique de supervision de coaching il ne s'agit pas de travailler sur la situation du client rapportée par le coach, ce serait prendre une position de maître ou de conseiller ou de formateur. Il ne s'agit pas non plus de traiter un cas, car la supervision n'est pas une étude de cas. On ne s'inscrit pas davantage dans la métaphore invalidante grand-parent/parent/enfant. On se centre sur l'écoute du collègue dans son expérience. Quelle est la situation inter-médiée ici ? Que vit le superviseur dans son interaction avec le coach ? Le coach en supervision est questionné à propos de la relation qu'il entretient avec la situation qu'il a tissée avec son client, à propos des effets de cette relation sur sa conduite du coaching et sur les manières de reconsidérer cette relation afin de retrouver sa créativité.

Ce qui préside à cette conduite professionnelle c'est un contexte de co-opération. Donc, il s'agit de consulter le coach en supervision, puisque c'est lui qui est au centre de la conversation. Dans un contexte de contrôle, la supervision viserait la construction de solution. Dans un contexte formatif, le superviseur se positionnerait différemment, en enseignant ou en formateur. Il convient d'être vigilant à mettre en œuvre la co-opération tout le temps.

L'éthique, socle de la supervision

C'est à une attitude d'auto-réflexion que se réfère l'éthique, contrairement à la morale qui est : « Un ensemble de valeurs et de règles d'action qui sont proposées aux individus et aux groupes par l'intermédiaire d'appareils prescriptifs divers[57] », qui opèrent comme des règles de vie en société. Chaque praticien adopte sa position propre à travers ses attitudes personnelles à l'égard des autres : il leur manifeste le respect qu'il leur porte et exprime ses valeurs professionnelles.

En supervision, le superviseur est responsable du cadre professionnel et éthique du coaching. Quelles que soient les approches ou pratiques mises en œuvre par les participants c'est la représentation que le superviseur se fait du métier de coach qui conduira à dire si telle action est dans le cadre ou non. Définitions du métier, méthode, pratiques sont soumises à l'éthique et le superviseur en est le garant. Sa fonction première, tenir le cadre, s'inscrit dans sa réflexion éthique. Si au cours

57 Foucault, M. (2001). *Dits et Écrits II*. Gallimard.

du travail collectif, un doute s'insinue, son éthique le guidera à en faire part au groupe : en position de non savoir, il l'interroge, écoute et se réfère à ses valeurs professionnelles.

La parité ouvre le co-apprentissage

Une relation de parité, qui exige du superviseur de se maintenir en position de non-savoir et de perplexité, peut être vue ici comme une relation entre deux experts qui implique un co-engagement : à propos des objectifs, des directions de travail, et sur le résultat et ses indicateurs. Conséquence immédiate : le coach est compétent et l'on peut parler de co-apprentissage.

La parité, au-delà d'un principe, est forte de conséquences : elle participe à protéger le superviseur du transfert possible du coach. Car puisque la relation de parité est maintenue entre eux (relation d'adultat), le coach n'est pas tenté de voir dans son superviseur quelque figure d'autorité et n'est pas exposé au risque de régression. Là réside le travail du superviseur : sa seule zone de pouvoir tient à un maintien indéfectible du cadre et de la relation d'adultat. C'est cette posture solide qui ouvre au coach en supervision l'accès à ses ressources et à son pouvoir propre, que le contexte dans lequel il évolue lui avait éventuellement barré, voire interdit.

Contexte et cadre en supervision

« Le cadre est l'ensemble des règles que l'on infère d'un contexte et qui, une fois formalisées, délimitent et régissent ce même contexte. Ou pour le dire autrement, le contexte inspire le cadre. Pour élaborer un cadre de supervision, il est donc nécessaire d'observer le contexte qui l'inspire[58]. »

Si l'étymologie latine suggère *cum-textere* ou tisser ensemble, le contexte se présente alors comme une sorte de tissage, une organisation enchevêtrée de relations qui s'interpénètrent les unes les autres, de manière spécifique à chaque instant, définissant le fond d'un tableau sur lequel se détache un ou des faits.

Ainsi le contexte de la supervision est un ensemble d'éléments présentant une relative constance, observables, qui en constituent l'environnement et en influencent la trame. C'est sur ce fond-là que se détachent éléments durables de l'environnement et faits et gestes des protagonistes : un client et ses partenaires au quotidien au sein de l'organisation qui l'emploie, par exemple.

La relation particulière entre un superviseur, elle-même régie par le cadre de cette supervision, et le ou les coaches en supervision vient donc se glisser dans cet ensemble. C'est en se plaçant du point de vue de l'anthropologie que Gregory

58 Laplante, I. et De Beer, N. (2013). *Le Grand Livre de la supervision*. Eyrolles.

Bateson[59] a étudié la manière dont des relations se tissent et des interactions s'établissent dans une situation donnée, contextualisée donc, entre les acteurs qui y prennent part. Il en conclut que le sens de la communication est donné par le contexte : « Le contexte préside aux interactions et les signifie ».

En ce qui concerne la supervision précisément, elle est considérée[60] comme inscrite tout à la fois dans un contexte de contrôle, de développement professionnel et de soutien. Sous l'angle du contrôle, le rôle du superviseur est d'aider le coach à développer sa compétence éthique, tout en se maintenant lui-même dans les normes professionnelles du coaching, la déontologie du métier. Du point de vue du développement professionnel, le superviseur s'emploie à créer des conditions pour que le coach puisse étoffer ses compétences et mettre en œuvre les bonnes pratiques recommandées dans son environnement professionnel. Il sera ainsi en mesure de faire preuve d'une efficience croissante, et ce d'autant plus que le superviseur lui apporte également un soutien. D'un point de vue plus personnel enfin, il lui permet de gagner de la confiance en soi. Cette dernière dimension de l'apport exige du coach qu'il soit capable de se confronter à ses propres difficultés personnelles et à ses résonances, d'où, éventuellement, le recours à un suivi thérapeutique.

La question peut se poser de savoir comment les acteurs (superviseur et coaches) peuvent produire ces trois contextes dans une même scène de supervision. Dans leur définition de la supervision, Inskipp et Proctor[61] établissent sans confusion la nature collaborative du travail effectué en supervision ; on parle ici d'alliance entre coach et superviseur. Ils soulignent l'importance de l'alliance dans le maintien d'une pratique éthique. Ainsi le seul cadre de supervision qui permette de garantir les différents contextes exposés ci-dessus est celui qui préside à une scène de supervision fondée sur la collaboration. Il s'agit de considérer la relation supervisoire comme une relation de collaboration entre des praticiens dans ce contexte précis, où le coach client de la supervision « pourra se constituer et se produire en tant que sujet professionnel éthique et efficient[62] ».

Textes à réfléchir

Le coach et l'intervention minimale

Moins le coach intervient plus il laisse d'espace à son client. Moins il exerce son pouvoir (pouvoir du savoir, pouvoir de ses outils, pouvoir de sa théorie, etc.), plus le client peut reprendre son propre pouvoir.

59 Bateson, G. (1979). *La Nature et la pensée.* Seuil.

60 Selon la *New Zealand Association of Counsellors* qui a codifié la supervision.

61 Inskipp, F. & Proctor, B. cités par Sue Coneland in *Counselling Supervision in Organisations : Professional and Ethical Dilemmas Explored,* p. 18.

62 Laplante, I. et De Beer, N. (2013). *Le Grand Livre de la supervision.* Eyrolles.

Les interventions de coaching sont souvent issues de modèles thérapeutiques (thérapies courtes, thérapie brève, thérapies familiales entre autres). Il suffit de regarder d'un peu près l'approche de François Roustang sous-tendue par le silence, la posture proposée par Guy Ausloos : « La seule personne que vous puissiez changer c'est vous » ou les métaphorisations de grandes découvertes scientifiques (le chaos, les structures dissipatives, les systèmes loin de l'équilibre, etc.) qui ont inspiré des personnalités comme Mony Elkaïm, pour s'en persuader.

Toutes ces démarches nous invitent à nous demander si, lorsque nous intervenons, nous le faisons pour être utile à notre client ou pour éviter un inconfort personnel : peur du silence, peur de l'inconnu, besoin de prendre en charge toute la réussite de la séance pour justifier la prestation (questions de contenu, utilisation d'outils, reformulation, conseils, etc.) Si c'est le cas, voilà un bon sujet de travail avec notre thérapeute, car nous n'avons pas à nous soigner sur le dos de nos clients.

La question pour le coach est donc de savoir si son geste répond à un besoin personnel ou si son geste est approprié. Ne nous trompons pas d'objectif, le coach est là pour aider son client à se redéployer. Il n'est pas en séance pour s'exercer, tester ses nouveaux outils ou valider ses théories.

Pour nous, la meilleure façon d'aider un client est d'être économe, être concave c'est-à-dire accueillir sans tenter d'agir, et être convexe le moment venu, c'est-à-dire intervenir au juste moment avec le geste juste.

Les humains sont complexes, le client est complexe, alors, restons complexes et acceptons la complexité (voir les travaux d'Edgar Morin sur la complexité). Ne tentons pas de réduire, simplifier, ou appauvrir nos clients (profils de personnalités, par exemple). Comme l'exige la loi de la variété requise, un système, pour survivre, doit être au moins au même niveau de complexité que son environnement, avoir au moins autant sinon plus d'états stables. Il en est de même pour deux systèmes qui veulent entrer en relation. Autrement dit, pour accompagner nos clients, il nous est nécessaire de rester à un niveau de complexité au moins aussi élevé que le leur, les prendre en compte avec et dans leur complexité.

Le risque d'agir trop, d'en faire trop, d'agiter des outils est que le client n'avance pas. Pourquoi s'agite-t-on ? Parce que l'on croit qu'il faut faire pour être. Comme le dit joliment François Roustang : « Qu'est-ce que l'attente ? C'est dire : "Je n'ai pas de solution à un problème, je vais me mettre en état d'attention-attente", c'est-à-dire de tendre vers cette solution sans crispation ».

Agirait-on alors pour se masquer son propre vide, devant le silence, devant l'attente, devant l'inconnu, dans la peur de recevoir ? Nous devons agir parce que c'est nécessaire (utile au client) et non pour justifier notre présence rémunérée. L'objectif n'est pas que le coach réussisse son coaching mais que le client réussisse.

Mais ne pas agir ne signifie pas ne rien faire ou ne pas savoir quoi faire. Au contraire, c'est créer un espace d'accueil, de confort et de sécurité où le client va pouvoir élaborer, se mettre en dynamique, reprendre contact avec son autonomie d'action.

Le coach qui connaît les frontières de son métier et qui sait poser le cadre d'intervention, qui a installé une posture professionnelle et a défini son éthique professionnelle, qui a identifié avec le client une direction de travail et qui a la capacité d'analyser le processus coach/client (intersubjectivité), qui est donc conscient des déplacements à l'œuvre dans la relation (transfert, projection, analogie, quelle que soit la référence) n'aura, bien souvent, que des interventions minimales à faire.

Faisons donc confiance à nos clients, ils pourront alors redéployer toutes leurs compétences et dissoudre ainsi leur problème. Ils retrouveront alors de la liberté de choix, de la capacité à agir et prendront des initiatives pertinentes.

ABCdaire – coaching

Ce que le coach n'est pas

Ce n'est pas un thérapeute, ce n'est pas un opérateur qui change les rouages d'un client avec des outils. Ce n'est pas un formateur, ce n'est pas un conseiller.

Le coaching pourrait être défini comme l'accompagnement d'une personne à un moment clé de sa vie professionnelle.

Ce métier a des caractéristiques

Il se situe dans le domaine de l'accompagnement, comme la médiation, la thérapie, la psychothérapie ou le travail social.

À ce titre, le coach se trouve confronté à l'inter-subjectivité. Le client projette, s'engage dans un transfert, ou voit dans le coach une figure d'autorité, etc. Le coach lui, doit savoir différencier ce qui est de l'ordre de sa propre histoire et de ses réactions au discours de l'autre (ce que certains appellent contre-transfert) et ne pas l'inviter dans la séance. Cela doit amener le professionnel à être en capacité de gérer la relation avec ses écarts. Il est vigilant à ne pas mettre son futur dans le présent du client. C'est-à-dire ne pas projeter l'idée de son futur en séance là où il doit permettre au présent du client de se présenter.

Le coaching travaille avec un seul contexte, identifié et professionnel. Quand un individu présente une souffrance, une plainte, un problème sans contexte ou se manifestant dans de multiples contextes et qu'il n'est pas possible d'en décider un seul, la difficulté rencontrée sera plutôt de l'ordre de la thérapie.

Client et coach se mettent d'accord sur le nombre de séances avant de s'engager ensemble vers un résultat souhaité et s'y tiennent.

Le client est compétent à son poste, en rapport à son activité. Il y a peu de chance que l'on ait nommé celui qui est le moins compétent à un poste. Et s'il lui manque une compétence spécifique, ce sera la formation ou le conseil qui sera adapté, pas le coaching.

Ce que le coach accomplit

Le coach installe une relation de parité et de collaboration. C'est une relation entre deux êtres humains, adultes, volontaires, compétents et qui s'engagent. De ce fait le coach refuse le transfert. À ce sujet, nous pouvons citer le thérapeute François Roustang[63] : « L'analyste est tenu, dans la forme classique, à une discrétion totale et à favoriser le transfert, alors que le thérapeute doit à tout instant éviter que le transfert ne s'instaure ». Il en est de même pour le coach. Il empêchera l'envie du client de faire de lui une figure d'autorité, et/ou de vouloir régresser et demander au coach ce qu'il doit faire.

Le coach sait accueillir, accepter, aborder l'ambiguïté, la complexité. Il sait que nulle situation n'est dénuée d'ambiguïté, qu'elle est complexe, et il respecte cet état de fait et ne cherche pas à simplifier le client. Il sait également travailler en situation de double-loyauté : loyauté au prescripteur en même temps que loyauté au client en séance.

Le coach n'est pas là pour formater ou reformater, normaliser ou re-normaliser, voire simplifier le client. Il est là pour l'aider à se reconnecter avec ses valeurs, ses compétences ses savoirs et son pouvoir. L'autonomie, objectif du coaching, passe par la capacité à penser et à agir. Le client pourra vérifier qu'il a retrouvé son autonomie parce qu'il sera capable de s'auto-évaluer et de s'auto-corriger suivant ses propres référentiels, et qu'il se percevra au clair et en cohérence avec ce qui est important, précieux pour lui, ses valeurs, croyances, rêves, espoirs, intentions, buts, principes.

63 Roustang, F. (2001). *Le Thérapeute et son patient*. Éditions de l'Aube.

Conclusion

Victor Hugo

(…)

Vis, et fais ta journée; aime et fais ton sommeil.
Vois au-dessus de toi le firmament vermeil;
Regarde en toi ce ciel profond qu'on nomme l'âme;
Dans ce gouffre, au zénith, resplendit une flamme.

(…)

(Religions et Religion)

Conclusion

L'écriture de ce livre a été un voyage d'exploration comme un cheminement de coaching peut l'être pour toute personne qui le suit jusqu'à son terme. En démarrant le projet, nous avions pour but de réunir en un ouvrage des éléments issus de nos nombreuses années de pratique et d'enseignement du coaching. Notre ambition était de présenter, dans une approche phénoménologique, tant l'esprit du coaching, dans sa rigueur, ses doutes et ses fulgurances, que la posture du praticien, sa curiosité, sa perplexité et sa vulnérabilité. Nous souhaitions faire entrer le lecteur dans la conscience du professionnel, montrer l'élaboration de ses décisions, la technicité de ses gestes, le courage de ses prises de risque, l'effacement de ses hésitations. Nous voulions être didactiques, guidants, pédagogues. Nous voulions également présenter certains des femmes et des hommes que nous avons rencontrés au cours de nos séances et dont le talent, l'intelligence, la sensibilité, les compétences, la détermination, la subtilité ont pu se déployer durant nos conversations et donner une illustration des moments forts que nous avons partagés avec eux, et qui ont été émouvants et apprenants pour nous.

La pensée se construit sous la conduite du texte

La rédaction est un défi important. Tout commence par une page blanche, un écran vide avec un curseur qui clignote de manière intimidante, en analogie de l'intimidation que peut ressentir un client lors de son premier face-à-face avec un coach. On commence comment ? Par quoi ? Quand enfin les idées surviennent, elles ne se présentent pas forcément dans l'ordre, elles ne se déversent pas comme il faut, elles débordent, elles partent en vrac. Les mots se disent et, en s'assemblant, produisent finalement du sens ; des thèmes émergent, des pensées se façonnent, des directions se trouvent, des structures s'organisent, des sentiers se creusent, des pistes s'ouvrent. Nous avons pu vivre l'expérience littéraire dans toute sa condition créatrice.

En commençant, nous croyions que « ce qui se conçoit bien s'énonce clairement et [que] les mots pour le dire viennent aisément »[64], que la pensée précède la formulation écrite et que la construction intellectuelle doit être aboutie avant d'être posée sur le papier. Pour nous apercevoir qu'il en va de l'écriture comme de la

64 Boileau, N. (1998). *Art poétique.* Flammarion.

conversation ! Nous savions qu'à l'oral le discours organise la pensée, pour l'avoir maintes fois vérifié avec nos clients. Ils commencent à raconter et c'est leur récit qui les emporte. Lorsque nous les interrompons pour les faire passer en position d'auditeur en leur demandant « Quel sens donnez-vous à cela ? » ou « Qu'est-ce que ça vous fait de vous entendre dire ça ? » ou « Qu'en pensez-vous ? », nous les forçons à mettre à jour leur pensée, ce qui est précieux pour eux, ce qui fait sens, ce qui les porte. Puis nous les aidons à tirer des conclusions qui leur seront utiles.

C'est le même va-et-vient qui se produit dans l'écriture. Nous naviguons en permanence entre le paysage de la production et le paysage de la réflexion sur notre production, qui va à son tour modifier notre production, donc enrichir notre réflexion. Etc. La création est dans cet aller et retour, elle s'accompagne d'euphorie et de découragement. Comme pour nos clients pendant leur programme de coaching. Le mot *et cætera* caractérise bien ce phénomène, jusqu'au moment où se fait la bascule, où le coach (se) dit stop, voilà du solide, voilà une plate-forme de stabilisation pour mon client, je dois l'arrêter sur cette idée, cet *insight*, cette prise de conscience, cette décision.

C'est ainsi que ce livre s'est écrit. Nous avions des idées, beaucoup de connaissances, l'habitude de transmettre et pourtant…

Les solutions s'inventent

En décodant notre processus créatif, nous nous sommes aperçus que chaque chapitre, qui avait été conçu dès l'origine sur le modèle pédagogique : un récit, des points saillants, des réflexions méthodologiques, des textes pour aller plus loin, était analogique de la pensée créatrice : description aussi riche que possible de l'expérience ; mise à jour de connexions engendrées par cette description ; réflexions sur les connexions trouvées ; idées nouvelles, concepts, dynamique de changement.

Ainsi, la dynamique de rédaction de cet ouvrage, nous a projetés, comme nos clients, dans l'invention de solutions face aux questions posées. Il n'existe pas de solution pré-existante qui serait cachée dans quelque profondeur et qui pourrait se dévoiler à la suite d'un travail « d'épluchage » ou de « nettoyage », ou toute autre métaphore. Non, les solutions s'inventent d'elles-mêmes parce que les problèmes ont été suffisamment décrits, complexifiés et ré-fléchis, c'est-à-dire « fléchis à nouveau ».

Il faut ré-fléchir les problèmes, les mettre en ré-flexion, dans tous les sens du terme. C'est le travail du coaching, que d'aucuns appellent aussi « problémation ».

MERCI

Merci à toutes nos clientes et nos clients. Toutes celles et ceux que nous avons formés et qui, devenus nos collègues, aident à leur tour leurs clients à vivre au plus près de leur éthique dans leur voie professionnelle. Et aussi toutes celles et ceux qui nous ont demandé de leur faire la conversation car eux aussi, à leur tour, contribuent à l'établissement d'un contexte professionnel plus respectueux des êtres humains.

Isabelle Laplante

Nicole Vardanega-Lachaud

Nicolas De Beer

Far-niente

Théophile Gautier

Quand je n'ai rien à faire, et qu'à peine un nuage
Dans les champs bleus du ciel, flocon de laine, nage,
J'aime à m'écouter vivre, et, libre de soucis,
Loin des chemins poudreux, à demeurer assis
Sur un moelleux tapis de fougère et de mousse,
Au bord des bois touffus où la chaleur s'émousse.
Là, pour tuer le temps, j'observe la fourmi
Qui, pensant au retour de l'hiver ennemi,
Pour son grenier dérobe un grain d'orge à la gerbe,
Le puceron qui grimpe et se pend au brin d'herbe,
La chenille traînant ses anneaux veloutés,
La limace baveuse aux sillons argentés,
Et le frais papillon qui de fleurs en fleurs vole.
Ensuite je regarde, amusement frivole,
La lumière brisant dans chacun de mes cils,
Palissade opposée à ses rayons subtils,
Les sept couleurs du prisme, ou le duvet qui flotte
En l'air, comme sur l'onde un vaisseau sans pilote ;
Et lorsque je suis las je me laisse endormir,
Au murmure de l'eau qu'un caillou fait gémir,
Ou j'écoute chanter près de moi la fauvette,
Et là-haut dans l'azur gazouiller l'alouette.

(Premières Poésies)

FIN

Annexes

VIES EXOTIQUES, LE MODÈLE DES PRATIQUES NARRATIVES

par Isabelle Laplante

LA PROBLÉMATION

par Nicolas De Beer, avec Michel Saucet

Vies exotiques, le modèle des pratiques narratives

Les *Pratiques Narratives* élaborées par Michael White sont une mise en action sur le terrain de la relation d'aide de réflexions issues de la pensée de chercheurs contemporains majeurs : ethnologues et anthropologues comme Edward Bruner, Barbara Myerhoff, Victor Turner ou Clifford Geertz ; psychologues et pédagogues comme Jerome Bruner ou Lev Vitgotsky ; philosophes comme Michel Foucault, Gilles Deleuze ou Jacques Derrida ; sociologues comme Pierre Bourdieu ; et d'autres, tels, Paul Ricoeur, Gaston Bachelard, etc. sans oublier une étude attentive et toute particulière des travaux de l'anthropologue Gregory Bateson.

Ainsi le modèle narratif est un espace conceptuel qui fait le lien entre l'anthropologie culturelle américaine, la philosophie critique française et la sociologie d'une part, et des gestes professionnels socio-thérapeutiques d'autre part. Il s'élabore dans la métaphore littéraire.

Quelques notions fondamentales très spécifiques sous-tendent le modèle :

- Un cadre de référence qui conçoit la vie comme une narration ;
- Une conception littéraire de l'identité comme mobile et négociée ;
- Une compréhension des problèmes et de leurs effets dans la vie des gens comme le produit d'une relation de domination culturelle ;
- Une conduite des conversations qui donne aux gens le statut d'auteur principal ;
- Une relation avec les gens fondée sur la collaboration ;
- Une méthodologie d'intervention issue de la théorie de l'apprentissage ;
- Une dimension éthique et politique.

Les gens qui viennent consulter un praticien narratif sont considérés comme les experts de leur propre vie et c'est avec respect que le praticien va engager une conversation déculpabilisante qui pose la personne au centre de la relation. Cette approche considère que les problèmes sont situés à l'extérieur des personnes, comme des personnages avec qui les personnes seraient en interaction contraignante, et que tout un chacun possède des compétences, des valeurs, des croyances, des engagements, une éthique qui le rendent capable de réduire l'influence des problèmes sur sa vie.

Pour mettre en œuvre les pratiques narratives, le praticien s'installe et se maintient, tel un journaliste d'investigation, en état de curiosité. Pour promouvoir une collaboration sincère, il fait preuve d'honnêteté et son engagement éthique le garde de toute complicité avec le pouvoir moderne[65].

S'engager dans une conversation narrative avec une personne, c'est comme commencer un voyage sur des routes qu'on ne connaît pas d'avance, nombreuses, pleines de croisements, de carrefours, de chemins qu'il faut choisir et dont on ne sait pas où ils mènent. À chaque pas, une nouvelle voie peut se présenter et de nouvelles possibilités s'ouvrir. On traverse des paysages inconnus, des territoires inexplorés. Que va-t-on découvrir ? Heureusement, nous avons avec nous de bonnes cartes pour explorer cette *Terra Incognita* et des guides chevronnés chez les personnes qui consultent.

La métaphore littéraire

Comme cadre de référence

Qu'est-ce qu'une histoire ? La métaphore littéraire nous apprend qu'une histoire ce sont :

- des événements,
- reliés entre eux en séquence ;
- à travers le temps ;
- autour d'un thème.

Les êtres humains sont des êtres de sens et d'interprétation. Les histoires que nous racontons sur nous-mêmes et nos relations, ou que d'autres nous contraignent à adopter sur nous-mêmes et à tenir pour vraies, sont créées en reliant entre eux certains événements (Jerome Bruner parle de péripéties) pour en faire des séquences organisées dans le temps. Nous nous débrouillons pour attribuer du sens à ces séquences organisées, d'ailleurs nous passons notre temps à donner du sens à notre vécu. C'est ce sens qui détermine le thème de l'histoire. Nous avons tous à notre répertoire des récits de réussites, d'échecs, de bonheurs, de tristesses, d'amusement ou d'ennui…

Plus nous rajoutons d'anecdotes à la séquence, plus l'histoire s'enrichit et le thème devient consistant, les péripéties accumulant autant de preuves du thème. Plus l'histoire s'étale dans le temps, plus elle se consolide et se stabilise. Un roman, ce sont des personnages, des événements, des intrigues, articulés en chapitres, autour

65 Cf. infra « Jamais complices du pouvoir moderne », une dimension éthique et politique.

d'un thème, le thème se trouvant souvent dans le titre : *À la recherche du temps perdu*, *Les Liaisons dangereuses*, *L'Élégance du hérisson*...

De même que dans un roman de qualité plusieurs intrigues se déroulent en même temps (la coterie de la duchesse de Guermantes, le salon des Verdurin, par exemple), notre histoire de vie se déroule, elle aussi, à de multiples niveaux[66]. De fait, nombre d'histoires possibles se déroulent en même temps et à partir d'un même événement on pourrait raconter des histoires différentes, car il n'existe aucune histoire vierge de toute ambiguïté, de toute contradiction. Une grande partie de l'expérience vécue est retenue dans le filtre de l'histoire dominante et n'a jamais été représentée, jamais été racontée. Michael White posait l'hypothèse que certaines histoires dominent au point de ne plus laisser d'espace à la personne pour qu'elle puisse mettre en scène ses récits préférés. Ce sont donc ces aspects de l'expérience en dehors du thème dominant qui pourraient conduire à une histoire de vie différente, souvent préférée, pour peu qu'on leur donne vie au cours de conversations ayant pour but de les fertiliser.

« Nous posons l'hypothèse générale que les gens rencontrent des problèmes... quand les narrations dans lesquelles leur expérience est transformée en histoire, que ce soit par eux ou par d'autres, n'est pas une représentation suffisante de leur vécu et que, dans ces circonstances, des aspects importants de leur expérience vécue vont contredire ces narrations dominantes[67] ».

Le sens que nous donnons aux événements reliés en séquence à travers le temps ne vient pas *ex nihilo*. Il y a toujours un contexte constitutif : genre, femme ou homme, classe sociale, race, couleur de peau, socio-culture, orientation sexuelle contribuent largement à façonner le thème de notre histoire dominante.

L'identité narrative

Une conception littéraire de l'identité comme mobile et négociée

Écoutons Paul Ricoeur[68] dans sa magnifique description de l'identité narrative :

> « Sans le secours de la narration, le problème de l'identité personnelle est en effet voué à une antinomie sans solution : ou bien l'on pose un sujet identique à lui-même dans la diversité de ses états, ou bien l'on tient, à la suite de Hume et de Nietzsche, que ce sujet identique n'est qu'une illusion substantialiste [...] Le dilemme disparaît si, à l'identité comprise au sens d'un même (idem), on substitue l'identité comprise au sens d'un soi-même (*ipse*) ; la différence entre *idem* et *ipse* n'est autre que la différence entre une identité substantielle ou formelle et l'identité narrative. [...] À la différence de

66 Michael White disait « *multi-storied* », qui signifie aussi bien multi-histoires que multi-niveaux.

67 White, M. (2003). *Les Moyens Narratifs au Service de la Thérapie*. SATAS.

68 Ricoeur, P. (1985). *Temps et récits III, Le temps raconté*. Seuil.

> l'identité abstraite du Même, l'identité narrative, constitutive de l'ipséité, peut inclure le changement, la mutabilité, dans la cohésion d'une vie. Le sujet apparaît alors constitué à la fois comme lecteur et comme scripteur de sa propre vie selon le vœu de Proust».

Cette vision de l'identité sous l'angle de la narration résout l'opposition qui prévalait jusqu'alors. Elle enrichit la conception de l'identité en lui offrant de la souplesse, en lui permettant de s'émanciper de la contrainte d'une structure inflexible :

> «Comme l'analyse littéraire de l'autobiographie le vérifie, l'histoire d'une vie ne cesse d'être refigurée par toutes les histoires véridiques ou fictives qu'un sujet se raconte sur lui-même. Cette refiguration fait de la vie elle-même un tissu d'histoires racontées. [...] L'identité narrative n'est pas une identité stable et sans faille ; de même qu'il est possible de composer plusieurs intrigues au sujet des mêmes incidents [...] de même il est toujours possible de tramer sur sa propre vie des intrigues différentes, voire opposées. [...] En ce sens, l'identité narrative ne cesse de se faire et de se défaire.»

Nous pouvons aussi poser que ces deux conceptions ne sont pas exclusives et peuvent co-exister.

L'histoire façonne l'identité

De même qu'en littérature c'est l'intrigue qui détermine les péripéties du roman, c'est l'histoire de vie, le thème, qui façonne l'identité des gens et non l'identité qui façonnerait l'histoire. La croyance populaire voudrait que nous ayons une réalité intérieure – voire une vérité intérieure – qui serait délivrée à l'extérieur. En fait, c'est le discours que nous émettons qui fabrique la cohérence de notre histoire, et par là-même notre identité. Michael White avait coutume de dire : «À mon idée, c'est l'histoire de la vie des gens qui façonne leur vie. Ils fabriquent leur vie en conformité avec leur histoire».

La position du narrateur d'une vie en train de se vivre est réflexive, c'est-à-dire qu'il est à la fois auteur – scripteur, pour reprendre le terme de Paul Ricoeur – et lecteur – observateur constructeur du sens. Le narrateur, devenu dramaturge, crée son identité en «s'engageant dans une mise en scène de sens sous la conduite du texte[69]».

L'identité est le produit de nos relations

L'identité n'est pas figée, elle se négocie et se renégocie en permanence à partir de nos relations avec les autres. Les praticiens de l'équipe d'Adelaïde aiment à citer Desmond Tutu : «*People become people through other people*» (il nous faut d'autres personnes pour devenir une personne).

Jerome Bruner a examiné le lien entre les péripéties ou événements qu'il appelle le paysage de l'action, et le sens qui leur est donné appelé paysage de la conscience. L'identité se tisse dans le va-et-vient entre ces deux paysages : nos valeurs,

69 White, M. (2003). *Les Moyens Narratifs au Service de la Thérapie*. SATAS.

croyances, rêves, désirs, buts, intentions s'incarnant dans nos actes et nos actions, réactions, gestes, initiatives signifiant nos engagements. Ainsi l'identité construite en situation peut-elle prendre le statut de réalité : « Pour être expliquée, l'action doit être située… Les réalités que les gens construisent sont des réalités sociales, négociées avec autrui, distribuées entre eux[70] ».

La vie est une construction sociale

Pour le constructionniste social Kenneth Gergen, « La construction du monde ne se situe pas à l'intérieur de l'esprit de l'observateur mais à l'intérieur des différentes formes de la relation ». La connaissance de soi et la description de soi sont une construction commune, et nous construisons des réalités adaptées à des contextes sociaux particuliers. La vie, les actions qui y sont posées, sont les effets réels des significations données à l'expérience et en quelque sorte l'étoffe de ces significations. L'esprit est relationnel et le développement du sens s'opère par le discours. Et « les mots ne sont pas des reflets en miroir de la réalité mais ils expriment un consensus groupal ».

Les narrations problématiques

Une compréhension des problèmes et de leurs effets dans la vie des gens comme le produit d'une relation de domination culturelle

Habituellement, lorsque les gens viennent consulter, c'est qu'ils expérimentent une difficulté dans leur vie, personnelle ou professionnelle. Ils racontent des événements et partagent avec le praticien le sens qu'ils leur donnent. Ce sens, c'est le thème de leur histoire dominante, imprégnée à saturation par le problème et dans laquelle ils sont englués. Ce peut être l'incapacité à s'organiser, la procrastination, le manque de confiance en soi, la difficulté à prendre sa place, la fuite devant les conflits…

Pour raconter leur histoire, les narrateurs en consultation sélectionnent certains événements du présent et du passé qui « collent » au thème et négligent bien souvent les événements qui ne le corroborent pas. Toutes les complexités, les ambiguïtés et les contradictions d'une situation particulière sont écartées, simplifiées, pour ne laisser qu'une histoire globalisatrice, mono-vocale et très réductrice, à partir de laquelle ils ne peuvent que tirer des conclusions négatives sur eux-mêmes.

Ils sont sous l'emprise d'un « problème » et, n'ayant pas trouvé les moyens d'y faire face, sont en plus confrontés à la notion d'échec. Bien entendu, ces conclusions simplificatrices empêchent tout autre genre de conclusion. Il arrive aussi que ces

70 Bruner, J. (1991), *Car la culture donne forme à l'esprit.* Éditions Esthel.

conclusions soient soufflées par d'autres protagonistes qui imposent leurs vérités normatives: personne d'importance (parent, professeur, hiérarchique, etc.) ou culture du lieu (famille, école, entreprise, et autres lieux d'appartenance).

Les conclusions identitaires négatives finissent par exprimer une sorte de «vérité» qui envahit la vie du narrateur. Il lui devient alors facile, à chaque péripétie, d'alimenter son histoire dominante («j'ai encore été nul lors de ma présentation, de toute façon, je suis timide»). L'influence de cette histoire dominante s'accroît alors et il devient de plus en plus difficile au narrateur devenu dramaturge de remarquer les fois où il n'a pas été timide, peureux, incapable de s'organiser ou paresseux. Les conclusions globalisatrices, en simplifiant la complexité de l'expérience, amenuisent aussi la perception des compétences, des savoirs, des capacités.

Pourtant, les gens réagissent toujours. Et ce sont ces réactions, occultées dans le stock d'expériences vécues non racontées, amorphes, sans organisation ni forme, qui constituent la base d'autres histoires non explorées, les histoires de remplacement, les alternatives de demain.

Nous trouvons ici l'idée non-structuraliste d'une vie à multi-niveaux. En restituant la complexité de l'expérience, sa richesse, en déconstruisant la simplification, il devient possible d'étoffer d'autres histoires revitalisantes, de laisser de côté l'histoire dominante, qui peut alors perdre de sa prégnance au profit d'une histoire préférée.

La posture du praticien

Une conduite des entretiens qui donne aux gens le statut d'auteur principal

Michael White nous enseignait que l'intention du praticien narratif envers les personnes en consultation se met en acte dans une posture «dé-centrée et influente». Il distribuait le tableau ci-dessousdans chacun de ses ateliers:

Posture	Dé-centrée	Centrée
Influente	Dé-centrée et influente (potentiellement vivifiante pour le praticien)	Centrée et influente (potentiellement accablante pour le praticien)
Non-influente	Dé-centrée et non-influente (potentiellement invalidante pour le praticien)	Centrée et non-influente (potentiellement épuisante pour le praticien)

« Dé-centrée » signifie que ce sont les narrateurs qui sont au centre de la conversation, le praticien, lui, se trouvant alors décentré. Cela ne signifie nullement qu'il soit désengagé, au contraire son engagement émotionnel est intense. Cela décrit sa capacité à donner la priorité aux histoires personnelles, aux savoirs et aux compétences des narrateurs. En ce qui concerne leurs histoires, seules les personnes en consultation ont le statut d'auteur principal. Et les savoirs, compétences, apprentissages générés dans leurs récits sont la seule chose qui compte.

« Influente » ne signifie pas que le praticien exercerait un pouvoir de sens, qu'il imposerait un ordre du jour, ou qu'il élaborerait une intervention stratégique pour conduire la personne en consultation à la destination qu'il aurait évaluée comme la bonne. Le praticien n'interprète pas. Cette influence au contraire rend compte de la mission du praticien qui est de construire, au moyen de questions, de conjectures et de réflexions un échafaudage qui permettra au narrateur de décrire plus richement d'autres histoires de vie, d'entrer dans des territoires laissés à l'écart ou dans des étages inconnus de sa maison afin de les explorer et de se familiariser avec ses compétences de vie qui se sont avérées appropriées pour répondre à ses difficultés.

Le narrateur qui sort de sa consultation avec un praticien narratif peut ainsi sentir, comme le dit un client au sortir d'une consultation avec Michael White, qu' « Il n'y a aucune garde à baisser, il n'y a pas de recoins cachés ou de livres de comptes… Pas de travail de deuxième ordre, aucune attente de voir partir la famille avant de lui avoir exprimé vos propres sentiments[71]. »

Développer de nouvelles histoires

Une relation avec les gens fondée sur la collaboration

Les conversations narratives offrent un contexte qui permet aux gens d'être les nouveaux auteurs de leur vie et de leurs relations.

« La position du praticien qui consiste à aider les gens "en restant derrière" au lieu de passer "devant" est un mécanisme fondamental pour construire ce nouveau contexte. En règle générale, les gens ne peuvent pas voir les possibilités uniques de leur vie si d'autres personnes se tiennent devant eux et leur bouchent la *vue*[72]. »

En restant derrière, en encourageant le narrateur à trouver d'autres significations aux moments d'exception, en ne se montrant pas enthousiaste devant les

71 Cahiers de thérapie familiale.

72 White, M. (2003). *Les Moyens Narratifs au Service de la Thérapie.* SATAS.

événements racontés (le décalage d'image rajouterait un sentiment d'incompétence au sentiment d'échec déjà exprimé), en s'identifiant à la position dans laquelle se trouve le narrateur, le praticien redonne au narrateur le pouvoir. Il questionne, conjecture, se montre curieux et perplexe, sollicite l'anecdote et le sens, débusque l'implicite dans l'énoncé, cherche le relief dans le plat, met à jour l'insolite dans le monotone. Par son désir d'entendre le narrateur parler de lui-même et de ses relations comme il ne l'a jamais fait auparavant, il tisse une relation de collaboration : au centre le narrateur, son savoir et son pouvoir, en soutien le praticien, maçon échafaudeur, construisant des marches et des passerelles afin de rendre l'absent présent.

> «Nous n'avons pas besoin d'apprendre aux gens quelque chose de nouveau, il suffit de les aider à entrer en contact avec un matériau déjà présent[73]».

Les praticiens narratifs cherchent à créer dans les conversations des histoires identitaires qui vont aider les gens à se libérer des problèmes auxquels ils font face. De la même manière que des descriptions simplificatrices et des conclusions globalisatrices restreignent et disqualifient l'identité du narrateur, des autres et de ses relations avec eux, des histoires alternatives échafaudées à partir des fines traces d'initiatives ignorées, peuvent rassurer, encourager, libérer, vivifier, réduisant l'influence du problème et créant de nouvelles possibilités. Le fil conducteur du praticien narratif est : aider les gens à quitter leurs conclusions réductrices et à devenir l'auteur d'histoires nouvelles et préférées concernant leur vie et leurs relations.

Se libérer de l'influence d'un problème ne suffit toutefois pas à devenir l'auteur d'une nouvelle histoire de vie. Le contraire d'une conclusion réductrice étant une description riche, les praticiens narratifs aident les narrateurs à construire des histoires étoffées, richement décrites, à articuler très en détail d'autres intrigues, d'autres thèmes de vie.

Quand on lit un bon roman, les personnages, leurs aventures, leur compréhension de la situation sont finement articulés. Les histoires de vie des personnages s'entretissent. Le praticien narratif encourage le narrateur à articuler les fines traces d'une histoire de remplacement qui se présentent en filigrane de son récit, à les étoffer, à les relier entre elles en séquences, à travers le temps, à trouver un thème qui leur donne du sens. Ce faisant le narrateur va peu à peu combler les vides entre ces événements qui jusqu'à présent n'avaient jamais été reliés, il va leur donner un sens nouveau et ce sens lui permettra de tirer de nouvelles conclusions identitaires.

Les bons romans incitent le lecteur à s'identifier et à se ré-engager fortement dans nombre de ses propres expériences de vie. C'est par ce ré-engagement fort

73 White, M. (2003). *Les Moyens Narratifs au Service de la Thérapie*. SATAS.

que les blancs dans l'histoire se remplissent et que le lecteur vit l'histoire comme si c'était la sienne. Dans les conversations narratives, les questions que posent le praticien permettent aux narrateurs, en répondant et en remplissant les blancs, d'aller au-delà de leur statut d'auteur et de s'engager fortement, tels le lecteur, dans leur propre histoire alternative.

Naviguer avec des cartes

Une conversation narrative est à l'image d'une randonnée automobile sur un territoire inconnu: deux personnes collaborent à la réussite du voyage, l'un (le narrateur) conduit et l'autre (le praticien) pilote. La métaphore de la «carte» est celle qu'utilisait Michael White, cycliste et aviateur en plus d'avoir été un grand praticien et un grand théoricien, pour décrire les repères qui assistent le praticien dans la construction des échafaudages narratifs.

> «Il se trouve que, sur le plan personnel, j'ai toujours été fasciné par les autres mondes. J'ai grandi dans une famille modeste, au sein d'une communauté modeste et, bien que n'ayant qu'un accès limité aux autres univers de vie, j'ai toujours eu pour eux une profonde curiosité. Quand j'étais un jeune garçon, ce sont les cartes qui m'ont permis de rêver à ces autres mondes, et de me transporter par la pensée dans des endroits lointains[74]».

Ces cartes sont les guides pour cheminer sur les routes inconnues des autres univers de vie. Ce sont des questionnements construits en étapes, une série de marchepieds, qui permettent de mettre en lumière «l'absent mais implicite», notion tirée de Jacques Derrida, appelée aussi l'inexistant.

> «Pour que quelqu'un puisse exprimer son expérience de la vie, il doit distinguer cette expérience de ce qu'elle n'est pas. Ainsi, l'on peut considérer que toute expression est fondée sur son contraste, auquel je me réfère en tant qu'absent mais implicite[75].»

Le praticien entend non seulement les effets que les problèmes ont sur la vie du narrateur, mais il guette aussi les autres récits de vie réduits au silence et entend les valeurs, les croyances et les rêves mis sur la touche. Michael White nomme cette façon particulière d'écouter la double écoute. En plus de créer un espace d'écoute pour accueillir le trouble, le praticien installe également un deuxième niveau d'écoute pour l'expression de l'inexprimé:

> «Dans chaque expression de vie il y a une question. Il y a un rêve à propos d'une autre vie[76].»

74 White, M. (2007). *Maps of Narrative Practices.* Norton.

75 White, M. *The International Journal of Narrative Therapy and Community Work.* 2005. N° 3&4 p. 15.

76 White, M. (2006), *Séminaire de formation à Paris.*

C'est dans ce deuxième espace que le praticien déploie les cartes qui, en évitant la catharsis qui risquerait de renouveler la détresse, guideront le narrateur dans l'expression de nouvelles significations et l'élaboration de nouvelles conclusions identitaires.

Ainsi les conversations sont des processus guidés par des cartes. Le concept de carte indique aussi qu'il n'y a pas une façon unique de mener à bien les conversations : il existe des repères et de nombreux trajets possibles.

Il y a une carte, dite « carte d'externalisation » qui, dissociant le narrateur de son problème, lui permet de poser celui-ci en interlocuteur et de le regarder à l'extérieur, comme il regarderait un personnage en inter-action avec lui-même. Le narrateur peut ainsi prendre position par rapport à son problème pour s'en détacher et lui préférer d'autres conceptions de lui-même, des autres et de ses relations plus en adéquation avec son expérience vécue. Ce faisant, il illustre l'adage narratif : « Le problème, c'est le problème, ce n'est jamais la personne ».

La même carte, dans une version bis, permet aussi d'échafauder à partir d'un événement isolé, non-relié, pour lui conférer du sens et l'inscrire dans une séquence. Cet événement unique, péripétie étincelante et solitaire, peut alors quitter le statut de moment d'exception et s'inscrire, avec d'autres, dans une esquisse de récit alternatif.

Une autre carte, inspirée par Jerome Bruner, va permettre, en naviguant entre le paysage de la conscience et le paysage de l'action, d'enrichir le nouveau récit encore fragile et de le faire passer du stade d'esquisse au stade d'histoire, prenant place à travers le temps, solidement étayée par le passé et riche d'avenir.

La vie étant une construction sociale, une histoire qui se tient met toujours en scène d'autres personnages en relation avec le narrateur. Ainsi, il existe une carte dite de « re-groupement », qui permet au narrateur de se relier à des personnes – ou des personnages fictifs – importantes pour lui. En re-vivifiant les personnes disparues ou décédées, les jouets perdus, les héros oubliés, elle permet de reconstruire un « club » de soutien intérieur là où il n'y avait plus que du vide.

Empruntant à Barbara Myerhoff, Michael White a également dressé une carte appelée « cérémonie définitionnelle », qui invite un auditoire extérieur à venir témoigner de la nouvelle identité, contribuant ainsi à la définir et à la consolider. Ces témoins extérieurs viennent aussi grossir le club de soutien, ou club de vie :

> « J'ai appelé de telles occasions "Cérémonies Définitionnelles", signifiant par là que ce sont des définitions de soi collectives ayant pour intention spécifique de proclamer à voix haute une interprétation devant un auditoire qui sans cela n'existerait pas [...] Les personnes socialement marginales, dédaignées, les groupes ignorés, les individus

> qui ont ce qu'Erving Goffman appelle des "identités abîmées", recherchent habituellement des occasions d'apparaître devant les autres dans la lumière de leur propre interprétation venant de l'intérieur[77].»

Ce sont les cartes principales de l'atlas. Il en existe d'autres : carte pour dissoudre le sentiment d'échec personnel, inspirée de Michel Foucault, carte spécifique pour découvrir l'absent mais implicite, inspirée de Jacques Derrida…

L'échafaudage comme méthodologie d'intervention

Un concept issu de la théorie de l'apprentissage

Ces cartes sont des échafaudages. Si la vie des gens était un immeuble on pourrait dire que, lorsqu'ils viennent en consultation, ils sont coincés dans une pièce, ils n'ont pas d'escalier ni d'ascenseur pour accéder aux autres étages. Il faut alors construire des échafaudages pour bâtir des escaliers et des ascenseurs. Quand ceux-ci sont construits, alors on peut retirer les échafaudages et les gens demeurent libres de leurs mouvements.

Michael White a tiré ce concept d'échafaudage des travaux de deux pédagogues : Lev Vygotski (la zone de proche développement) et Jerome Bruner (l'étayage de la conscience).

Lev Vygotski, dans ces travaux sur l'apprentissage des enfants, a posé que nous possèderions tous une aptitude à aller au-delà, et il a appelé cette hypothèse la Zone de Proche Développement, c'est-à-dire que :

> « La zone de proche développement est la distance qui sépare le niveau de développement réel, que l'on détermine par la résolution indépendante de problème, et le niveau de développement potentiel, où cette résolution de problème est guidée par un adulte, ou réalisée en collaboration avec des pairs plus capables… C'est ainsi que la zone de proche développement nous permet de proposer une nouvelle formule : le seul « bon apprentissage » est celui qui est en avance sur le développement[78].»

Jerome Bruner, lui, s'est interrogé sur la manière dont le tuteur (adulte, pair plus capable, etc.) amène l'enfant à la conscience et a conclu qu'il fournit un étayage permettant à l'apprenant de conceptualiser, de développer une pensée abstraite.

Michael White a alors modélisé cet étayage et forgé le concept d'échafaudage. L'échafaudage a pour vocation d'amener une personne à franchir, pas à pas, les

77 Meyerhoff, B. (1982), *Life History Among the Elderly: Performance, Visibility and Remembering.*

78 Vygotksi, L. *Mind in Society* cité par Bruner, J. (2000). *Culture et Modes de Pensée.* Éditions Retz.

espaces entre le territoire de ce qui lui est « familier et connu » (son expérience, le monde de l'action) et le territoire de ce qu'il lui est « possible de savoir » (le sens qu'il peut donner, le monde de la conscience). Cet échafaudage se déploie en cinq points.

Bas niveau de distanciation

Le praticien invite le narrateur à décrire l'événement ou l'expérience spécifique en ses propres termes, à en donner une définition la plus proche possible de l'expérience et à le caractériser en lui donnant un nom.

La verbalisation est le premier niveau d'abstraction par rapport à l'expérience. C'est pourquoi ce niveau est qualifié de « bas » niveau de distanciation.

Moyen niveau de distanciation

Le praticien encourage le narrateur à faire des liens entre l'événement ou l'expérience spécifique et d'autres événements ou expériences de sa vie. Il permet ainsi le développement de chaînes d'association et l'établissement de liens et de relations entre des événements jusque-là distincts et non reliés.

Cette mise en relation de l'événement avec d'autres permet de créer une distance supplémentaire par rapport à l'événement et préfigure la possibilité de « réfléchir à propos de ».

Moyen-haut niveau de distanciation

Le praticien demande au narrateur de réfléchir à ces liens et chaînes d'association et d'en tirer des conclusions, des découvertes, des interprétations, des apprentissages, des prises de conscience, toujours en lien avec l'événement ou l'expérience spécifique.

Cette réflexion dans laquelle le narrateur est guidé le fait entrer dans le monde abstrait de ses valeurs, de ses préférences, de ce qui est précieux pour lui. La distance d'avec l'expérience commence à être grande.

Haut niveau de distanciation

Le praticien amène le narrateur à abstraire ces prises de conscience de leur contexte spécifique et de leurs circonstances concrètes, de façon à forger des concepts concernant la vie et l'identité.

Le narrateur, à ce stade, est bien loin de l'expérience. Son niveau d'abstraction est élevé. Sa prise de position par rapport à son identité et à sa vie est libérée de l'expérience de départ.

Très haut niveau de distanciation

Le praticien permet au narrateur de prévoir le résultat d'actions spécifiques qu'il pourrait mettre en œuvre en se basant sur le développement des concepts mis à jour à l'étape précédente.

La distance d'avec l'événement ou l'expérience de départ est maximale. L'événement a été totalement « abstrait » au point que le narrateur est libre d'anticiper de nouvelles façons de faire. Il se ré-inscrit ainsi dans la dynamique de la vie, aligné dans son identité préférée. Il a fait un « bon apprentissage ».

Non complicité au pouvoir moderne

Une dimension éthique et politique

Les praticiens narratifs s'inscrivent fortement dans le courant de pensée de Michel Foucault lorsqu'il décrit les mécanismes de contrôle social mis en place dans nos sociétés occidentales modernes et auxquels Michael White faisait référence sous le nom de « pouvoir moderne ».

Voici, en résumé, comment Michael White décrivait les idées de Michel Foucault :

> « Le pouvoir traditionnel, disparu avec les Lumières, se caractérisait par un système de jugement moral institutionnalisé, exercé par des représentants nommés par l'état et ses institutions. Il inculquait à chacun l'aspiration à être investi d'une valeur morale. Le siège du pouvoir se situait dans un endroit central défini. Implémenté du haut vers le bas, la plupart des gens en étaient exclus et s'y soumettaient. Il agissait en opprimant et utilisait une ingénierie de pouvoir manifeste, des symboles d'influence, des mécanismes de surveillance et des structures de maintien de l'ordre. »

Passant de la morale à la norme et du contrôle extériorisé au contrôle intériorisé, le pouvoir moderne se caractérise par un système de jugement normatif, exercé par les individus qui, ayant intériorisé la norme, évaluent leur vie et celle des autres. Il se déplace le long de circuits d'alliances et inculque à chacun l'aspiration à être investi d'une valeur normative. Les individus y participent en façonnant leur propre vie et celle des autres en fonction des normes construites par la culture contemporaine. Il agit en embrigadant les individus dans la surveillance et le maintien de l'ordre dans leur propre vie et dans celle des autres. Il utilise une ingénierie de pouvoir caractérisée par des continuums normalité/anormalité, des tableaux de performance, des échelles de mesure, des formules de classement, typologies, nosographies…

Les praticiens narratifs dénoncent les mécanismes de contrôle social du pouvoir moderne qui isolent les individus les uns des autres, les conduisent à intérioriser une norme véhiculée par la culture, à s'y comparer, inconsciemment, comme à un étalon de référence et à rendre leur vie insipide et douloureuse, à l'appauvrir, à en ignorer toute initiative personnelle originale. Bref, à tuer la minorité que représente tout un chacun, pour aller se perdre, seul, dans une majorité inexistante. Gilles Deleuze[79] nous avait avertis :

> « La majorité c'est l'homme, adulte, mâle, citoyen des villes. C'est celui qui, à tel moment, réalisera cet étalon. La majorité ce n'est jamais personne, c'est un étalon vide [...] Les femmes ont un devenir de femmes, alors que les hommes n'ont pas de devenir, ils sont [...] La majorité c'est personne. La minorité c'est tout le monde. Et c'est là qu'il y a un devenir ».

Les praticiens narratifs refusent de contribuer à éradiquer l'unicité des personnes qui viennent les consulter, au contraire, ils s'attachent à les aider à quitter la banalité familière des vérités normatives généralisantes, à renouer avec leur minorité et à reconstruire des vies exotiques, uniques et préférées, des vies où il y a du devenir. Ce qui demande une grande vigilance car les praticiens narratifs, eux aussi, sont issus de la culture contemporaine normative.

La mémoire, un acte de l'esprit

Les souvenirs s'écrivent au présent

À la fin du IVe siècle déjà, Saint-Augustin[80] posait la mémoire comme source de l'identité personnelle :

> « Mon Dieu, cette puissance de la mémoire est prodigieuse, et je ne puis assez admirer sa profonde multiplicité qui s'étend jusqu'à l'infini. Or cette mémoire n'est autre chose que l'esprit : et je suis moi-même cet esprit. Que suis-je donc, ô mon dieu ? Qui suis-je, moi qui vous parle, sinon une nature qui épouvante ceux qui la considèrent bien dans l'incroyable variété de ses opérations, et dans la vaste étendue de ses puissances ?
>
> Voilà que je me promène dans les campagnes de ma mémoire, dans ces antres, pour parler ainsi, et ces cavernes innombrables qui sont pleines d'un nombre infini d'infinis genres de choses, soit qu'elle les conserve par leurs espèces, comme il arrive en tout ce qui regarde les corps ; ou par leur présence, comme en ce qui est des arts ; ou par je ne sais quelles marques, comme en ce qui est des affections de l'âme que

79 Deleuze, G. (1988), *Abécédaire*, film de Pierre-André Boutang ; 2004 DVD. Éditions du Montparnasse.

80 Saint-Augustin (2008), *Les Confessions, Livre X, Temps présent, mémoire et désir.* Gallimard Éd. Folio Classique.

la mémoire retient, lors même que l'esprit ne les souffre plus, quoique tout ce qui est dans la mémoire soit dans l'esprit. Je me promène, dis-je ; et je vole en quelque sorte avec la pensée par toutes ces choses, que je pénètre autant que je puis, en les considérant tantôt d'une manière et tantôt d'une autre, sans pouvoir jamais y trouver aucune fin, tant est grande la puissance de la mémoire, et tant est grande la puissance de la vie dans un homme vivant, quoique mortel. »

La mémoire est une activité de l'esprit qui reproduit un état de conscience passé que nous reconnaissons pour tel. C'est un processus dynamique qui ramène au présent (re-présente, présente à nouveau) à notre conscience des « souvenirs » qui, rappelés du passé dans le présent, ne peuvent que se trouver ré-actualisés par ce mouvement-même. Les souvenirs, re-produits, sont ainsi modifiés à chaque évocation. La métaphore d'une mémoire considérée comme un album de photos jaunies et bien rangées, statique, que l'on feuilletterait comme le ferait un spectateur extérieur a fait long feu. La photo que nous regardons n'est qu'une représentation analogique de ce que nous imaginons. Marcel Proust a magistralement démontré que les souvenirs sont des actes de la conscience.

La mémoire nous permet de raconter nos histoires. Elle sélectionne, oublie, focalise, transforme, renchérit, fabule, associe, écarte, tisse et re-tisse notre identité personnelle au gré de l'actualité. Elle réécrit perpétuellement notre autobiographie.

Les pratiques narratives aident les personnes en consultation à retrouver leur mobilité mémorielle, à réexaminer le sens de souvenirs figés dans l'intemporalité, à quitter les conclusions automatiques, générées autrefois par la pression normative et aujourd'hui enkystées, pour en concevoir d'autres, à rappeler des expériences jusque-là insignifiantes, à réécrire leur autobiographie de leur plein gré et vivre la vie qui est la leur, celle qu'ils préfèrent, dans la pleine expression de leur exotisme intrinsèque.

« Le sociologue qui choisit d'étudier son propre monde dans ses aspects les plus proches et les plus familiers, ne devrait pas, comme le fait l'ethnologue, domestiquer ce qui est exotique, mais, si je peux oser cette expression, il devrait « exotiser » ce qui est domestique, en rompant avec cette relation intime primaire avec les modes de vie et de pensée qui lui demeurent opaques, car trop familiers. En fait, le pas vers le monde quotidien dont on est originaire, devrait être le point culminant du pas vers des mondes étrangers et extraordinaires[81] ».

Inscrites dans la métaphore littéraire, dotées d'une conception narrative de l'identité, inspirées par la philosophie critique, basées sur les principes de collaboration et étayées par un outil conceptuel (échafaudage) décliné en cartes de navigation de terrain, les Pratiques Narratives se mettent en œuvre à partir d'une position de réelle curiosité à l'autre.

81 Bourdieu, P. (1984), *Homo Academicus*. Les Éditions de Minuit.

Elles s'inscrivent dans la tradition des grands modèles d'exploration : journalisme d'investigation, enquête sociologique, expédition ethnologique, cheminement biogéographique.

Isabelle Laplante

La problémation®

La précipitation vers les solutions

Cet article en trois parties se propose d'exposer une démarche bien différente de la pensée commune et nous l'appellerons la Problémation®.

Quoique différente, cette démarche aura, pourtant, nous le verrons, toutes les qualités exigées de nos jours dans le monde après-moderne. Et, à la vitesse nous répondrons par la lenteur, à la demande pressante d'achat de la solution nous privilégierons la mise en problème, à la résolution de problème nous préférerons la dissolution du problème. Au besoin d'immédiateté nous répondrons par *savoir attendre*, nous quitterons l'explicatif pour en venir au descriptif. Le Problème sera réhabilité et la Solution remise à sa place. Puis nous proposerons des débuts de pistes d'intervention.

Nous nous référerons largement à d'éminents acteurs de la réflexion philosophique, scientifique, pédagogique afin d'étayer et valider notre propos.

> « Penser, désormais, relève de la recherche et de l'invention plus que de l'explication d'un savoir déjà là. Ce n'est pas seulement la résolution mais également la construction des problèmes qu'il convient d'étudier. Et si les problèmes ne sont plus seulement des questions formelles n'impliquant, pour leur traitement, que des compétences logiques, il faut bien s'intéresser aux connaissances nécessaires à leur définition et à leur résolution » Michel Fabre[82].

Cette citation d'un pédagogue reconnu, invite à l'étude des problèmes, ce qui est presque plus passionnant que leurs solutions. Tel est le propos de cet article. Nous commencerons par nous intéresser aux problèmes et à leurs solutions dans le cadre de la relation d'aide. Puis nous élargirons pour nous pencher sur les différentes significations du mot *problème* selon les champs dans lesquels il est utilisé.

Lorsque nous vivons un problème, nous commençons par le ressentir, nous en faisons l'expérience. Et dans l'instant nous nous mettons à la recherche de solutions. Le problème dérange car il questionne l'équilibre pré-établi. Dans notre

82 Fabre, M. *Philosophie et pédagogie du problème*. Vrin.

société naturaliste[83], nous avons besoin de classer, de ranger, bref de normer les informations, et par suite les gens et les problèmes. Alors nous classons au plus vite ces problèmes afin de trouver quelle solution peut s'appliquer dans notre tableau des correspondances que nous avons déjà inventoriées.

Or chaque problème est unique. Chacun nécessite de l'investiguer avant de pouvoir le quitter. Gilles Deleuze estime que tout organisme ou système est en lui-même la solution d'un problème antérieur, seul un système peut produire un problème.

Si tout problème est une question, cela ne veut pas dire que toute question est un problème. Un problème n'existe pas en soi. La question qu'il pose est reçue différemment selon celui qui la reçoit: si celui-ci sait y répondre il n'y a pas de problème; s'il ne sait pas y répondre (voir les Tentatives de solutions chez Palo Alto) alors il y a problème. Nous disons donc qu'un problème est une difficulté de vie mal gérée.

Les solutions

Un monde compliqué

Peu d'esprits s'inquiètent d'examiner la question avant de fournir la réponse.

Paul Valéry

Dans la société où nous habitons et qui nous habite, que la philosophe Cynthia Fleury nomme *néolibéralisme capitalistique*, trouver au plus vite une solution est une nécessité impérative. Il faut passer immédiatement aux options. Investiguer le problème devient vite insupportable donnant l'impression que cette enquête freine le moment d'arriver à une solution. Investiguer entraine de la frustration, donne le sentiment de perdre son temps. L'insatisfaction née du besoin non assouvi de solution se fait de plus en plus sentir. Finalement, peu importe le problème pourvu qu'on ait une réponse.

Combien de fois par jour entendons-nous des phrases comme « Y a pas de problème » ou encore « Pas de soucis » ? Seraient-elles le signal nous indiquant qu'il nous est tellement insupportable de parler de la représentation du problème qu'on préfère passer directement à la production de solutions ?

Notre société nous propose un catalogue de solutions. Vendre de la solution est devenu une profession, un business. Il importe peu de connaître le problème, on

83 Philippe Descola, professeur au collège de France, dans son œuvre majeure *Par-delà nature et culture* propose quatre ontologies pour envisager la façon dont les cultures perçoivent le monde : Naturalisme, Totémisme, Animisme, Analogisme.

le classifiera bien assez tôt. Le formateur, le consultant, le coach sont en quête permanente de nouvelles solutions. Ils les appellent *outils*. Ce répertoire d'outils donne des réponses à des problèmes objectivés, identifiés, donc nommés : stress, manque de confiance en soi, RPS, carences diverses, etc. L'expert est passé par là avec ses indicateurs *a priori* justes.

Le problème devient alors un prétexte pour montrer une nouvelle et brillante réponse. L'immédiateté prend le dessus en réaction à la demande. Il convient que l'expert se montre en possession d'outils, de profils, de procédures, de matrices, etc. dont l'efficacité est garantie.

Orienter son cerveau vers le futur, chercher en priorité la solution, en sortir au plus vite. Voici des tournures d'esprit que nous pouvons être tentés de prendre, qui nous aspirent si nous n'y prenons pas garde.

Aller vers les similarités, les ressemblances (copier, imiter, plagier, pasticher, détourner, classer...)

D'innombrables recettes courent les rues. Elles seraient soi-disant adaptables à n'importe quelle situation avant même de réfléchir aux différences entre ce qui est évoqué et ce qui est affirmé. La machine à proposer des solutions se met en route avant même que le problème ne soit défini. Tout se passe comme si les situations avaient été répertoriées d'avance.

Voici un exemple. Le manager est parti, l'équipe ne s'y habitue pas. La solution bien connue consiste à affirmer qu'il faut que l'équipe « fasse son deuil » afin de pouvoir « aller de l'avant ». Sauf que dans ce contexte particulier cette solution, ce conseil ne peut pas marcher. Qu'à cela ne tienne. On va dire que certains membres de l'équipe sont « résistants », ou faibles ou font preuve de mauvaise volonté, ou encore ne sont plus motivés, etc. La solution est plaquée indépendamment des personnes, du contexte et des relations.

Voici un autre exemple. Lorsqu'un prescripteur demande un coaching, une formation à la gestion du stress, du temps, etc., il nous demande, et c'est normal, d'appliquer une de ces solutions toutes faites qui réponde à son inconfort.

La société dite de l'assurance, la société zéro risque dicte au consultant de passer rapidement à des solutions avérées. Trouver des solutions sera valorisant et évitera aussi une investigation aussi difficile que dangereuse. L'investigation, elle, le mettrait dans l'obligation d'inventer, de créer une réponse adaptée, au lieu d'appliquer une solution qui existe déjà sur le marché.

Celui qui veut que l'on applique *sa* solution, se pose-t-il la question de la singularité de chaque situation, de chaque personne et de chaque événement ? Serait-ce trop de travail que de respecter ces prémices. Alors vive la généralisation ! Mieux vaut, et c'est tellement plus facile, qualifier négativement, voire discréditer une personne ou un groupe qui refuse la solution toute faite.

> D'où viens-tu ? — De là. — Mais quel là ? — Un là mobile, mutant, multiple, a-géographique ? Thierry Paquot

De nos jours, le couple «ici et maintenant» entre en crise. Heidegger, c'est fini. Il définissait l'existence humaine par le *Dasein* (l'être là). Et justement, on n'est plus là. *Hic et nunc* est remplacé par «partout et maintenant», doués que nous sommes devenus d'ubiquité. Ce *Dasein* de Heidegger s'enracinait dans le *ci-gît*, le lieu réel, la terre. Maintenant est devenu le *cloud*, le lieu virtuel, le ciel.

John Wayne avait un colt à la ceinture. Son colt était là pour faire le vide autour de lui. Aujourd'hui, combien voyons-nous de personnes dont le téléphone se met à sonner et qui s'éloignent, s'écartent, s'isolent des autres pour entendre celui qui est ailleurs ? Avec leur mobile, leur *smartphone*, nouveau colt à la ceinture, les personnes sont dans le maintenant et l'ailleurs, qu'ils appellent, reçoivent un appel ou consultent leurs messages ou recherchent des informations.

Des solutions vers les problèmes

Est-ce que quelqu'un a une question, car j'ai une réponse ?

> «L'émergence des solutions vides de tout objectif autre qu'elles-mêmes est facilitée par des processus qui les conduisent à se donner elles-mêmes comme finalité. [Il y a] réticence à admettre que des solutions soient vides de solutions. La tendance naturelle de l'être humain est de combler une situation avec des solutions». Christian Morel[84].

À quel problème cette solution correspond-elle ?

Aux grands esprits la question offre peu d'attrait, tant les captive la réponse.

Voyons quelques exemples :

> «Mon problème, c'est qu'il faut que je gère mieux mon temps»,
> ou «Mon problème, c'est que je veux ralentir le rythme»,
> enfin «Mon problème, c'est que… »

Combien de fois avez-vous entendu ce genre de réponse en forme de solution, de demande ou d'objectif à la question.

> «Que se passe-t-il ? Quel est le problème ?»

84 Morel, M. *Les décisions absurdes*. Éditions Gallimard..

Avez-vous remarqué combien il est parfois laborieux d'obtenir réponse à une telle question ? Il faut répéter, insister « Vous me donnez une solution, mais quel problème cela résoudrait-il ? », insister encore « Et, qu'est-ce qui vous pose précisément problème dans cette situation ? », et encore « Qu'est-ce qui vous embête le plus dans tout ça ? », « Votre solution répond à quel problème ? », etc.

Comment se fait-il que les clients qui nous consultent expriment en premier ce qu'ils désirent avant de nous dire pourquoi leur choix se porte là-dessus ? Comment se fait-il que notre esprit aspire d'abord à la solution avant d'explorer la situation ou le problème auquel cette solution répondrait ou apporterait remède ? Nous pouvons suggérer plusieurs hypothèses.

Aversion à la perte ou au risque :

D'après Daniel Kahneman (Prix Nobel d'économie 2002), les personnes réagissent différemment aux perspectives de leurs gains ou leurs pertes, avec une nette préférence pour le gain. Ce qui les amène à préférer la proposition d'une solution toute faite, tirée d'un chapeau ou d'une boîte à outils, plutôt que de prendre un risque (même celui de gagner plus).

Autrement dit, on préférera quitter au plus vite le problème et user de solutions plutôt que de se risquer à ralentir et interroger la re-présentation du problème.

Déni ou refus de problème

Nul problème ne pourra être résolu, voire perçu, si l'on prend soin d'éliminer au départ toute possibilité de le poser.

Bertrand Russell

« Dans notre entreprise y a pas de problème, y a que des solutions ».

« Pas de problème ! » et « Pas de souci ! » sont des expressions entendues à tout bout de champ, nous l'avons déjà dit. Celles-ci sont l'expression d'une fuite en avant. Cette fuite en avant, loin du problème, permet d'échapper à la douleur, à la frustration, de vivre dans un monde qui n'est pas parfait.

Anticipation normative

Cette attitude permet de prendre des raccourcis, voulant sauter à des conclusions généralement connues et déjà répertoriées, de ce fait normées. Et donc de faire advenir au plus vite un monde catégorisé, classé, stable, fini, finalement sécurisant.

Gommer les différences

L'orientation vers les similarités, la recherche des ressemblances procède d'un mouvement fédérateur. Ce mouvement de rassemblement peut très certainement être rassurant dans une société qui génère beaucoup d'exclusions.

La recherche de l'essentiel, la primauté de l'utile sur l'accessoire conduisent à négliger les détails et à croire que les solutions peuvent surgir de généralisations.

Conclure pour en finir

Sauter aux conclusions va permettre d'en finir au plus vite avec la douloureuse situation *problématique*. Une des croyances de base de l'économie libérale qui dit que «le temps c'est de l'argent» nous amène à vouloir faire l'économie de l'exploration du problème et nous prive bien souvent d'une solution pertinente.

La rage d'aller vite

Notre monde naturaliste, avec son double mot d'ordre «découvrir et soumettre», promeut la vitesse, l'urgence, l'efficacité. Perdre du temps est un crime, qui va à l'encontre de la croissance obligatoire. «Qui n'avance pas, recule», nous oblige à simplifier, réduire, vider de substance pour échapper à la stagnation, voire à la régression.

Des solutions vers le problème ou le problème rétro-construit (ou post-construit)

Le problème est rétro-construit par les solutions que nous possédons déjà ou qui existent sur le marché. En effet, nous détenons une banque de solutions et cherchons les corrélations entre une solution répertoriée dans la banque et une situation qui se présente. Le réflexe est de choisir celle qui nous paraît la plus proche. La sélection de telle ou telle solution va nous permettre de donner une définition du problème qui lui correspondra.

L'habitude est aussi de procéder par itération (essai-erreur) jusqu'à trouver la 'bonne' formule. Et pourquoi ne pas s'en remettre au hasard en lançant une pièce en l'air et en acceptant la réponse du sort? Comme le dit Michel Serres, après tout, l'Empire romain s'en remettait bien aux augures et au vol des oiseaux, avec le succès que l'on sait pendant de nombreux siècles.

L'EXPLORATION PRÉALABLE DU PROBLÈME

Cette deuxième partie traite tout d'abord de définitions, afin de différencier les termes et éclaircir le paysage autour du mot problème, puis autour de la résolution, dissolution, etc. avant de passer des problèmes vers les solutions.

Les problèmes

> *La vie biologique et culturelle de l'individu est faite d'équilibres et de déséquilibres. Il y a problème lorsqu'un sujet perçoit un déséquilibre auquel il ne peut immédiatement remédier.*
>
> Michel Fabre

Partons à la recherche du sens des mots «problème» et «solution» et à leur évolution :

Problème, vient du grec *problema* qui signifie «jeter là-devant» et désigne ce qui empêche d'avancer, ce qui est saillant.

Au XVIIe siècle, le mot s'emploie en mathématiques, il désigne une question à résoudre par des méthodes rationnelles, déductives ou par l'observation.

Au XVIIIe siècle, le mot s'utilise pour désigner une chose qu'on a du mal à expliquer et une difficulté.

Dans la seconde moitié du XXe siècle, son sens s'étend aux difficultés affectives, personnelles, psychologiques et professionnelles, dans la locution «avoir des problèmes».

C'est donc après la Seconde Guerre mondiale qu'il devient possible de s'approprier les problèmes en même temps que se répand l'expression «il n'y a pas de problème».

Voici d'abord quelques termes et leur signification, nécessaires pour la suite de notre propos

Solution : dénouement d'une difficulté, terminaison d'une phase critique. *Solutio* signifie en latin délivrance, salut et *solvere,* détacher, délier. La solution était le mouvement qui nous délivre, nous détache d'un problème.

De là pourrait nous venir cette propension à quitter vite les problèmes, à nous en délivrer à n'importe quel prix (à n'importe quelle solution).

Dissolution : processus qui amène à constater la disparition du problème ou sa requalification, ce qui ne nécessite pas obligatoirement de solution. Un problème dissous n'est tout simplement plus vécu. Ce qui est bien différent de la résolution.

Résolution : processus de raisonnement. Action de dénouer, de désagréger, de décomposer en éléments. Action d'élucider, de trouver la solution d'un problème. Résolution s'applique aussi au fait de se déterminer (se résoudre à) et à la décision prise.

Problématologie : théorie du questionnement, des mécanismes fondamentaux de la pensée, issue des travaux de Michel Meyer. Elle est contemporaine dans un monde où tout ou presque est devenu problématique et susceptible de se voir (re)mis en question.

Problématique : adjectif qualifiant ce qui a le caractère d'un problème et substantif désignant la même chose : ce qui a le caractère d'un problème, la science du controversé, du douteux.

C'est également l'ensemble des questions qui se rapporte à un thème. Exemple : la problématique de la crise, la problématique du mariage pour tous, la problématique des retraites, etc.

Une problématique n'est pas un problème mais l'ensemble constitué par un problème général, des sous-problèmes et des hypothèses qui lui sont associés.

Problématisation : processus de mise en problématique. Mettre sous forme de questions ce qui auparavant était simplement affirmé.

Problémation : mouvement de mise en problème. Etude de la préparation à l'action consciente et efficace. C'est le champ d'investigation d'un problème, de sa formulation, de sa composition. Mettre en problème exige de faire une distinction entre ce qui est hors question et ce qui fait question.

La problémation exige de renoncer aux intérêts immédiats, qu'ils viennent du sujet ou de l'objet. C'est décider de remettre en question les mécanismes de pensée qui dirigent notre vie quotidienne

Nous pouvons dire qu'il n'y a pas de problème :

> «…Quand, pour nous, nous sommes dans une situation telle que tout ce qui nous entoure, et nous-mêmes, et toutes les interactions de nous-mêmes avec tout ce qui nous entoure nous donnent entière satisfaction (c'est-à-dire que nous ne désirons que le maintien de la situation actuelle) … Il faut savoir qu'une autre personne dans la même situation pourrait avoir des problèmes à résoudre…

De plus, nous ne considérerons pas qu'il y a problème lorsque, placés dans une situation non satisfaisante, nous saurons quoi faire pour en sortir et lorsque ce 'quoi faire' sera unique ou pourra être considéré comme tel, c'est-à-dire lorsqu'il n'y aura pas de choix à effectuer».

P.R. Bize, P. Goguelin, R. Carpentier.[85]

Nous dirons donc qu'il ne peut y avoir de problème dans une situation où aucun être conscient et capable d'action n'est impliqué. C'est l'importance qu'un être conscient donne à la situation qui la qualifie.

Et qu'il y a problème lorsque, placés dans une situation insatisfaisante, nous avons en plus une impossibilité apparente de la modifier. Cette impossibilité est apparente, car si elle était réelle, le problème serait insoluble pour celui qui l'expérimente.

Des problèmes vers les solutions

Je ne crois pas qu'on règle les problèmes, on les transforme, on les poétise.

Guillaume Gallienne

La problémation

C'est mettre en problème, c'est construire un modèle permettant de conserver, d'adapter, de transformer, de résoudre ou de dissoudre une situation jugée indésirable.

Comment ?

Tout d'abord en investiguant, en caractérisant, en faisant détailler, en étant en maraude par rapport au contexte dont nous parle le client. C'est freiner l'envie d'avancer vers une solution, avoir une curiosité tournée vers l'autre et non vers soi. Ce pourrait être quelques-uns des maîtres mots dans notre domaine.

Promouvoir la lenteur est souvent considéré comme un crime dans une perspective occidentale où il faut tout le temps se mettre à jour, 'avancer' ; où la technique l'emporte sur les humanités ; et où, à force de gagner du temps on finit par ne plus en avoir.

85 Bize, P.R., Gouguelin, P. et Carpentier, R. *Le penser efficace*. Éditions Sedes.

Mettre en problème constitue déjà une intervention, ce n'est pas un préalable. Il s'agit de construire un problème qui puisse admettre des solutions au lieu de soumettre le problème à des solutions pré-existantes.

Remplacer le compliqué par le complexe

Au lieu de simplifier la situation afin de produire une solution immédiate, nous proposons de prendre le temps de re-complexifier la situation, de lui redonner du corps, de l'épaisseur, du contenu, de la re-particulariser, de la caractériser, (de lui redonner du caractère), bref de décrire finement. On gagne beaucoup de temps en ralentissant et en restant dans l'espace du problème : traîner, calmer l'envie de se délivrer, freiner le mouvement vers une solution, réintroduire des espace-temps. L. Wittgenstein affirmait qu'à un moment «*il nous faudra bien quitter l'explication et revenir au niveau de la description*». Prendre le temps de la description, apprendre à «perdre un peu de temps».

Car privilégier l'essentiel, aller au plus vite à l'important, risque fort d'appauvrir le réel en mettant les différences à la porte. Nous préférons que soient privilégiés les détails, l'accessoire, les circonstances, les récits riches aussi proches que possible de l'expérience. À vouloir aller soi-disant à l'essentiel, courir à la solution, les solutions appliquées s'avèrent souvent approximatives.

> «Ces notions de circonstances, de contexte et de situation n'ont pas exactement le même sens en Chine et en Europe. De même que la nature n'est souvent qu'un décor dans lequel évoluent des êtres humains, la circonstance, le contexte et la situation sont souvent considérés par la tendance dominante de la pensée européenne comme des motifs d'accompagnement seconds et subalternes.»

François Laplantine[86]

Position de l'intervenant

Elle pourrait ressembler à celle d'un coach, au début : retenue, non-savoir, perplexité et curiosité à l'autre (pas encore à ses propres savoirs qui seront utiles plus tard), respectueux des personnes et du temps nécessaire à l'accalmie, même lorsque le stress tend à envahir le ou les protagonistes. Attentif à rester dé-centré afin de ne pas prendre le *lead* mais bien se focaliser sur ce qui se passe. Perplexe, car rien n'est sûr à ce moment, tout doit rester possible.

Puis, dans un deuxième temps, l'inventaire fait, les questions ayant pris en compte les personnes et les conséquences, le coach peut entrer dans une phase d'influence,

86 Laplatine, F. *Quand le moi devient autre*. CNRS Éditions.

c'est-à-dire dans la phase où il devient nécessaire de prendre une direction. À ce moment peut-être devient-il utile d'entrer dans des savoirs, enfiler les habits du consultant afin d'envisager de faire une proposition adaptée au problème.

Dans un premier temps : mise en problème ou problémation

> L'un des avantages, quand on ne va pas trop vite, c'est que le monde y gagne une chance de devenir intéressant.
>
> Alain de Botton

Nous avons dit qu'inventer une solution, un dénouement, alors que nous n'avons pas au préalable fait cette investigation étoffée, cela vient peut-être du fait que nous pensons, dans notre façon naturaliste de raisonner, que tout peut se classifier et, qu'a priori, le problème rencontré a déjà été répertorié, et que s'il ne l'était pas il ressemblerait, aurait un air de famille et une correspondance avec un outil qui a fait ses preuves. Bref, la réponse serait déjà là quelque part, soit dans nos propres ressources, soit dans l'environnement. Elle ne serait pas à créer.

Alors, comment pouvons-nous faire pour oublier un temps les solutions et nous intéresser aux problèmes. À quelle aide pouvons-nous faire appel ? À l'épochè[87], en suspendant son évaluation, ou peut-être en se demandant « ce qu'il n'est pas », ou encore, en privilégiant la *différance* mot inventé et proposé par Jacques Derrida, qui signifie ajourner sa conclusion, que celle-ci donne à penser, non à conclure.

Pour Gilles Deleuze dans le réel nous trouverions deux éléments : le *virtuel*, ce qui n'est pas là, et l'*actuel*, ce qui est là. Appuyons-nous sur son raisonnement : le problème n'est pas encore actualisé et déjà nous voudrions une solution actuelle, comme si elle était déjà présente[88] !

Freinons et d'abord ouvrons la problémation, faisons que le problème virtuel devienne actuel par une investigation du contexte, des personnages, des

87 Ce terme nous vient du grec et signifie : suspension de tout jugement dans l'exigence de ne rien présupposer, ne rien admettre comme allant de soi.

88 Pour Gilles Deleuze, l'actuel désigne la partie incarnée du réel, ce qui est manifesté. Dans la composition du réel, nous trouvons deux éléments : ce qui est là, qualifié d'actuel, et ce qui n'est pas là, qualifié de virtuel, ce qui présuppose que l'actuel soit toujours entouré de virtuel.

interactions et de l'événement. Ceci fait, nous pourrons faire appel à une solution qui est dans le virtuel et l'actualiser, la construire et la matérialiser[89].

> Pour résoudre le paradoxe du questionnement, il faut admettre que je puisse savoir ce que je cherche tout en ignorant ce que je vais trouver, la réponse.
>
> Michel Meyer[90]

La posture initiale sera donc de s'installer dans le non-savoir, faire preuve de curiosité tournée vers l'autre, stopper la démarche intérieure de vouloir rattacher la situation à du connu, avoir une confiance inébranlable dans les personnes et dans le fait que plus nous investiguons, plus il y a de chances de trouver la solution adéquate. Il privilégie l'observation, fait détailler le contexte et traîne au niveau du paysage connu, de la représentation de la situation, ralentir.

Le praticien se maintient au niveau de l'expérience, de ce qui est connu et familier, fait détailler le contexte, demande qui est présent, absent et les interactions. Ne pas se précipiter vers les solutions possibles, mais bien rester en deçà, voilà le plus difficile. Et ralentir permet paradoxalement d'aller plus vite. Mettre à jour ce qui dérange, comment ça dérange…

En faisant cela, le praticien rend hommage au client en s'intéressant de près à la situation que son client vit. Influent, il est garant de la direction que doit prendre ce travail. L'investigation de la situation et du problème faits, il est possible d'engager les étapes suivantes vers une solution encore inconnue. À ralentir suffisamment, nous avons toutes les chances d'aller plus vite que si nous nous précipitions.

Pour agir, le praticien a plusieurs démarches à sa disposition

En Systémique dynamique, notre proposition sera de mettre à plat le problème. Nous appellerons cela la «problémation». Un problème qui puisse accepter des solutions. Pour cela, revenir au descriptif, faire décrire la situation, avec les acteurs et la frontière opérationnelle ou clôture opérationnelle.

---

89 Il ne s'agit alors plus de réaliser une possibilité: quelque chose pré-existe dans l'imagination et demande à devenir réel; Michel-Ange disait que la statue était dans le marbre et que son génie consistait à l'en extraire (notion d'identité pré-existante). *Le génie est dans le sculpteur.* Il s'agit au contraire d'actualiser une virtualité: quelque chose va émerger, qui n'existait pas, de la rencontre entre différents éléments en couplage; dans cette vision, David est créé par la rencontre entre Michel Ange, son monde intérieur, son histoire, son talent, son atelier, etc. et ce bloc de marbre-ci, ses spécificités, ses circonstances, le monde extérieur, le temps, etc. (notion de création d'identité). *Le génie est dans l'interaction.*

90 Meyer, M., *De la problématologie.* PUF.

En coaching, notre démarche d'accompagnement passera d'abord par l'étape d'exploration détaillée de la situation (le client, l'autre/les autres, le contexte). Puis le point de vue du client sur cette situation sera demandé avant d'envisager quelque objectif que ce soit. Vérifier l'engagement des deux parties. On voit par là que les solutions ne sont pas encore abordées et que nous freinerons toute velléité en ce domaine.

Dans l'approche de Palo Alto, nous investiguerons autant que nécessaire la situation avec ses protagonistes par les questions bien connues : Qui, fait quoi, à qui ? Et quelle est la position du client, son point de vue, sa re-présentation du système concerné. Et nous nous rappellerons que le problème c'est la solution !

En Orientation Solutions, nous ferons décrire le petit contexte dans lequel le problème fait son apparition, et le grand contexte dans lequel il s'inscrit (contexte socioculturel) afin d'identifier le problème dans son environnement et un problème qui accepte ou accueille des solutions.

En Pratiques Narratives, nous flânerons, questionnant le client au plus près de ce qu'il vit en faisant caractériser la situation. Faire détailler, enrichir la description, ré-introduire de la complexité, des particularités, de la distinction, jusqu'à la rendre spécifique.

Ensuite, dans un deuxième temps

En Systémique dynamique, nous irons vers une modélisation de ce système complexe qui permettra d'aboutir à une solution spécifiquement adaptée à la situation avec de nouvelles limites, des acteurs pertinents en relation, pour le projet souhaité.

En coaching, quand tout sera déplié, nous pourrons envisager un objectif et faire produire des options ou solutions possibles, avant de faire un choix, qui sera suivi d'un plan d'action.

Dans l'approche de Palo Alto, nous qualifierons et nommerons le *pattern*, nous ferons une proposition à 180° des tentatives de solutions, et nous élaborerons avec le client la façon de mettre en place cette nouvelle façon de faire.

En Orientation Solutions, comme nous savons qu'un problème n'intervient pas 24h/24, nous soulignerons les fois où le problème ne se manifeste pas, ou se manifeste plus ou moins, etc. Nous soulignerons les exceptions, créant ainsi de la différence, de la distinction.

En Pratiques Narratives, nous ferons nommer le problème, et le ferons externaliser. Nous demanderons au client quels sont les effets du problème, puis de l'évaluer et enfin de faire émerger la valeur importante qui le fait se maintenir dans cette position. Nous l'aiderons ensuite à identifier des exceptions, puis à construire une histoire préférée afin qu'il retrouve son sens de l'initiative personnelle et sa capacité à agir.

En démarche de déconstruction, la hiérarchisation des pôles sera inversée et sera proposée l'ouverture à une troisième possibilité, voire une quatrième…

Dans chacune de ces démarches, qui se situent dans le champ des approches coopératives, il s'avère nécessaire de respecter le temps de la découverte, ou de la re-découverte, et de se mettre au rythme de l'exploration riche, détaillée. Gilles Deleuze en évoquant le pli, parlait de drapé, de mouvement, de rugueux, d'impur, d'épais – de plein et délié, de différents points de vue, plein de détails, de différentes histoires, de différentiel, de distinctions… Telle est cette façon d'aborder la demande.

Post-scriptum : Paul Valéry, forme et problème ? Modèles ou forme ?

Échange entre Michel Saucet[91] et Nicolas De Beer

Nicolas De Beer

Paul Valéry tiendrait peut-être ce propos devant un problème :

> « Le déterminisme nous jure que si l'on savait tout, l'on saurait aussi déduire et prédire la conduite de chacun en toute circonstance, ce qui est assez évident. Le malheur veut que tout savoir n'ait aucun sens. »

Quand nous sommes confrontés à une difficulté professionnelle qui nous paraît ingérable voire intenable, bien souvent nous allons quérir un modèle pour qu'il nous sauve du péril ; une recette qui a marché auparavant dans une autre situation et d'autres conditions. Le hasard peut faire que ça marche, à moins que ce ne soit un cautère sur une jambe de bois ; c'est le lot des outils nombreux proposés sur le marché, sensés nous actualiser. Comme s'il était possible de résoudre des difficultés de façon technique en dépit du facteur humain.

Au lieu de se sauver, d'exister par la solution trouvée en amont de la réflexion, nous proposons de tempérer nos ardeurs et de chercher la forme. La forme qui est produite par les humains en interaction dans le contexte donné. Cette forme est si particulière quand des personnes ou des services sont en interaction, qu'ils la co-produisent non consciemment.

91 Ingénieur, prospectiviste, formateur systémicien.

Et, comme le dit le géomètre Abel, si cette forme est introuvable, alors le problème n'existe pas ! « C'est cette forme qui fait que les problèmes sont de véritables problèmes, des problèmes qui n'exigent pas un éternel retour sur leurs données. »

Encore une fois nous proposons de spécifier le contexte, le paysage, identifier le contour, qualifier les faits, les interactions et nommer cette forme, la distinguant ainsi d'une autre, lui reconnaissant son originalité plutôt que de lui chercher un air de famille afin de la classer, et conséquemment de trouver une solution déjà connectée à un problème classé. Car ce mouvement met souvent le passé au présent qui est de ce fait nié.

Parce que, décider d'une solution, ou de l'application d'un modèle pré-existant à un problème mal posé, voire pas posé du tout, cela peut vouloir dire qu'on donne à la solution trouvée une importance tout autre que celle d'acquérir une connaissance que l'on n'a pas encore du problème. En d'autres termes, on veut que quelque chose soit plutôt qu'une autre. « Et dans ce cas-ci on ne cherche rien qu'on n'eut déjà trouvé ! L'à-venir, ou l'ad-venir c'est accueillir une nouveauté, une étrangeté, le présent qui fera un à-venir autre qu'un passé en réserve, qu'un futur déjà écrit… Au lieu d'inviter un passé dans le présent, ce serait de prendre en compte un présent non encore présenté. »

La dissolution d'un problème, si elle est due au fait de poser le problème comme forme, induit le fait qu'on accepte de ne pas connaître l'avenir sans celui-ci. Et ceci fait bien plus peur que de décider d'une solution comme futur immédiat sur un problème qui n'est pas nommé, posé, exploré.

S'ouvrir à l'ad-venir, c'est risquer de poser un problème, l'esprit suspendu, en arrêt, dans l'épochè, rester là, à observer, poser des questions sur le récit, sur le paysage jusqu'à en distinguer la forme.

C'est peut-être à rapprocher du mouvement en trois étapes dont parle Joël de Rosnay : « *Catalyse, Emergence, Innovance* ». Ce qu'ici nous pourrions traduire par : Réunir par le récit ou la description ⇒ Observer et constater ce qui apparaît ⇒ Se demander vers quoi, vers où cela nous transporte.

Donner la priorité à la forme que le réel nous montre, permet, comme on dit, de « remettre de l'humain dans l'entreprise » ou de « remettre l'humain au centre ». C'est une autre façon de parler de la démarche de problémation.

Michel Saucet

J'aimerais rappeler que la nature ignore la contradiction, le paradoxe, le sens, le problème… C'est notre confrontation d'une situation observée à un modèle pré-donné qui nous permet de faire émerger un problème ou de se créer un problème.

Ton propos fait clairement un distinguo entre la solution d'un problème issu d'une connaissance accumulée, qui finalement revient à mettre le passé dans le présent, et ce qui ad-vient. Certes, le passé informe le présent mais ne pré-détermine pas le futur ce qui serait la négation de l'histoire ou, plus précisément, de l'évolution. Souvenons-nous de ces vieilles lunes scientifico-philosophiques qui sont encore ancrées dans l'esprit de certaines personnes.

> «Nous devons envisager l'état présent de l'univers comme l'effet de son état antérieur, et comme la cause de celui qui va suivre. Une intelligence qui, pour un instant donné, connaîtrait toutes les forces dont la nature est animée et la situation respective des êtres qui la composent, si d'ailleurs elle était assez vaste pour soumettre ces données à l'analyse, embrasserait dans la même formule les mouvements des plus grands corps de l'univers et ceux du plus léger atome: rien ne serait incertain pour elle, et l'avenir, comme le passé, serait présent à ses yeux. L'esprit humain offre, dans la perfection qu'il a su donner à l'astronomie, une faible esquisse de cette intelligence. Ses découvertes en mécanique et en géométrie, jointes à celles de la pesanteur universelle, l'ont mis à portée de comprendre dans les mêmes expressions analytiques les états passés et futurs du système du monde. En appliquant la même méthode à quelques autres objets de ses connaissances, il est parvenu à ramener à des lois générales les phénomènes observés, et à prévoir ceux que les circonstances données doivent faire éclore»

Pierre-Simon de Laplace, Essai philosophique sur les probabilités, 1814.

Avec un autre regard, cet univers dans lequel rétro-diction et pré-diction sont théoriquement possibles n'est pas loin de la théorie de l'univers-bloc où passé, présent et futur existent simultanément mais qui confisque notre libre-arbitre.

Pour revenir à la problémation je pense qu'il y a deux formules :

- la solution du problème se situe dans un savoir-faire et sera solutionné de manière simple,
- la complexité de la situation favorisera, par émergence, la création de solutions échappant au déterminisme historique d'une entreprise, d'un état ...» par exemple.

Nicolas De Beer

Hannah Arendt a souligné, dans le premier chapitre *Du mensonge à la violence* ceux qu'elle appelle «les spécialistes de la solution des problèmes». Ceux-ci s'intéressent peu aux faits et ne veulent avoir recours qu'à leurs techniques à eux, «c'est-à-dire aux diverses façons de transposer un contenu qualitatif en nombres et en valeurs quantitatives permettant de calculer la solution prévue». Une personne coupée des faits ne distingue plus le vrai du faux, le réel et l'imaginaire, elle ne s'attache plus qu'à une réalité subjective, elle n'apprécie pas, elle calcule. Elle confond vérité rationnelle et mathématique. « Le malheur est que cette vérité est dépourvue de tout lien avec les données du problème à résoudre ». À aucun moment le spécialiste de la solution des problèmes, n'a de maîtrise ni de contrôle fondé sur les faits. Le spécialiste de la solution des problèmes s'égare « parce qu'il se fie aux facultés calculatrices de la pensée au détriment de l'aptitude de l'esprit à profiter des enseignements de l'expérience. » Nier purement et simplement tous les faits essentiels, les informations : « Ils ont une théorie, et toutes les données qui ne concordent pas avec sont rejetées ou délibérément ignorées ».

Ils utilisent le jeu des parallélismes, des correspondances, les « c'est comme », les « ça me rappelle » croyant souvent qu'il suffit de croire, voire de conclure que « oui, c'est ça ! ». Cela maintient le personnage en dehors du réel. C'est un jeu abstrait, voire un jeu de dupes, et c'est traiter des hypothèses et des théories comme s'il s'agissait de faits établis. Ce sont souvent ceux qui s'attachent à une stratégie, un moyen et qui en font leur but, oubliant par-là l'objectif initial.

Exemple : trouver une stratégie pour sortir de la crise, diminuer le nombre de chômeurs, retrouver la croissance, motiver nos équipes, les RPS sont la solution, etc.

Ou bien encore, nous acceptons la réponse trouvée par le client sans remonter vers le problème. Par exemple un prescripteur qui dirait : « Je voudrais vous commander un coaching pour telle personne », et le consultant de dire « Oui bien-sûr ». Mais, est-ce bien la bonne prestation, celle qui est pertinente, appropriée à la situation vécue par l'entreprise ? En mettant en action la réponse préalable du client (Je voudrais vous commander un coaching) nous risquons de passer de consultant-technicien à consultant-opérateur ! Nous répondons à un donneur d'ordre et nous lui abandonnons une bonne part de nos compétences d'investigation. Nous répondrons de manière bien simple à la demande, sans rien savoir de ce à quoi le prescripteur est confronté.

Nous décidons ainsi, lui et moi, de la conclusion à une solution, sans problème ni raison explicitée. Le moyen évacue la question et le but.

Une autre voie est d'investiguer à nouveau aussi loin qu'il nous paraît nécessaire, en détails, avec les faits et questionner en amont en commençant par : « Votre demande répond à quelle difficulté, à quelle situation êtes-vous confronté ? Puis-je vous poser quelques questions de détail ». Alors, cela peut permettre de distinguer la nouvelle forme, basée sur des faits pas sur une forme pré-établie. Freiner afin de revenir à un niveau proche de l'expérience, du territoire, du réel et d'être sûr que cette forme, carte, paysage, modèle fonctionne avant de la privilégier. L'investigation faite, on peut choisir un style d'intervention afin que le problème puisse se dissoudre ou n'en être plus un.

Autrement dit, nous revenons ou nous nous maintenons volontairement au niveau de complexité et d'ambiguïté que la situation présente, au niveau du territoire, pas de la carte. Alors émergera la création de solutions échappant au déterminisme historique d'une entreprise, d'un état, etc.

Michel Saucet & Nicolas De Beer

À la fin de tout ceci, quel est le projet, quelles sont les motivations, intentions qui le soutiennent ? Gagner un contrat, passer pour un expert, être opportuniste, voire conforme… ou encore un accomplissement professionnel, respecter la dimension éthique de la situation, prendre en compte l'intersubjectivité par une co-interprétation et une co-construction de la situation. Bref, se diriger, s'orienter vers une solution satisfaisante pour chacun des acteurs et l'environnement ? Créer du sens, susciter une démarche à long terme.

Bibliographie

Angel Pierre, Amar Patrick, Devienne Émilie et Tencé Jacques (sous la direction de). *Le dictionnaire des Coachings*. Dunod, 2007. I. Laplante et N. De Beer sont les auteurs de l'article suivant : « La démarche orientée solutions »

Bateson Gregory. *La Nature et la pensée*. Seuil, 1979.

Billeter Jean-François. *Leçons sur Tchouang-Tseu*. Allia, 2002.

Bruner Jerome. *Culture et mode de pensée*. Retz, 2000.

Bruner Jerome. *Pourquoi nous racontons-nous des histoires*. Pocket Agora.

Clot Yves (sous la direction de). *Avec Vygotski*. La Dispute, 2002.

De Beer Nicolas, Laplante Isabelle, Saucet Michel. *Introduction à la Problémation*. Médiat-Coaching, 2014.

Deleuze Gilles. *Dialogues avec Claire Parnet*. Champs, 2008.

Deleuze Gilles. *Pourparlers*. Éditions de Minuit, 2003.

Derrida Jacques. *Le « Concept » du 11 septembre*. Galilée, 2004.

Descola Philippe. *Diversité des natures, diversité des cultures*. Bayard – Les petites conférences, 2010.

Devienne Émilie (sous la direction de). *Fiches et outils du coaching*. Éditions Eyrolles, 2015. I. Laplante et N. De Beer sont les auteurs des articles suivants :
« Les temps fragiles sont des temps forts »
« La résistance comme fidélité »
« Le silence et l'écoute »
« Parlons d'argent »

Devienne Émilie (sous la direction de). *Le Grand Livre de la Supervision*. Eyrolles, 2010. I. Laplante et N. De Beer sont les auteurs de l'article suivant : « La question du cadre en supervision : "C'est la marge qui tient la page" »

Durand, Daniel. *La Systémique*. Que sais-je ? PUF, 1990.

Ehrenberg, Alain. *La Fatigue d'être soi*. Odile Jacob, 1998.

Elkaïm, Mony (sous la direction de). *Panorama des thérapies familiales*. Seuil, 1995.

Elkaïm, Mony. *Si tu m'aimes ne m'aime pas*. Seuil, 1989.

Foucault, Michel. *Surveiller et punir*. Gallimard, 1975.

Korzybski, Alfred. *Le Rôle du langage dans les processus perceptuels*. The non-aristotelian library publishing company, 1965.

Korzybski, Alfred. *Une carte n'est pas le territoire*. L'Éclat éditeur, 1998.

Morin, Edgar. *Introduction à la pensée complexe*. Seuil, 2005.

Morin, Edgar. *Pour entrer dans le XXᵉ siècle*. Seuil, 2004.

Prigogine, Ilya. *La Fin des certitudes*. Odile Jacob (aussi chez Poche Folio), 2001.

Ricoeur, Paul. *Le Temps du récit*. Seuil, 1991.

Ricoeur, Paul. *Soi-même comme un autre*. Seuil, 1990.

Rosnay, Joël de. *Le Macroscope*. Seuil, 1975.

Roustang, François. *Il suffit d'un geste*. Odile Jacob, 2003.

Roustang, François. *Savoir attendre pour que la vie change*. Odile Jacob, 2006.

Saucet, Michel. *La Sémantique Générale Aujourd'hui*. Le Courrier du Livre, 1996.

Shazer, Steve de, Berg, Insoo Kim & Dolan, Yvonne. *Récits de solutions*. Satas, 2002.

Shazer, Steve de. *Clés et solutions*. Satas, 2009.

Shazer, Steve de. *Différence*. Satas, 1996.

Varela, Francisco, Maturana, Humberto. *L'Arbre de la connaissance*. Addison Wesley, 1994.

Varela, Francisco. *Autonomie et connaissance*. Éditions du Seuil, 1989.

Varela, Francisco. *Invitation aux sciences cognitives*. Points Seuil, 1989.

Vygostki, *Lev. Pensée et langage*. La Dispute, 2003.

Watzlawick, Paul, Fisch, Dick, Weakland, John. *Changements : paradoxes et psychothérapie. Seuil*, 1975.

Watzlawick, Paul. *La Réalité de la réalité*. Seuil, 1978.

Watzlawick, Paul. *Le Langage du changement*. Seuil, 1980.

White, Michael, Epston, David. *Les Moyens narratifs au service de la thérapie*. Satas, 2003.

White, Michael. *Cartes des pratiques narratives*. Satas, 2009.

Winkin, Yves. *La Nouvelle Communication*. Seuil, 1981.

Table des matières